《办理死刑案件证据规定》与《非法证据排除规定》的释义和适用

主　编　郭　华　王进喜

撰稿人（以写作先后为序）：

郭　华　王进喜　李训虎

吴丹红　李　伟

中国人民公安大学出版社

·北　京·

图书在版编目（CIP）数据

《办理死刑案件证据规定》与《非法证据排除规定》的释义和适用/郭华，王进喜主编．—北京：中国人民公安大学出版社，2010.7

ISBN 978-7-5653-0116-2

Ⅰ.①办… Ⅱ.①郭…②王… Ⅲ.①死刑—刑事诉讼—证据—规定—法律解释—中国②死刑—刑事诉讼—证据—规定—法律适用—中国③刑事诉讼—证据—规定—法律解释—中国④刑事诉讼—证据—规定—法律适用—中国 Ⅳ.①D925.213.05

中国版本图书馆CIP数据核字（2010）第139167号

《办理死刑案件证据规定》与《非法证据排除规定》的释义和适用

BANLI SIXING ANJIAN ZHENGJU GUIDING YU FEIFA ZHENGJU PAICHU GUIDING DE SHIYI HE SHIYONG

主编 郭 华 王进喜

出版发行：中国人民公安大学出版社
地　　址：北京市西城区木樨地南里
邮政编码：100038
经　　销：新华书店
印　　刷：北京蓝空印刷厂

版　　次：2010年7月第1版
印　　次：2010年7月第1次
印　　张：9.625
开　　本：880毫米×1230毫米 1/32
字　　数：260千字

书　　号：ISBN 978-7-5653-0116-2/D·0078
定　　价：25.00元

网　　址：www.cppsup.com.cn www.porclub.com.cn
电子邮箱：zbs@cppsup.com zbs@cppsu.edu.cn

营销中心电话：（010）83903254
读者服务部电话（门市）：（010）83903257
警官读者俱乐部：（010）83903253
教材分社电话：（010）83903259
公安图书分社电话：（010）83905672
法律图书分社电话：（010）83905745
公安文艺分社电话：（010）83903973
杂志分社电话：（010）83903239
电子音像分社电话：（010）83905727

目　　录

最高人民法院　最高人民检察院　公安部　国家安全部　司法部
关于办理死刑案件审查判断证据若干问题的规定

最高人民法院 最高人民检察院 公安部 国家安全部 司法部 关于办理刑事案件排除非法证据若干问题的规定

附录：

最高人民法院　最高人民检察院
公安部　国家安全部　司法部
关于办理死刑案件
审查判断证据若干问题的规定

［制定规定的宗旨和依据］为依法、公正、准确、慎重地办理死刑案件，惩罚犯罪，保障人权，根据《中华人民共和国刑事诉讼法》等有关法律规定，结合司法实际，制定本规定。

【制定目的】

本条是有关《关于办理死刑案件审查判断证据若干问题的规定》（以下简称《办理死刑案件证据规定》）制定宗旨和依据的规定，旨在确保死刑案件证据审查判断与认定的质量，防止冤假错案的发生。

【释义】

本条根据我国《刑事诉讼法》第1条的规定，按照2008年中央司法体制改革意见任务分工以及“完善刑事诉讼证据制度”的改革事项，为了确保死刑案件的质量与预防冤假错案，统一地方性有关证据的规则，并结合刑事司法实践尤其是死刑复核的实践，确立了本规定的宗旨和依据。对本条可作以下理解：

（一）制定本规定的目的。死刑案件人命关天，尤为重要，在认定事实和采信证据上不允许出现任何差错，绝对不能冤枉无辜。为了能从源头和基础工作上切实把好事实关、证据关，公安司法人员应当牢固树立惩罚犯罪与保障人权并重、实体法与程序法并重的观念，依法、全面、客观地收集、审查、判断证据，严把事实关、证据关，切实提高刑事案件审判质量，完善我国刑事诉讼制度，提高执法办案水平，推进社会主义法治建设，确保办案质量，依法惩治犯罪、切实保障人权、维护司法公正，确保办理的每一起刑事案件都能经得起法律和历史的检验。自 2007 年 1 月 1 日最高人民法院统一行使死刑案件核准权以来，各地公、检、法机关和广大刑事辩护律师严格依照法定程序和标准办案，侦查、起诉和刑事审判案件质量总体是好的。由于制度不完善，执法标准不统一和办案人员素质参差不齐等原因，出现了一些不容忽视的案件质量问题。基于此，最高人民法院自收回死刑核准权以来，每年因事实、证据问题不核准的案件数量，均超过全部不核准案件的 30%，这其中还不包括大量的复核阶段补查、补正等完善证据后予以核准的案件。同时，一审报送二审的死刑案件，高级人民法院的比例一直较高，有的省持续达到 30%，甚至 40% 以上。这些问题的发生使得最高人民法院直接面临着误判死刑的风险。同时，地方性有关证据规定的适用造成了全国范围内证据审查标准的不同甚至相互矛盾，这样不仅破坏了司法尺度的统一性，损害了司法公正和司法权威，而且不同司法机关认识的不一致，往往会导致案件久拖不决，司法资源耗费巨大，社会效果很差。保证公安司法机关依法、公正、准确、慎重地办理死刑案件，实现惩罚犯罪与保障人权刑事诉讼目标，需要全国统一刑事案件尤其死刑案件的证据规定。

依法、公正、准确、慎重地办理死刑案件需要坚持“实体和程序并重”的现代刑事诉讼价值观念，这也是现代刑事法治的必然要求。它不但要求查明案件的实体真实，而且要求严格依法遵循正当程序，即刑事诉讼的任何活动必须要严格依照我国《刑事诉讼法》的规定进行。因为程序不但具有对实体的保障功能，其本身也具有独立于实体法之外的价值功能，它是准确、慎重地办理死刑案件的基础。

惩罚犯罪是社会普遍正义的要求，是司法机关应尽的职责。现代诉讼理念要求，惩罚犯罪的同时，也要注意犯罪嫌疑人、被告人的人权保障，要做到惩罚和保障并重。在死刑案件中，这一价值理念尤为重要。由于历史传统和现实国情等原因，我国死刑案件的犯罪嫌疑人、被告人的诉讼权利尚未得到充分保障，刑讯逼供、诱骗取证等现象时有发生；被告人的辩护未能充分予以保障；疑罪从无、刑疑从轻的原则没有得到有效实施。因此，在死刑案件中，公安司法机关必须要兼顾惩罚和保障的职责，在影响死刑适用的事实和证据认定上，一定要依法取证，合法采证，要使犯罪嫌疑人、被告人的申辩权得到充分的行使，对存在疑问、不能排除合理怀疑的案件，要坚持疑罪从无或刑疑从轻的指导思想，严格控制死刑尤其是谨慎地适用死刑，以免因剥夺或者限制犯罪嫌疑人、被告人的合法权利而导致冤错案件的发生。审理死刑案件审查判断证据的规定正是基于此目的制定的。

（二）制定本规定的依据。我国宪法规定“中华人民共和国实行依法治国，建设社会主义法治国家”、“国家尊重和保障人权”。这些规定是本规定制定的宪法性依据。《刑事诉讼法》第 1 条以及相关法律的规定也是制定本规定的法律依据。全国人民代表大会在 1996 年对《刑事诉讼法》进行了修改，但关于证据制度的规定没有作较大修改。1998 年、1999 年最高人民法院、最高人民检察院、公安部先后分别作出执行刑事诉讼法的具体规定，充实了刑事诉讼的证据规则，但有关刑事诉讼的证据仍缺乏系统性和完整性，无法满足司法实践的需要。由于一些涉及死刑的冤假错案的暴露以及民众对司法的诉求，为了能从源头和基础工作上切实把好事实关、证据关，2007 年 3 月，最高人民法院、最高人民检察院、公安部和司法部共同制定了《关于进一步严格依法办案确保办理死刑案件质量的意见》，对死刑案件证据作了规定，并要求各级人民法院、人民检察院、公安机关、司法行政机关全面落实科学发展观和牢固树立社会主义法治理念，依法履行职责，严格执行刑法和刑事诉讼法，切实把好死刑案件的事实关、证据关、程序关、适用法律关，使办理的每一起死刑案件都经得起历史的检验。

（三）制定本规定的实践基础。本规定的制定经过了一个较长时期的调研与征求意见的过程。2004 年最高人民法院按照《人民法院第二个五年改革纲要分工方案》要求开始起草刑事证据规则。2008 年，最高人民法院刑事审判专业委员会决定先起草《关于办理死刑案件审查判断证据若干问题的意见》，对死刑案件的证据问题作出专门性规范。2009 年 4 月 2 日，全国人民代表大会法律工作委员会召开的关于落实司法改革有关任务制定或者完善相关法律解释的会议上商定由最高人民法院牵头起草“死刑证据规定”。最高人民法院在调研的基础上起草了“关于审理死刑案件审查判断证据若干问题的规定”，并于 2009 年 10 月、11 月先后向中央政法机关征求意见。在反馈的意见中，检察机关认为，鉴于死刑案件证据的审查、判断和运用与侦查、起诉、审查的各个环节密切相关，建议由最高人民法院、最高人民检察院、公安部共同调研，联合发布，这样有利于从源头上提高死刑案件质量。最高人民法院认为，“关于审理死刑案件审查判断证据若干问题的规定”征求地方法院的意见，也经过最高人民法院刑事专业委员会的讨论，可先行以最高人民法院的名义并以司法解释的形式下发并试行，但也可由中央政法机关会签下发。本规定的制定是为了切实落实依法治国基本方略，增强各级执法办案人员素质，努力提高办理刑事案件水平，五部门共同发布更能体现刑事诉讼法惩罚犯罪与保障人权的宗旨，更符合制定的根据。最高人民法院征求最高人民检察院、公安部和司法部意见，经中央同意联合下发了本规定。本规定在制定过程中吸收了地方法院有关规定，尤其是广东省法院及江西省、河南省公、检、法机关的规定。尽管有些规定突破了刑事诉讼法的规定，但其依据仍为刑事诉讼法，并具有实践基础。

（四）本规定的基本内容。本规定共分三个部分。一是一般规定，共5条。本部分规定了证据裁判原则、程序法定原则、证据质证原则及死刑案件的证明标准，特别强调了对死刑案件应当实行最为严格的证明要求。二是证据的分类审查与认定，共26条。本部分主要根据不同的证据种类分别规定了审查与认定的内容，除了法定的七种证据种类，还规定了对实践中存在的其他证据材料，如电子证据、辨认笔录等的审查与认定。尽管这些证据材料不属于法定的证据种类，但在实践中一般会按其证明的内容与作用归于法定七种证据种类，况且在《公安机关办理刑事案件程序规定》侦查一章的第九条和《人民检察院刑事诉讼规则》侦查一章的第八节均有相应的规定，鉴于其形式特殊和实践的需要对此作了单独规定。三是证据的综合审查与运用，共9条。本部分主要规定了对证据的综合认证，主要包括如何具体判断证据确实、充分和证据不足，如何运用间接证据定案，如何审查处理证据内容有矛盾的情形，如何补证和调查核实存在疑问证据等内容。

本规定既是修改和完善刑事诉讼制度的阶段性具有立法性的改革成果，也是把好死刑关以及防止违法取证导致冤假错案的重要举措，同时还是中央司法改革在刑事诉讼制度上的重要内容。尽管本规定未能一揽子解决所有刑事案件中出现的问题，但出台这样的证据规定对推进刑事诉讼制度改革和满足司法实践需要仍具有积极的意义。

【特别提示】

适用本条需要注意的问题是，本规定作为刑事诉讼改革尤其是证据制度改革的阶段性成果，不仅较为全面地规定了刑事诉讼证据的基本原则和主要规范，还进一步具体规定了对各类证据的收集、审查判断和运用规则，这是对我国刑事证据制度的创新和突破，有些内容具有全新的意义。针对如何与其他法律相协调，特别是对有些规定目前没有相应的程序支持，有些规定仍较抽象，实施起来必然遇到一定困难。根据中央的要求，在贯彻执行中遇到的新情况、新问题和探索出的新经验、新做法，要认真总结，并及时报告中央主管部门。

另外，对于死刑案件办成“铁案”主要是指能够定罪判刑的案件，而不是指一些存在疑难或者疑问而无法查清的案件也应当办成“铁案”，更不允许因定案存在分歧留有余地的判处死刑缓期执行而出现河南省赵作海案件的“被害人回来”或者云南省杜培武案件的“真凶出现”等冤假错案。因此，在实施规定中以团体而非个体对待存疑的死刑案件宁纵不枉的政策考量，绝不错判死刑，更不能错杀无辜，使惩罚犯罪与保障人权的诉讼目的得到真正实现。

【相关立法例】

《刑事诉讼法》第1条规定：“为了保证刑法的正确实施，惩罚犯罪，保护人民，保障国家安全和社会公共安全，维护社会主义社会秩序，根据宪法，制定本法。”

最高人民法院、最高人民检察院、公安部、司法部《关于进一步严格依法办案确保办理死刑案件质量的意见》的“办理死刑案件应当遵循的原则要求”规定：“……（一）坚持惩罚犯罪与保障人权相结合……（三）坚持程序公正与实体公正并重，保障犯罪嫌疑人、被告人的合法权利……人民法院、人民检察院和公安机关进行刑事诉讼，既要保证案件实体处理的正确性，也要保证刑事诉讼程序本身的正当性和合法性。在侦查、起诉、审判等各个阶段，必须始终坚持依法进行诉讼，坚决克服重实体、轻程序，重打击、轻保护的错误观念，尊重犯罪嫌疑人、被告人的诉讼地位，切实保障犯罪嫌疑人、被告人充分行使辩护权等诉讼权利，避免因剥夺或者限制犯罪嫌疑人、被告人的合法权利而导致冤错案件的发生。”

一、一般规定

第一条 ［制定的目的］办理死刑案件，必须严格执行刑法和刑事诉讼法，切实做到事实清楚，证据确实、充分，程序合法，适用法律正确，确保案件质量。

【制定目的】

本条是有关办理死刑案件要求和制定本规定目的的规定，旨在为本规定的执行与适用提供指导方针。

【释义】

本条秉承了最高人民法院《关于复核死刑案件若干问题的规定》和《关于死刑第二审案件开庭审理程序若干问题的规定（试行）》中有关确保死刑案件的办案质量的基本精神，从实体法到程序法再到证据上对办理死刑案件提出了基本要求。对本条可作以下理解：

（一）关于办理死刑案件应当遵循的基本要求。

1. 办理死刑案件应当严格执行刑法和刑事诉讼法。死刑案件是刑事案件的一种，办理死刑案件首先要严格执行刑法。刑法对于死刑的适用对象、适用条件以及适用死刑的条文、具体罪名、量刑情节等均作了明确规定，为公安司法机关办理死刑案件提供了实体法的依据。同时，办理死刑案件还要严格执行刑事诉讼法。作为调整公安司法机关和诉讼参与人进行刑事诉讼活动必须遵守的法律规范的刑事诉讼法，具有保障刑法正确实施与落实刑罚权的功能。刑事诉讼法具有行为规范和程序规范的双重属性，任何一个公安司法机关及其案件承办人，都不得违反，否则，有可能造成冤假错案。因此，刑事诉讼法不仅具有实现国家刑罚权的功能，还具有保证国家刑罚权实现的正当性、限制国家刑罚权不被滥用的功能。死刑是国家刑罚权的一种，也是破坏性最大的一种，如果适用得当，能够发挥其维护社会安全与稳定、惩治和威慑“罪大恶极”的犯罪分子的作用，国家和人民皆受其利；如果适用不当，国家和人民皆受其害，不仅会冤枉无辜，还有可能会放纵犯罪，影响社会的和谐与稳定以及法律严肃性。

2. 办理死刑案件应当达到事实清楚。事实清楚主要是指犯罪事实清楚，即凡与定罪量刑有关的事实和情节都必须查清，至于那些不影响对被告人定罪量刑的细枝末节，则没有必要都搞清楚。因此，这里的事实，并不是指案件的全部事实，而是影响定罪量刑的事实，即对认定犯罪构成要件起主要作用的事实，对定罪量刑有重要影响的事实。如犯罪人是谁，是故意犯罪还是过失犯罪，犯罪行为及其后果，以及有无作为法定量刑情节的自首、立功、中止、未遂、正当防卫等。查清上述“事实”，对于一般案件来说，如果还说得过去的话，那么对于死刑案件而言，这显然是不够的。一般来说，死刑案件要查清的事实，通常相当于理论上人们常说的“基本事实”。“基本事实”是指对案件的正确处理具有根本性影响的事实。而“根本性影响”是指对这些事实的认定直接决定着案件的正确处理。

对于死刑案件需要查清的事实可按照本规定第 5 条的规定执行。在此需要强调的是，办理死刑案件还需要特别注意查清以下几个方面基本事实：一是涉及罪与非罪的事实；二是涉及此罪与彼罪的事实；三是涉及适用死刑还是适用其他刑罚的事实。办理死刑案件，对于涉及可能定死罪、判死刑的各种事实和情节，必须查得一清二楚，不得含糊而存在疑问。

死刑案件的基本事实不是在诉讼一开始就能查清的。在不同的诉讼阶段，要求查清的具体事项是不同的。如在立案阶段，需要查清的事实是犯罪确实发生了，至于是谁实施的犯罪，被害人是谁，以及犯罪的过程、手段如何等，要等到侦查阶段才能查清。而到了审判阶段，上述基本事实都必须查清楚。然而，办理死刑案件，有很多情况下最终能够把案件查个水落石出，但有时由于条件的限制，或者出于各种主客观原因的影响，也可能无法查清，从而出现既不能证实被追诉人有罪也不能证明其无罪的悬疑状态。对于这种悬而未决的“疑罪”，要坚决贯彻疑罪从无原则，而不是疑罪从有或者疑罪从轻，也不能像实践中所做的那样“留有余地”。如杜培武案、佘祥林案、赵作海案等与“留有余地”给纠错留有了余地，相对于适用死刑立即执行避免了不可挽回的错误，但对于这些无辜者来说，已经造成了不可挽回的伤害。而“留有余地”在另一个侧面也说明了案件的某些关键事实没有查清楚，事实也恰恰证明如此。如果不是“留有余地”，而是按照疑罪从无原则处理，这些错案、冤案就不会发生。

3. 办理死刑案件应当证据确实、充分。证据确实、充分是对作为死刑案件定案根据的证据质和量的总体要求。其具体内容，本规定第5条也作了比较详细的规定。一般来说，“确实”是对证据的质的要求。具体而言，据以定案的每一个证据都必须查证属实，即每一个证据都必须是真实的、客观存在的，排除了伪造、虚假的可能性，而经过查证属实的每一个证据都必须有证明力，即证据与待证事实之间存在某种客观联系，能够据此证明犯罪事实或者犯罪事实的某个环节或者情节。“充分”是对定案证据量的要求。这里的“量”，不是指证据的数量，而应当理解为证据的证明力的大小或者强弱，只要证据对案件事实的认定构成充分的理由，不论其数量多少都可认为其具有充分性。当然，“孤证不能定案”的原则决定了认定犯罪成立，证据通常要在数量上符合法律关于定罪的要求。

4. 办理死刑案件应当依法进行并保证程序合法。程序合法要求侦查人员、检察人员和审判人员在收集、审查、核实和认定证据时要严格遵守法定程序。本规定第3条再次强调了程序合法的要求。事实上，广义的程序合法，还包括证据形式合法和证据来源合法。证据形式合法是指证据必须符合法律规定的表现形式。例如，作为定案根据的证据，必须是《刑事诉讼法》第42条规定的七种证据形式之一，否则，即使能够反映案件事实情况，也不能作为证据使用。证据来源合法则是指证据必须有合法的来源。来源不明或者无法确定来源的证据，不能作为定案的依据。如无法与原件核对的复印件、复制品或者音像制品，无法确定证人身份的证人证言等。即使能够确定证据来源，但来源不符合法律规定的，也不能作为证据使用。如不具有法定资质的“鉴定人”所作的鉴定意见，不了解案件情况的“证人”提供的证言等。

5. 办理死刑案件应当适用法律正确。适用法律正确是与程序合法相呼应的，主要是指适用实体法律正确，即办理死刑案件，要在查清犯罪事实的基础上，准确适用刑法条文，做到定性准确、量刑适当。不过，也有人认为，任何案件的诉讼过程的内容，都可以分解为两个部分：调查案件事实和应用法律。案件的正确处理必须由查明案件事实和正确应用法律两个同时具备的要件构成。正确适用法律包含了两层意思：一是正确适用刑法，即在查明案件事实的基础上，分清罪与非罪、此罪与彼罪的界限，准确认定罪名，并适度量刑；二是必须严格遵守刑事诉讼法，依法处理诉讼程序中出现的各种障碍和问题。这种理解并无不当，只是其第二层意思已包含于程序合法的要求之中，可以被视为一种广义的法律适用。

（二）实施本规定所要达到的目的。确保案件质量是办理死刑案件的重心，也是制定本规定的直接目的。为此，要求侦查人员、检察人员和审判人员共同把好事实关、证据关、程序关和法律适用关，切实把每一件判处死刑的案件办成“铁案”。死刑是剥夺生命的刑罚，是刑罚体系中最严厉的一种极刑。由于死刑的残酷性和非人道性，判处死刑应当慎而又慎。尽管世界上已有110多个国家废除了死刑或实际上不适用死刑，但对我国来说仍还有必要。据中国社会科学院法学研究所与国家有关统计部门合作，就死刑问题的一项问卷调查显示，在接受调查的5006人中，支持死刑的高达95%以上；其中，在1021名大学文化程度以及113名大学以上文化程度的被调查对象中，主张废除死刑的分别仅占0.69%和0.88%。据新浪网的一项调查显示，约有75.8%的人主张坚决保留死刑，主张废除死刑的约有13.6%，而大约10.6%的中间派认为，须视中国发展情况而定死刑存废。我国公民目前还不接受废除死刑的做法，即使受过高等教育的人，仍然认为死刑是正当的和必要的。

但是，这些问题并不妨碍我国从严限制死刑。“少杀、慎杀”是我国当代一贯的刑事政策。死刑的适用不能出任何纰漏，否则，造成的错误后果是无法修正和挽回的。死刑适用的司法控制主要通过公安司法人员办理死刑案件来完成，办理死刑案件应当慎而又慎。

【特别提示】

适用本条需要注意的问题是，办理死刑案件应树立“人命关天”和确保质量的观念。人们总是习惯于把死刑复核程序当作正确适用死刑、防止错杀的必不可少的程序保障。不可否认，死刑复核程序确实具有保证死刑案件办案质量的作用，但如果把整个刑事诉讼程序看作保证正确适用死刑、防止错杀的堡垒，死刑复核程序只不过是这座堡垒的最后一道防线。很显然，要想让这座堡垒发挥其应有的作用，仅仅加固最后一道防线远远不够，从侦查到起诉，再到审判，每一道防线都关乎死刑正确适用问题，要想防止错杀，就要保证这座堡垒的任何一道防线都不能有纰漏。从某种意义上说，死刑案件的质量主要取决于死刑案件的侦查、起诉和审判，其中第一审程序最为关键，而不是复核核准。因此，确保死刑案件质量，防止错杀，是侦查人员、检察人员和审判人员的共同责任。为此，本规定才作为最高人民法院、最高人民检察院、公安部、国家安全部、司法部在办理死刑案件中共同遵守的证据规则。

【相关立法例】

《刑事诉讼法》第3条第2款："人民法院、人民检察院和公安机关进行刑事诉讼，必须严格遵守本法和其他法律的有关规定。"

第二条 ［证据裁判原则］认定案件事实，必须以证据为根据。

【制定目的】

本条是关于证据裁判原则的规定，旨在严格依证据查明的事实作出裁判，确保裁判客观公正，确保案件的质量。

【释义】

证据裁判原则，又称证据裁判主义，是指依据证据认定案件事实的原则，亦即必须依据经过法定的正式的证据调查程序后具有证据能力的证据来认定案件事实。在一定意义上是对形式证据制度的否定。本条所规定的"认定案件事实，必须以证据为根据"是证据裁判原则的中国式表达。本规定在强调根据证据来认定案件事实同时，也标明无证据不能认定案件事实。对本条可作以下理解：

（一）证据是认定案件事实的根据。在证据法上，事实是过去发生的事情，不能重复再现的，需要用证据证明的。没有证据，就无所谓事实。证据是证明犯罪事实的唯一手段，离开证据，要想查明案情、证实犯罪，是根本不可能的，也是不应当的。当然，在有法律明确规定的场合，作为证据裁判原则的例外，可以存在不以证据而认定事实的特别情况，如对于众所周知的事实、法院生效裁判确认的事实等。由于其真实性已经得到确认，法律一般规定无需再用证据予以证明，法院可以直接予以认定。

（二）认定案件事实的根据是具有证据能力的证据。证据首先必须为法律所允许，具有法律上的适格性，才有可能进入到诉讼程序中来，才有可能被法院采纳，非法证据不能作为认定案件事实的根据。一般来说，具有证据能力的证据，不仅要具有合法性特征，还必须具有客观性和相关性特征。因为，不具有客观性和相关性的证据，法律通常不承认其证据资格。但是，有客观性和相关性的证据并不一定具有合法性，也不必然具有证据能力，如刑讯逼供下的被告人供述。有时候即使同时具有客观性、相关性和合法性的证据，也不一定必然具有证明力，如当供述成为不利于被告人的唯一证据时，不能据此认定被告人有罪。因此，我国刑事诉讼法要求，只有被告人供述，没有其他证据不能认定被告人有罪。

（三）认定案件事实需要经过法定的证明程序。作为认定案件事实的证据，必须经过法定的程序出示、审查和核实。如物证应当向法庭出示，让当事人辨认；书证应当向法庭出示并宣读，听取对方当事人及其辩护人或者诉讼代理人的意见；证人应当出庭作证，接受控辩双方询问，其证言才能作为定案的根据；对于未到庭的证人的书面证言，应当向法庭宣读，听取控辩双方的意见。任何证据，未经法庭查证属实，均不得作为定案的根据。运用证据认定案件事实，还要经过严密的逻辑推理，并运用经验法则，科学地进行证据评价，经过事实认定过程，最终确定有无犯罪事实以及有什么样的犯罪事实。

（四）根据证据认定案件事实需要达到法定的证明要求。运用证据认定案件事实的目的在于发现“真相”，即所谓“真实”。

证据裁判原则作为一项基本原则，它适用于整个刑事诉讼全过程，而不是仅仅适用于法庭审理阶段。法官作出判决要根据证据，检察官批准逮捕、审查起诉要以证据为根据，侦查人员立案侦查、决定拘留也离不开证据。当然，审判阶段对事实的认定具有决定性意义。所有的诉讼活动都是围着法庭审判进行的，审前阶段通常禁止事实裁判者接触证据，所有的证据必须在法庭上经过出示并质证才能予以采信，才能作为认定案件事实的根据。因此，在这种情况下，证据裁判就是法庭审判阶段的证据裁判，或者说，在庭审之外，并不存在证据裁判问题。法庭审判固然重要，但通常只是侦查和审查起诉的自然延伸，甚至在某种意义上，对于很多刑事案件来说，具有实质决定意义的，并不在审判阶段，而在侦查阶段和审查起诉阶段。不论是法官，还是检察官或者侦查人员，均具有收集证据并运用证据查清和认定案件事实的职责和职能。因此，证据裁判原则无论在审判阶段、还是在审查起诉阶段抑或侦查阶段是同样适用的。换句话说，审判人员、检察人员和侦查人员都要坚持和坚决贯彻证据裁判原则。

证据裁判原则明确否定了“拍脑袋办案”、“凭感觉办案”和“凭长官意志办案”等错误做法。在司法实践中，过去存在很多办案不讲证据而凭主观臆断、猜测的情况。近年来司法实践中也存在很多“凭长官意志办案”的错误做法，其中最突出的表现形式就公、检、法机关协调办案问题。通常几家领导一碰头，案子就定下来了。证据裁判原则的确立，及时地否定了这种危险做法。当然，能否真正制止这种错误做法，还要看这一原则在实践中贯彻落实的决心与信心。证据裁判原则体现了刑事诉讼法保障人权的理念。无证据不得推定其犯罪事实，是无罪推定原则的体现。而无罪推定作为现代各国刑事司法通行的一项重要原则，则是国际公约确认和保护的一项基本人权。证据裁判与无罪推定相呼应，共同构筑了刑事诉讼人权保障体系的两道铁闸。

【特别提示】

适用本条需要注意的问题是，对于证据裁判原则的含义，很多人将之放在“以事实为根据”的意义上理解，认为二者是一致的。因为以事实为根据强调的是处理刑事案件必须依照公安司法人员查明的客观事实，而案件的客观事实必须是由证据证明了的事实。因此，规定以证据为根据并不是对以事实为根据的否定，以证据确定的事实仍然必须与客观事实相一致，而不能不顾客观实际，简单地甚至错误地认定案情。“以证据为根据”并不完全等同于“以事实为根据”。这里的“事实”应该就是根据证据认定的事实而不是“发生的案件事实”。因此，“以证据为根据”取代“以事实为根据”是诉讼制度的一个进步。近年来出现的“杜培武案”、“佘祥林案”、“赵作海案”等冤假错案，无不与证据适用不当有关。把好“证据关”是当前办理死刑案件的重中之重。这就要求公安司法人员在办理死刑案件时，做到每一个影响定罪量刑的事实和情节都要有证据予以证实。对于存在疑问的事实和情节，必须进一步收集证据，一定要用证据来排除这些疑问，而不能想当然地认为某种行为在当时情况下是可能发生的；对于存在疑点的证据，必须结合其他证据进行对比分析，直到排除这些疑点。对于虽有一定证据但不能完全排除合理怀疑的案件，坚决不能作出“留有余地”的裁判，否则，就是给错误裁判留下了余地。

另外，还应当改变我国公安司法人员以认识的案件事实为出发点，去寻找证据来印证自己的认识，根据“事实”去找证据，然后再用“找到”的证据来印证自己预先形成的认识，造成证据与事实之间的关系的错位。一是公安司法人员凭自己认定的事实去挑选证据，选择那些能够支持自己认识的证据，舍弃那些不能支持或者否定自己认识的证据，这必然会导致不公正的预断；二是公安司法人员为获得支持自己认识的证据而采取诸如刑讯逼供等非法手段，从而侵犯公民的合法权利。冤假错案发生均与以上错误认识和理解以及没有执行证据裁判有关。

【相关立法例】

《刑事诉讼法》第46条规定：“对一切案件的判处都要重证据，重调查研究，不轻信口供。只有被告人供述，没有其他证据的，不能认定被告人有罪和处以刑罚；没有被告人供述，证据充分确实的，可以认定被告人有罪和处以刑罚。”

第三条 ［程序法定原则和客观全面原则］ 侦查人员、检察人

员、审判人员应当严格遵守法定程序，全面、客观地收集、审查、核实和认定证据。

【制定目的】

本条是有关程序法定原则和客观全面原则的规定，旨在保障刑事诉讼活动能够严格依法进行，从而实现刑事诉讼自身的价值，充分体现程序正义。

【释义】

刑事程序法定原则作为近现代法治国家刑事诉讼所普遍遵循的基本原则，是现代法治原则的必然要求。本条吸收了学界的理论成果，主要包括程序法定原则和客观全面原则。对本条可作以下理解：

（一）程序法定原则。程序法定原则是现代诉讼中的一项重要法律原则，也是程序正义的当然要求。其基本内容是侦查人员、检察人员和审判人员收集、审查、核实和认定证据时必须严格遵守法定程序。本条包括以下内容：

1. 收集证据必须依照法定程序进行。收集证据涉及犯罪嫌疑人、被告人或者证人、被害人等人身自由或者财产权的限制甚至剥夺。为了维护公民的合法权利，防止权力滥用，刑事诉讼法要求公安司法人员必须严格按照法定程序进行。如讯问犯罪嫌疑人时，严禁刑讯逼供和以威胁、引诱、欺骗以及其他非法方法收集证据。按照刑事诉讼法的有关规定，讯问犯罪嫌疑人由公安机关、人民检察院的侦查人员负责进行。讯问时，侦查人员不得少于二人。对于不需要逮捕、拘留的犯罪嫌疑人的讯问，可以传唤到犯罪嫌疑人所在的市、县的指定的地点或者到他的住处进行讯问。讯问的时候，应当首先讯问犯罪嫌疑人是否有犯罪行为，让他陈述有罪的情节或者无罪的辩解，然后向他提出问题。对于这些程序要求，对于保障犯罪嫌疑人供述的自愿性和合法性非常重要，侦查人员在讯问的时候必须遵守，否则，获得的供述将会被排除，不能作为定案的根据。

再如，侦查人员搜查物证时，除非在执行逮捕、拘留的时候遇到紧急情况，必须向被搜查人出示搜查证，搜查妇女的身体，应当由女性工作人员进行。侦查人员严格遵守这些程序，对于保护公民的人身、财产权利具有重要意义。

2. 审查与核实证据必须严格遵守法定程序。侦查人员、检察人员、审判人员在立案侦查、批准逮捕、审查起诉和法庭审判时应当按照法律规定的程序进行，而证据的查证、质证以及证据的调查核实也应当如此。一般来说，审查证据是在收集证据的基础上进行的，而且通常还要靠进一步收集证据来完成。例如，在审查起诉阶段的审查证据，检察人员应当讯问犯罪嫌疑人，听取被害人和犯罪嫌疑人、被害人委托人的意见；对侦查机关的勘验、检查，认为需要复验、复查的，应当要求侦查机关复验、复查，也可以自行复验、复查；对鉴定结论有疑问的，可以指派或者聘请有专门知识的人或者鉴定机构，对案件中的某些专门性问题进行补充鉴定或者重新鉴定；对物证、书证、视听资料、勘验、检查笔录存在疑问的，可以要求侦查人员提供物证、书证、视听资料、勘验、检查笔录获取、制作的有关情况，必要时也可以询问提供物证、书证、视听资料的人员并制作笔录，对物证、书证、视听资料进行司法鉴定。再如，在审判阶段的审查证据，对指控的每一起案件事实，经审判长准许，公诉人可以提请审判长传唤证人、鉴定人和勘验、检查笔录制作人出庭作证，或者出示证据，宣读未到庭的被害人、证人、鉴定人和勘验、检查笔录制作人的书面陈述、证言、鉴定意见及勘验、检查笔录；被害人及其诉讼代理人和附带民事诉讼的原告人及其诉讼代理人经审判长准许，也可以分别提请传唤尚未出庭作证的证人、鉴定人和勘验、检查笔录制作人出庭作证，或者出示公诉人未出示的证据，宣读未宣读过的书面证人证言、鉴定意见及勘验、检查笔录。在证据调查过程中，如果合议庭对证据有疑问，可以宣布休庭，对该证据进行调查核实。

3. 质证是通常被视为审查、核实证据的一个重要环节，也是审查、核实证据的一个重要方法。一切证据只有经过法定的质证程序查证属实才能作为定案的根据，如果说查证贯穿刑事诉讼全过程，而质证通常只发生在法庭审判阶段的证据调查阶段，即在审判人员主持下，由控辩双方通过言词或其他方式对有关证据进行质疑和辩驳。无论涉及对“人证”的质证，还是涉及对“物证”的质证，均应当按照法定程序进行。审判人员首先自己应当严格遵守，同时也要保证参与质证活动的其他诉讼参与人严格遵守。

4. 认定证据要严格遵守法定程序。认定证据是指事实审理者对庭审中经过质证的证据进行审查判断，依据证据规则、经验和逻辑确定其证据能力和证明力的一种诉讼活动。认定证据的主体是事实认定者，即审判人员；认定证据的对象是证据；认证的客体是证据的证据能力和证明力。认定证据是一项综合审查判断证据的过程，审判人员应当在法庭上听取诉讼各方的质证和意见后，依据自己的学识、经验，遵循证据规则，对证据是否采信作出决定。为保证认证的公正性，审判人员的认定证据应当说明认证的理由。

侦查人员、检察人员和审判人员收集、审查、核实和认定证据时不仅要严格遵守法定程序，还要承担违反法定程序可能产生的后果，即违法反定程序收集证据或者查证、认证的，所取得证据可能被排除，根据该证据作出的判决可能被撤销。如侦查人员以刑讯逼供等非法方法获得犯罪嫌疑人的供述，应当被依法排除，不能作为定案的证据。违反法定程序收集证据产生严重后果的，还可能要追究相关责任人员的法律责任。再如，证据未经法庭出示并质证，不能作为定案的证据，如果法庭采纳了这种未经质证的证据，可以成为撤销判决的理由。

（二）客观全面原则。客观全面原则要求侦查人员、检察人员和审判人员收集、审查、核实和认定证据时，必须尊重客观事实，采取实事求是的科学态度，一就是一，二就是二，既不能夸大，也不能缩小，更不能弄虚作假，制造假证，歪曲事实；同时，必须尊重案件事实的原貌，公正对待能够反映案件真实情况的一切证据材料，既要注意有罪、罪重的证据，也要注意无罪、罪轻的证据。

侦查人员坚持客观原则，就是在收集证据时，要从实际情况出发，坚持重事实、重证据、重调查研究，认真分析研究案情，如实反映案件的真实情况，不得主观臆断和先入为主。坚持全面原则，就是在收集证据时，既要收集对犯罪嫌疑人有利的证据，也要收集对犯罪嫌疑人不利的证据。

检察人员的“客观义务”决定了坚持客观原则是他们的职务性质的内在要求。我国检察机关是国家的法律监督机关，应当履行“客观义务”、坚持客观原则是不容置疑的。同时，作为公诉机关，检察人员还必须坚持全面原则，收集能够证实犯罪嫌疑人、被告人有罪或者无罪的、犯罪情节轻重的各种证据。在审查起诉时，既要审查有无遗漏罪行和其他应当追究刑事责任的人，也要审查是否属于不应当追究刑事责任的；既要审查证据是否确实、充分，也要审查侦查活动是否合法；既要听取犯罪嫌疑人及其辩护人的意见，也要听取被害人及其诉讼代理人的意见，并在量刑建议中客观评估。

审判人员坚持客观全面原则，一方面，要求审判人员对证据要采取事实求是的态度，客观地审查判断证据，根据查证属实的证据认定案情；另一方面，要求审判人员要站在公正的立场上平等对待控辩双方的证据，既要注意不利于被告人的证据，又要注意有利于被告人的证据，准确定罪和量刑，客观判断刑种，对死刑建议不得模糊，做到不偏不倚。为了防止审判人员对案件形成偏见，使其保持中立和超然的裁判者地位，刑事诉讼法明确了控方的举证责任。由于被告人不承担自证其罪的义务，对其辩解或存疑证据，合议庭应当予以庭外调查核实。

但是，审判人员调查核实证据，既不是承担代替控方履行举证责任，也不是代替被告人行使辩护权。审判人员庭外调查核实证据是在控辩双方举证和质证的基础上，为了认证而对有疑问的证据进行调查核实，是公正审判的一个必要手段。坚持客观全面原则还要求审判人员认定证据不受控辩双方意见的限制。审判人员审查判断证据时，不能一意孤行，要善于听取控辩双方的意见和建议，但不能偏听偏信，完全按照指控的意见取舍、采信证据，而是要充分利用自己的学识、经验，发挥自己的主观能动性，对证据是否采信作出决定。坚持客观全面原则还要注意避免一些错误倾向，如在审判中对于控辩双方的证据不能平等对待，偏听偏信，先入为主，形成被告人有罪倾向，无端要求被告人提供证据证明自己无罪；在调查核实证据活动中带有追诉倾向，对于自行收集的证据不经过控辩双方质证和辩论，直接据此证据作出判决。

【特别提示】

适用本条需要注意的问题是，严格遵守法定程序是准确认定案件事实、作出正确裁判的保障。一般来说，公正的程序能够产生公正的判决，公正的程序具有促使产生公正判决的功能。严格遵守法定程序不仅是对公安司法人员的基本要求，而且是犯罪嫌疑人、被告人诉讼权利的重要保障。在刑事诉讼中，不仅不得侵犯犯罪嫌疑人、被告人的合法诉讼权利，更要加强保障犯罪嫌疑人、被告人诉讼权利，保障被告人提供证据、充分发表意见的机会，保障被告人与指控自己的证人能够有效地进行对质。

【相关立法例】

《刑事诉讼法》第 3 条第 2 款、第 43 条分别规定："人民法院、人民检察院和公安机关进行刑事诉讼，必须严格遵守本法和其他法律的有关规定。""审判人员、检察人员、侦查人员必须依照法定程序，收集能够证实犯罪嫌疑人、被告人有罪或者无罪、犯罪情节轻重的各种证据。严禁刑讯逼供和以威胁、引诱、欺骗以及其他非法的方法收集证据。必须保证一切与案件有关或者了解案情的公民，客观地、充分地提供证据的条件，除特殊情况外，并且可以吸收他们协助调查。"

《广东省高级人民法院关于办理刑事案件若干问题的指导意

见》第11条规定："审判人员应当严格遵守法定程序，客观、全面地审查、核实和认定证据。"

第四条 ［证据质证原则］经过当庭出示、辨认、质证等法庭调查程序查证属实的证据，才能作为定罪量刑的根据。

【制定目的】

本条是关于庭审质证原则的规定，旨在保障证据通过正当程序检验而获得作为定案根据的意义。

【释义】

本条是对《最高人民法院〈关于执行中华人民共和国刑事诉讼法〉若干问题的解释》第58条从相反的方面规定的"证据必须经过当庭出示、辨认、质证等法庭调查程序查证属实，否则不能作为定案的根据"的重申。所不同的是，从正面对"经过当庭出示、辨认、质证等法庭调查程序查证属实的证据，才能作为定罪量刑的根据"的规定。

尽管本条曾规定在《最高人民法院关于执行〈中华人民共和国刑事诉讼法〉若干问题的解释》第58条中，但在本条作为一项原则归为本条的内容时，曾存在不同意见。公安机关认为，如果规定"经过当庭出示、辨认、质证等法庭调查程序查证属实的证据，才能作为定罪量刑的根据"，与《刑事诉讼法》第42条、第47条规定的证人证言在法庭上经过质证，其他证据只要查证属实，并不要求在法庭上接受质证，建议删除。审判机关认为，死刑案件人命关天，对证据的审查应当更为细致、规范，对定案的证据进行质证是合理的要求，也是必要的；司法实践也是这样做的，地方的司法机关并没有分歧意见，应当保留。最后保留这一规定，公、检、法机关应当共同遵守。对本条可作以下理解：

质证程序是指在审判人员的主持下，由法律允许的质证主体对各种证据进行审查、质疑、说明、解释、咨询和辩驳，以审查证据真实性、相关性和合法性，来确立或排斥证据的证据能力从而对法官的判案形成影响的一种诉讼活动。质证的时间是在“法庭审理过程中”，质证的主体是当事人和刑事案件中的公诉人，质证的对象是“一切证据材料”，质证的方法较为广泛，质证是法庭审理的法定程序之一。质证在本质上是一种诉讼行为，它是审查判断证据的一种方式，也是法定的必经程序，更是必须遵循的一项证据法原则。

（一）证据质证原则。质证是司法证明科学性和公正性的保障，其目的是帮助和影响法官对证据的审查判断和认定。证据质证应当实行以下基本原则：

1. 证据质证应当奉行参与原则，实现当庭质证。根据程序的参与性，那些自身权益可能会受到裁判结局直接影响的诉讼主体，应有充分的机会并富有意义地参与法庭裁判的过程，从而对法庭裁判结果的形成发挥有效的影响和作用。因此，在审判中只有控辩双方积极参与，要求证人必须出庭，法庭质证才能顺利进行，对证人的交叉询问才能实施，才能产生对诉讼结果的影响。

2. 证据质证应当落实直接、言词原则。直接、言词原则实际上是两项原则：一是直接审理原则，是指只能以在法庭上直接调查过的证据作为裁判的基础，它是与言词原则和严格证明规则密切相联系的，目的是使法官形成正确的心证和发现实体真实；二是言词审理原则，又称为口头原则，是指基于口头提供的诉讼资料进行裁判，其目的是在形成法官心证之际，给法官以新鲜的印象，以期发现实体的真实。因此，程序正义要求质证程序完全实行直接、言词原则，解决审判委员会判而不审、法官或合议庭审而不判的问题，避免间接审理和书面审理，一审、二审和再审案件应当一律开庭，当庭直接质证，防止暗箱操作，增加审判的可信赖度。

3. 证据质证实行公开原则。审判公开是一项基本的诉讼制度，除了法定不公开的情形之外，要允许群众旁听，允许记者采访报道。审判公开是贯彻宪法所规定的公民享有知情权的必然要求，是实现其他诉讼原则的保障，也是实现司法公正的要求。因此，除了法律特殊规定，法庭的质证程序应当公开，向所有的诉讼参与人公开，实现当庭举证，公开质证，增加审判的透明度，防止秘密审理。

4. 证据质证体现中立性原则。中立性原则要求裁判者不得对任何一方存有偏见和歧视，以确保各方诉讼参与者受到裁判者的平等对待。“任何人不得充当自己案件的法官”。裁判者在主持质证程序中要保持不偏不倚的地位，应当严格执行控审分离制度、回避制度，限制法院调查取证的范围。对于法院调查获得的任何证据都要经过当事人的庭审质证，否则不能作为定案的根据。

（二）证据质证的模式。质证的程序模式与诉讼模式和庭审模式存在密切的关系，因为法院与控辩双方是诉讼中的一对矛盾，二者同为诉讼法律关系的主体，依法享有特定的诉讼权利，承担特定的诉讼义务，而在庭审中的质证阶段，则是集中地反映法院与控辩双方之间关系的阶段。我国刑事诉讼法弱化了法官的职权作用，加强了庭审质证，但仍保留了法官的调查取证权，法官先入为主、先定后审、庭审形式化的弊端仍未能根除，我国的质证模式还带有强烈的职权主义色彩。

（三）证据质证的内容。证据质证的内容，是指质证主体对证据进行质证时所涉及的范围。主要是对证据的“三性”来进行。(1) 对证据的客观性进行质证，即诉讼证据不同于证据资料，它必须是真实的，而不能是虚假的，对此应当严格进行审查。(2) 对证据的关联性进行质证。证据应当与待证的案件主要事实存在客观的联系，必须排除与案件无关的“证据”。(3) 对证据的合法性进行审查。证据除应具有法定的形式之外，还应当是由法定的主体依照法定程序收集获得的，任何违反法定程序获得的证据，即使是客观真实的，也不能作为定案的根据。

（四）证据质证的方式。证据质证的方式可以采取以下几种形式：(1)“一证一质法”，即对于法律关系单一，权利义务明确、争议不大的简单案件，由审判人员逐次推进，“一事一证”，“一证一质”，“一质一认。”(2)“分类归纳法”，即对于有几个法律事实与法律关系，证据材料较多，情节较复杂的案件，按当事人举证、质证问题的性质分别归类，一类问题一类问题地去质证。(3)“由表及里法”，即先抓住表层问题举证、质证，然后层层推进，逐步深入，最后再抓住核心问题举证、质证。(4)“综合法”，即审判人员当庭对每一证据暂不表态，在休庭后，对庭审中的全部证据进行综合归纳，分析讨论，作出判断；在案件宣判前，将经过庭审质证的证据采信与否及理由告知双方当事人。对上述的各种质证方法，不能简单地专注于哪一种，而应综合运用多种质证方法，以达质证的最佳效果。

【特别提示】

适用本条需要注意的问题是，质证的基本原理是诉讼各方从不同的角度和立场出发来观察和认识证据，对证据进行充分辩驳，以便审判人员能够做到“兼听则明”。在质证过程中必须保证控辩双方的参与性、平等性。在传统庭审方式下，庭审虚化，法官往往在庭审前的审查和阅卷中就形成了对实体问题的预决，法庭调查也是以法官的职权询问为主，这就使得当事人之间的质证成为印证其预决效果的工具。而修改后的程序由原来的庭前确定定案的证据因庭后移送证据转化为庭后确定定案的证据。在死刑案件质证中，应注重定罪证据与量刑证据的分别质证，确保定罪证据确实、充分。

【相关立法例】

《刑事诉讼法》第 42 条规定：“证明案件真实情况的一切事实，都是证据。……以上证据必须经过查证属实，才能作为定案的根据。”

《广东省高级人民法院关于办理刑事案件若干问题的指导意

见》第 12 条规定："经过当庭出示、辨认、质证等法庭调查程序，具有关联性、合法性和真实性的证据，才能作为定罪的根据。"

第五条 ［死刑案件的证明标准和证明对象］ 办理死刑案件，对被告人犯罪事实的认定，必须达到证据确实、充分。

证据确实、充分是指：

（一）定罪量刑的事实都有证据证明；

（二）每一个定案的证据均已经法定程序查证属实；

（三）证据与证据之间、证据与案件事实之间不存在矛盾或者矛盾得以合理排除；

（四）共同犯罪案件中，被告人的地位、作用均已查清；

（五）根据证据认定案件事实的过程符合逻辑和经验规则，由证据得出的结论为唯一结论。

办理死刑案件，对于以下事实的证明必须达到证据确实、充分：

（一）被指控的犯罪事实的发生；

（二）被告人实施了犯罪行为与被告人实施犯罪行为的时间、地点、手段、后果以及其他情节；

（三）影响被告人定罪的身份情况；

（四）被告人有刑事责任能力；

（五）被告人的罪过；

（六）是否共同犯罪及被告人在共同犯罪中的地位、作用；

（七）对被告人从重处罚的事实。

【制定目的】

本条是关于规定死刑案件的证明标准和证明对象的规定，旨在确保判处死刑的案件万无一失。

【释义】

本条在我国《刑事诉讼法》第129条和第141条规定的基础上，吸收了湖北省高级人民法院、湖北省人民检察院、湖北省公安厅、湖北省国家安全厅、湖北省司法厅《关于刑事证据若干问题的规定（试行）》第30条等地方性规定，形成了本条死刑案件的证明标准和证明对象。对本条可作以下理解：

（一）死刑案件的证明标准。“事实清楚、证据确实充分”是我国刑事诉讼的基本标准，既适用于侦查阶段、审查起诉阶段，也适用于法院的定罪量刑阶段，没有体现证明标准的递进性。然而，何为“事实清楚，证据确实充分”则是非常模糊，不具有可操作性，以至于不同司法人员有不同的认识，甚至采取“估堆式”的办法笼统判断，相对严肃的问题却具有随意性。死刑案件涉及被告人的生命，其证明标准必须是最高、最严的，在征求意见中曾从正反两方面对此作出规定，即“事实清楚，证据确实、充分，排除一切合理怀疑”，对此存在不同意见。检察机关提出，我国刑事诉讼法规定并强调的刑事案件的证明标准是“事实清楚，证据确实、充分，”而“事实清楚，证据确实、充分，排除一切合理怀疑”的证明标准，突破了刑事诉讼法证明标准的范围，建议作出修改。公安机关提出，“从宽处罚事实”的证明标准和对被告人“定罪证据应当达到确实、充分，排除一切合理怀疑”的证明标准明显不同。最后删除了“排除一切合理怀疑”的规定。本条对“证据确实、充分”进行了细化。

对被告人犯罪事实的认定，确定为“必须达到证据确实、充分”是应当的。该标准包括以下几层含义：一是定罪量刑的事实都有证据证明；二是每一个定案的证据均已经法定程序查证属实；三是证据与证据之间、证据与案件事实之间不存在矛盾或者矛盾得以合理排除，强调必须排除其他可能性；四是共同犯罪案件中被告人的地位、作用均已查清；五是根据证据推断案件事实的过程符合逻辑和经验规则，由证据得出的结论唯一。

但是，并非死刑案件所有事实都要适用这样的标准，对于不影响定罪量刑的事实，或者对被告人从轻处罚的事实不需达到这样的证明标准即可予以采信。本条第 3 款规定的“指控的犯罪事实”，包括认定被告人有罪的事实和对被告人从重处罚的事实必须达到事实清楚，证据确实、充分的程度，并对指控的犯罪事实的具体内容进行了列举。这样规定，既可以避免司法实践中因一些细枝末节问题使案件久拖不决，还突出了对指控的犯罪事实的证明必须达到“确实、充分”的证明标准。

在司法实践中，具有下列情形之一的，可以视为事实不清，不能判处死刑立即执行：现有证据不能完全涵盖案件事实；有现象表明某种影响案件真实性的情况可能存在，且不能排除；存在人们常识中很可能发生影响案件真实性的情况。

（二）死刑案件的证明对象。证明对象，是指当事人提供证据予以证明的要素，包括实体性事实和程序性事实两类，《最高人民法院关于执行〈中华人民共和国刑事诉讼法〉若干问题的解释》第 52 条规定：“需要运用证据证明的案件事实包括：（一）被告人的身份；（二）被指控的犯罪行为是否存在；（三）被指控的行为是否为被告人所实施；（四）被告人有无罪过，行为的动机、目的；（五）实施行为的时间、地点、手段、后果以及其他情节；（六）被告人的责任以及与其他同案人的关系；（七）被告人的行为是否构成犯罪，有无法定或者酌定从重、从轻、减轻处罚以及免除处罚的情节；（八）其他与定罪量刑有关的事实。”本规定基本上重复了上述规定，从而确立了对死刑案件的以下事实的证明必须达到证据确实、充分：（1）被指控的犯罪事实的发生；（2）被告人实施了犯罪行为与被告人实施犯罪行为的时间、地点、手段、后果以及其他情节；（3）影响被告人定罪的身份情况；（4）被告人有刑事责任能力；（5）被告人的罪过；（6）是否共同犯罪及被告人在共同犯罪中的地位、作用；（7）对被告人从重处罚的事实。

一般来说，查明犯罪事实是刑事诉讼的核心，应当着重查明下列内容：（1）是否存在犯罪事实，是否存在意外事件、正当防卫、紧急避险等不属于犯罪的情况；（2）犯罪人是谁，属于共同犯罪的，应查明共同犯罪人各自的作用和地位，区分主、从犯；（3）是故意犯罪还是过失犯罪，对于指使他人实施的故意犯罪，应查明主使的被告人主观授意的具体内容和范围，即主使人是否要求将被害人打死、打致重伤或轻伤；实施犯罪的被告人是否有实行过限的行为；（4）是有预谋的犯罪还是临时起意的犯罪，被害人有无过错，是否属于激情犯罪；（5）是否存在犯罪未遂、犯罪中止的情形；（6）犯罪的起因是否属于婚姻家庭矛盾、农村邻里纠纷等民间矛盾以及工友、同事因工作矛盾引起的；（7）毒品共同犯罪案件中，应当查明各被告人参与实施毒品犯罪的种类、数量；不能只查明毒品犯罪经过，而不对各被告人应承担刑事责任的毒品种类、数量进行具体认定。对于判处死刑的案件，还应查明毒品纯度；（8）被告人是否具有坦白、自首、立功、家属代为赔偿被害人经济损失、取得被害人或被害人家属的谅解、累犯、再犯的情节；（9）一案有两宗以上犯罪事实的，应在分述犯罪事实和证据之后，对全案犯罪事实进行综述，列明每个被告人的具体罪责。

在司法实践中，具有下列情形之一的，可以视为证据不足：据以定案的某个或某些关键证据不真实、不可靠；作为犯罪构成的某个要件或几个要件的案件事实没有必要的证据加以证明；据以定案的证据与待证事实之间、证据与证据之间存在重大矛盾无法排除。

【特别提示】

适用本条应注意的问题是，“事实清楚，证据确实、充分”是我国刑事证明的基本标准。然而，实践中往往采取一种证据之间相互印证就定案的变通方式，只要认为证据之间无矛盾，结论基本是唯一的就直接定案。而当案件出现“事实不清，证据不足”时，经常是检察机关撤回起诉，或者是法院按照“疑罪从轻”的留有余地判刑或者“发回重审”的方式处理，导致程序倒流，而一般不会直接宣判被告人无罪，疑罪从无原则无法得到体现。在这种情况下，法院应当严格依照刑事诉讼法和相关司法解释的规定，在证据不足，不能认定被告人有罪的情况下，应当以证据不足，指控的犯罪不能成立，判决宣告被告人无罪，尤其是在死刑案件中不应“留有余地”的判处死缓。

【相关立法例】

《最高人民法院关于执行〈中华人民共和国刑事诉讼法〉若干问题的解释》第52条规定：“需要运用证据证明的案件事实包括：（一）被告人的身份；（二）被指控的犯罪行为是否存在；（三）被指控的行为是否为被告人所实施；（四）被告人有无罪过，行为的动机、目的；（五）实施行为的时间、地点、手段、后果以及其他情节；（六）被告人的责任以及与其他同案人的关系；（七）被告人的行为是否构成犯罪，有无法定或者酌定从重、从轻、减轻处罚以及免除处罚的情节；（八）其他与定罪量刑有关的事实。”

湖北省高级人民法院、湖北省人民检察院、湖北省公安厅、湖北省国家安全厅、湖北省司法厅《关于刑事证据若干问题的规定（试行）》第30条规定：“公安机关、国家安全机关、人民检察院、人民法院对案件所作出的追诉犯罪或者有罪处理的决定或裁判，在证据上应达到法律所规定的证明标准。人民法院只有对指控的犯罪事实清楚，证据确实、充分，才能认定被告人有罪。证据确实、充分是指：（一）犯罪构成要件的事实已经查清；（二）共同犯罪中，各犯罪嫌疑人、被告人的行为、作用及罪责已查清；（三）法定从重、从轻、减轻或免除处罚的事实、情节存在与否均已查清；（四）实施犯罪行为的事实有多个证据证明或者据以确认实施犯罪行为的证据能够得到其他证据的印证；（五）证据之间、证据与案件事实之间的矛盾已得到排除；（六）综合证据的证明力能够排除其他可能性。”

二、证据的分类审查与认定

1. 物证、书证

第六条 ［物证、书证审查判断的内容］对物证、书证应当着重审查以下内容：

（一）物证、书证是否为原物、原件，物证的照片、录像或者复制品及书证的副本、复制件与原物、原件是否相符；物证、书证是否经过辨认、鉴定；物证的照片、录像或者复制品和书证的副本、复制件是否由二人以上制作，有无制作人关于制作过程及原件、原物存放于何处的文字说明及签名。

（二）物证、书证的收集程序、方式是否符合法律及有关规定；经勘验、检查、搜查提取、扣押的物证、书证，是否附有相关笔录或者清单；笔录或者清单是否有侦查人员、物品持有人、见证人签名，没有物品持有人签名的，是否注明原因；对物品的特征、数量、质量、名称等注明是否清楚。

（三）物证、书证在收集、保管及鉴定过程中是否受到破坏或者改变。

（四）物证、书证与案件事实有无关联。对现场遗留与犯罪有关的具备检验鉴定条件的血迹、指纹、毛发、体液等生物物证、痕迹、物品，是否通过DNA鉴定、指纹鉴定等鉴定方式与被告人或者被害人的相应生物检材、生物特征、物品等作同一认定。

（五）与案件事实有关联的物证、书证是否全面收集。

【制定目的】

本条是有关物证、书证的审查内容的规定，旨在促进侦查对物证、书证的全面收集，使物证、书证符合法定形式、来源清楚、收集过程合法，保障发挥证明案件事实的实际作用。

【释义】

最高人民法院在《关于死刑案件证据审查问题的通报》中将“没有切实重视对应当提取、能够提取的重要客观性证据未依法提取，或者提取不合规范情况的审查”列为证据审查方面的突出问题。这些问题主要表现为“忽视审查收集证据工作中存在的以下问题：未对现场或者物证、书证上遗留的血液、指纹、足迹等痕迹，尤其是能够证实被告人到过现场的血足迹、血指纹等痕迹依法提取；未对遗留在现场的作案工具、衣物以及被告人生物物证等重要证据依法提取；未对被害人身体、尸体有关部位可能留有的被告人皮屑、血液、精液等物证依法提取；未按规定程序收集、提取、固定证据，有的未制作提取笔录，有的虽制作了提取笔录，但缺少见证人等相关人员签名，或者对证据的具体特征缺乏规范细致的描述，应当拍照而未拍照附卷，甚至有的已提取的物证被人为遗失”。本条在最高人民法院上述总结的基础上吸收了《广东省高级人民法院关于办理刑事案件若干问题的指导意见》第 15 条的规定，针对司法实践暴露出在物证、书证收集方面存在的诸多问题的审查范围作出了明确规定。对于本条可作以下理解：

（一）原始证据优先规则。原始证据优先规则（详细内容参见第八条）要求收集原始的物证、书证，只有在收集原物、原件确有困难的，如原物、原件已经灭失、毁损的；原物、原件难以获得的；原物、原件不宜搬运、保存的；原物、原件应当依法返还其所有人的等情况下，才可以收集经核对无误的复制品或者照片、副本或者复制件，但应当在调查笔录中说明来源和取证情况，并且需要审查物证、书证是否经过辨认、鉴定，物证的照片、录像或者复制品和书证的副本、复制件是否由二人以上制作，有无制作人关于制作过程及原件、原物存放于何处的文字说明及签名等内容。

（二）程序法定原则。该条规定要求“侦查人员、检察人员、审判人员应当严格遵守法定程序，全面、客观地收集、审查、核实和认定证据。”并且，刑事诉讼法、相关司法解释以及《公安部办理刑事案件程序规定》已经专门就物证、书证的收集程序、方式、方法做了明确规定。因此，物证、书证的收集程序、方式是否符合法律及有关规定就成为审判人员审查判断的重点。此外，司法实践中勘验、检查、搜查过程中亦存在诸多问题，最高人民法院在《关于死刑案件证据审查问题的通报》中将“没有切实重视对现场勘验、检查不规范情况的审查”列为死刑案件一审、二审审理在证据审查方面存在的突出问题，并指出司法实践中的“主要表现为忽视审查现场勘验、检查工作中存在的以下问题：勘验笔录记载不详尽，对现场提取的血迹、痕迹等物证未作记载，或者表述不明确，导致证据来源存疑；缺少现场照片或者现场照片不能反映涉案情况全貌，尤其是缺少关键证据的细目照；勘验、检查不及时，导致勘验、检查笔录证明价值降低甚至丧失。”基于此，本条第二项专门对勘验、检查、搜查过程中提取、扣押的物证、书证的审查作出专门规定。

（三）物证具有较强的客观性、稳定性和可靠性。物证是客观存在的物质和痕迹，与其他证据特别是与言词证据相比，其具有较强的客观性。只要收集及时，并运用科学的方法提取、固定和妥善保存，一般具有较强的稳定性和可靠性。但在司法实践中，不可能完全排除物证、书证在收集、保管及鉴定过程中受到破坏或者改变的情况。这其中既有人为因素，亦可能包括客观的非人为因素，但无论如何，这样一种破坏或者改变将影响物证、书证的完整性、客观性以及可靠性。由此，审判人员应当审查物证、书证在收集、保管及鉴定过程中是否受到破坏或者改变的情况。

（四）证据的关联性规则。证据的关联性又称证据的相关性，是证据的根本属性。证据的关联性是证据适格的基础性条件，也是证据进入诉讼的门槛、前提。我国法律对证据的关联性并无明确定义，尽管传统教科书对于证据的基本属性存在诸多争议，但几乎都承认相关性是证据所应具有的基本属性，强调相关性在保证准确认定案件事实方面所具有的重要意义。但在司法实践中，我国目前对判断证据相关性的具体标准和方法以及针对特定相关证据的处理原则等方面的规定则几乎是一片空白。一般认为，证据的关联性，是指证据与案件事实之间存在某种联系。关联性是实质性和证明性的结合。关联性不涉及证据的真假，其侧重的是证据与证明对象之间的形式性关系，即证据相对于证明对象是否具有实质性，以及证据对于证明对象是否具有证明性。在目前的司法实践中，对关联性的判断并没有固定的标准，其在很大程度上依赖于审判人员的经验、常识、逻辑。相反，英美法系国家则对关联性有明确的界定：英美法系国家的证据法对此一般都有明确规定，如《澳大利亚联邦1995年证据法》第55条规定："诉讼程序中有关联性的证据，是指如果该证据被采纳时，可能合理地直接或间接影响对诉讼中争议事实存在的可能性进行评价的证据"。美国《联邦证据规则》第401条将"相关证据"定义为："证据具有某种倾向，使决定某项在诉讼中待确认的争议事实的存在比没有该项证据时更有可能或更无可能。"英美法系对于相关性的界定有助于审判人员理解、判断证据的相关性。对于物证、书证而言，如若它们缺乏相关性，则该物证、书证缺乏可采性，即只有具有相关性的证据才具有可采性，当然，法律或者相关解释另有规定的除外。由此，审判人员审查、判断物证、书证时，相关性亦是需要审查的一项内容。

（五）同一认定是司法鉴定学和侦查学的专门术语，是依据客体特征审查、判断案件中先后或者多次出现的物品、物质痕迹等是否源于同一客体的认识活动。同一认定一般用以确定受审查的嫌疑客体（人或物）同犯罪事件中正在寻找的那个客体（人或物）是否同为一人或同为一物，或来源于同一个人或同一个物。在案发现场，侦查人员往往能够提取大量的血迹、指纹、毛发、体液等生物物证、痕迹、物品，那么这些物证是否源于同一客体，这对于锁定被害人或者犯罪嫌疑人进而侦破案件至关重要。由此，本规定要求审判人员对现场遗留与犯罪有关的具备检验鉴定条件的血迹、指纹、毛发、体液等生物物证、痕迹、物品，是否通过DNA鉴定、指纹鉴定等鉴定方式与被告人或者被害人的相应生物检材、生物特征、物品等作同一认定进行审查。

（六）全面、客观地收集证据。全面、客观地收集证据是司法实践中应当遵循的一条基本原则。在司法实践中，往往因为侦查人员不能全面、客观的收集证据，导致案件事实无法得以准确认定。司法实践中，对于一些看似细微却十分重要的证据，侦查人员当时没有收集，时过境迁，导致事后却无法提取。有些侦查人员在收集证据时，缺乏“全面”的证据意识，没有将所有与案件有关的证据材料都收集，认为有的物品太细微，没有当场提取，或者即使提取了，也认为与案件关系不大，没有进行痕迹鉴定，但事后发现其实是比较重要的证据，却因时隔久远，而无法再提取或鉴定。而侦查人员的上述做法往往导致证据灭失或者难以收集，甚至使得案件事实无法得以认定。由此，本规定特别强调审判人员应当审查与案件有相关性的证据要收集全面。对于全面收集证据、同一认定以及辨认、鉴定的重要性可通过最高人民法院复核的真实案例予以说明。

2005年11月11日晚，被告人姚某与董某（女）在董某住处嫖宿。次日上午10时许，二人因嫖资发生纠纷，姚某掐勒董某的脖子，将其杀害，并从董某身上及住处窃走金戒指、金项链、手机、现金等财物。卷内主要定案证据：①被告人姚某的有罪供述。②现场勘验、检查笔录和现场照片证实：在被害人董某的住处发现其尸体；在董某的尸体颈部提取了一根被烧断的电灯开关拉线；在作案现场提取了一个装有水的玻璃杯，杯上有指纹。③搜查笔录、扣押物品清单证实，抓获姚某时，从其身上搜出金项链、金戒指和贴有董某女儿照片的三星牌手机等物品。④证人许某的证言证实，姚某于2005年11月11日晚外出，第二天中午返回住所。⑤证人邓某的证言证实，2005年11月11日晚22时许，董某到其商店购买香烟时，告诉她当晚有人包夜。

最高人民法院经审查后，认为证据方面存在如下问题：①对已提取的关键证据未进行鉴定。被告人姚某供述，其在作案现场用玻璃杯喝过水。侦查机关在现场提取了一个装有水的玻璃杯，且发现杯上有指纹，但未对玻璃杯上的指纹进行同一认定。②从被告人姚某身上查获的项链、戒指和贴有被害人女儿照片的手机，未安排被害人家属进行辨认。③未提取、收集相关物证、痕迹。据姚某供述，其在作案现场抽过黄果树牌香烟，侦查机关出具说明材料称，现场未发现黄果树牌香烟烟头，且当时认为是抢劫杀人案件，故未注意发现、提取精斑以进行 DNA 鉴定。

最高人民法院复核后认为，本案如果对现场提取到的指纹与被告人的指纹进行同一比对，或者对查获的赃物安排被害人家属进行辨认，证据会相对确实、充分。但由于上述两项工作均未进行，加之侦查工作判断失误，没有提取到被告人的生物物证，导致姚某故意杀人的事实不清，证据不足。据此，裁定不予核准被告人姚某死刑。

【特别提示】

适用本条需要注意的问题是：在刑事诉讼活动中，物证、书证被认为是客观性强、容易查实、应用广泛的证据种类。在刑事司法实践中，人民法院越来越重视依照法定程序运用物证、书证查明案件事实的工作。但是，在审判过程中，对于物证、书证的收集固定程序合法性的审查、庭审质证、采纳、移送处理这一系列工作中，仍然存在着一些问题。这提醒我们尽管实物证据客观性强，但仍然需要严格按照法定程序进行审查。适用本条各项规定应按照这样一个审查顺序，即真实性（是否原物、原件，是否与原物、原件相符）——合法性（收集程序、方式是否合法，收集、保管、鉴定是否规范）——关联性（物证、书证与案件事实是否有关联）。还需要指出的是，这并非审判人员审查物证、书证必须遵循的顺序。在司法实践中，审判人员应当按照关联性、合法性、真实性的逻辑顺序进行审查，即首先审查该物证、书证是否与该案有关联，如果与案件事实无关，就应当予以排除；凡是具有关联性的证据，才可以进行合法性、真实性审查，在合法性审查阶段，应当严格遵循本规定以及《非法证据排除规定》予以审查，在合法性审查通过之后，再进行真实性审查，即审查该证据的证明力问题。

【相关立法例】

《最高人民法院关于执行〈中华人民共和国刑事诉讼法〉若干问题的解释》第 53 条规定："收集、调取的书证应当是原件。只有在取得原件确有困难时，才可以是副本或者复制件。收集、调取的物证应当是原物。只有在原物不便搬运、不易保存或者依法应当返还被害人时，才可以拍摄足以反映原物外形或者内容的照片、录像。书证的副本、复制件，物证的照片、录像，只有经与原件、原物核实无误或者经鉴定证明真实的，才具有与原件、原物同等的证明力。制作书证的副本、复制件，拍摄物证的照片、录像以及对有关证据录音时，制作人不得少于二人。提供证据的副本、复制件及照片、音像制品应当附有关于制作过程的文字说明及原件、原物存放何处的说明，并由制作人签名或者盖章。"

《广东省高级人民法院关于办理刑事案件若干问题的指导意见》第 15 条规定："对物证、书证着重审查以下内容：（一）物证、书证是原物，还是原物的照片、录像或复制品；不能提供物证原物的原因是否符合法律规定，即物证确实是不便移动、易腐烂变质而不易保存，或者是依法应返还被害人，或因保密工作需要不能调取的，或因法律规定不宜随案移送而应由公安机关妥为保管或按照国家有关规定分别移送主管部门处理或者销毁的物品；（二）制作物证、书证照片、录像、复制品是否符合法律规定的条件，即制作人不得少于二人；应同时制作文字说明，该说明应明确制作物证照片等的原因、制作过程、制作人、原物存放何处等问题，并由侦查人员、制作人、见证人签名或盖章；（三）物证、书证的来源是否合法，是否具备能够说明物证收集提取地点、收集提取方式、包装保管方式、保管地点等情况的记录；由侦查机关取得的物证，是否有搜查证和扣押物品清单；（四）对于现场遗留的与犯罪有关的具备同一认定检验鉴定条件的血迹、精斑、毛发、指纹等生物物证、痕迹、物品，是否通过 DNA 鉴定、指纹鉴定等刑事科学技术鉴定方式与犯罪嫌疑人、被告人的相应生物检材、生物特征、物品等作同一认定；（五）对于涉案的手机、银行卡等种类物，是否有手机串号、银行卡号、银行卡登记姓名等证据，以证明手机、银行卡等种类物的唯一所有人或使用人；（六）物证、书证的外形、属性等特征，是否因时间、条件的变化等褪色、变色、变形、缺损、变质等；在收集、保管、鉴定过程中是否受到破坏或者改变；（七）物证、书证是否交由被害人、证人、犯罪嫌疑人或被告人等有关人员辨认、进行科学技术鉴定。（八）与案件事实有关联的物证、书证是否全面收集。”

第七条 ［案件事实存疑时的处理原则］对在勘验、检查、搜查中发现与案件事实可能有关联的血迹、指纹、足迹、字迹、毛发、体液、人体组织等痕迹和物品应当提取而没有提取，应当检验而没有检验，导致案件事实存疑的，人民法院应当向人民检察院说明情况，人民检察院依法可以补充收集、调取证据，作出合理的说明或者退回侦查机关补充侦查，调取有关证据。

【制定目的】

本条是关于案件事实存疑时的处理原则的规定，旨在解决因取证不规范导致案件事实存疑的问题。

【释义】

本条吸收了《广东省高级人民法院关于办理刑事案件若干问题的指导意见》第 16 条的规定。对于本条可从以下几个方面理解：

（一）现场勘验、检查是发现并取得定案证据的关键环节，现场勘验、检查笔录及照片应当全面、细致地记录提取与犯罪有关的物品、痕迹及其他客观性证据的活动，应当直接、客观地反映案发现场的全貌。如果出现疏漏，就无法全面、客观地了解案发现场情况，且会造成无法弥补的证据缺失。在死刑案件中，一审、二审法院应当切实重视审查判断现场勘验、检查情况及其笔录、现场图、照片的制作是否依法进行，是否客观、全面、真实、规范。

（二）如上文第 7 条解释中提及的，证据的收集应当遵循全面、客观的原则，应当尽可能地收集有相关性的所有证据。然而，司法实践中难免会存在这样一些情况，即对在勘验、检查、搜查中发现与案件事实可能有关联的血迹、指纹、足迹、字迹、毛发、体液、人体组织等痕迹和物品应当提取而没有提取，应当检验而没有检验，当上述情况出现导致案件事实存疑时，审判人员应当怎么办？本条规定就旨在解决当物证、书证未全面收集，导致案件事实存疑时，应当如何处理的问题。

（三）根据该条规定，当出现上述情况时，人民法院应当向人民检察院说明情况，人民检察院可以依法收集、调取证据，作出合理的说明或者退回侦查机关补充侦查，调取有关证据。即当出现上述情况时，人民法院应当向控方即人民检察院说明情况，此时人民检察院有两种选择：补充收集、调取证据，作出合理说明或者退回侦查机关补充侦查，调取相关证据。对于现场勘验、检查，可通过最高人民法院复核的真实案例予以说明。

2003 年 4 月 4 日凌晨，被告人杨某到张某（女）家，因琐事与张某发生口角、厮打，杨某将张某扼死，之后，杨某从张家的小木箱中盗走人民币 4000 余元。侦查机关对杨某传唤时，其潜逃。卷内主要定案证据：①被告人杨某的有罪供述；②证人证明案发后杨某的经济状况与其收入情况不符；③证人证明杨某潜逃期间化名“王成”，并持有假身份证、假驾驶证佐证；④现场勘验、检查笔录、照片证实，现场有翻动痕迹，一只木箱被撬，被告人仰卧在卧室火炕上，上衣被撸至胸部，下身裸露，线裤及内裤被脱至右踝处；5. 刑事技术鉴定结论证实，张某系受到扼颈窒息死亡，系他杀。

其证据方面存在的问题：现场勘验、检查和尸体检验时发现被害人下身裸露，裤裆部及裤腿潮湿。对此情形，应当意识到被害人很可能遭受性侵犯（或有性行为），应当提取被害人阴道拭子进行DNA 检验鉴定。被告人归案后承认与被害人有性行为，但由于没有提取被害人阴道拭子进行鉴定，致使本案只有被告人口供，没有其他证据确实证明被告人到过现场。最高人民法院复核后认为，被告人杨某归案后始终供认故意杀人和盗窃犯罪事实，其供述与现场勘验、检查笔录和尸体检验鉴定结论相互印证，案发后化名潜逃，行为异常，可以定罪。但除了被告人杨某的供述，没有其他证据确实证明其犯罪事实，证据单薄，不符合死刑案件的证明标准。据此，裁定不予核准被告人杨某死刑。

【特别提示】

适用本条需要注意的是，在过去的司法实践中，在发生上述情况导致案件事实存疑时，一般做法是，人民法院直接请侦查机关补充收集、调取证据或者作出合理的说明。本规定没有延续司法实践中法院直接找侦查机关补充材料的做法，而是将责任施加给作为控诉机关的检察机关，体现了控诉方承担举证责任的原则，使得责任更清晰、明确。

【相关立法例】

《广东省高级人民法院关于办理刑事案件若干问题的指导意见》第 16 条规定：“对在勘验、检查、搜查中发现与案件事实可能有关联的血迹、足迹、字迹、指纹、毛发、体液、人体组织等痕迹和物品应当请侦查机关依法补充收集、调取或者作出合理的说明。”

第八条 ［原始证据优先规则］ 据以定案的物证应当是原物。只有在原物不便搬运、不易保存或者依法应当由有关部门保管、处理或者依法应当返还时，才可以拍摄或者制作足以反映原物外形或者内容的照片、录像或者复制品。物证的照片、录像或者复制品，经与原物核实无误或者经鉴定证明为真实的，或者以其他方式确能证明其真实的，可以作为定案的根据。原物的照片、录像或者复制品，不能反映原物的外形和特征的，不能作为定案的根据。

据以定案的书证应当是原件。只有在取得原件确有困难时，才可以使用副本或者复制件。书证的副本、复制件，经与原件核实无误或者经鉴定证明为真实的，或者以其他方式确能证明其真实的，可以作为定案的根据。书证有更改或者更改迹象不能作出合理解释的，书证的副本、复制件不能反映书证原件及其内容的，不能作为定案的根据。

【制定目的】

本条是关于原始证据优先规则的规定，旨在促使侦查机关更加努力地收集最具有真实性的原始证据，从而更准确、及时地查明案件事实，实现实体公正。

【释义】

原始证据优先规则是我国刑事司法实践中一贯遵循的规则，在最高人民法院司法解释以及公安部的相关规定中都有所体现。本条规定吸纳了《最高人民法院关于执行〈中华人民共和国刑事诉讼法〉若干问题的解释》中关于原始证据优先的内容，进一步确立了原始证据优先规则，明确规定不能反映原始物证、书证的外形、特征或者内容的复制品、复制件应予排除。本条规定延续、继承了以往司法解释以及相关规定的成功经验，并作出进一步规定，使原始证据优先规则内容更丰富、更具有可操作性。对本条可作以下理解：

（一）作为一般原则的原始证据优先规则，即据以定案的物证、书证应当是原物、原件。证据按其来源不同可划分为原始证据和传来证据。原始证据是直接来源于案件事实或原始出处的证据；传来证据是经过复制、复印等中间环节形成的证据。原始证据与传来证据的划分根据是证据的来源，区分二者的判断标准是是否经传抄、复制、转述等。因为传来证据经历了复印、复制、传抄、转述等中间环节，因此存在失真或者不实的可能性，从理论上区分二者的意义就在于鼓励诉讼各方在收集证据的过程中尽量收集原始证据。正是基于原始证据与传来证据的特性，司法实践中普遍认为，一般情况下传来证据的证明力小于原始证据；传来证据不能或者不能单独作为认定案件事实的依据；传来证据只有经与原始证据核实无误或经鉴定证明是真实的，才具有与原始证据同等的证明力。正是传来证据的失真或者不可靠，本规定特别强调了原始证据优先规则，明确规定据以定案的证据应当是原物、原件。

（二）原物、原件无法取得情况下的处理原则。基于原始证据与案件事实的紧密相关性以及证明价值的可靠性，本条规定要求运用原物、原件以证明案件事实。但是，在司法实践中，并非总能收集到原始证据，因此对传来证据不能持一种排斥态度。但是，对于传来证据的运用，本条规定采取了严格限制的做法，即只有在原始证据的调取存在困难的情况下，才可以使用复制品或者复制件等。并且，本条规定对于在哪些情况下才允许使用复制品、复印品作出了严格限制。同时，本规定对示意证据的使用作出规定，即规定在原物不便搬运、不易保存或者依法应当由有关部门保管、处理或者依法应当返还时，可以拍摄或者制作足以反映原物外形或者内容的照片、录像，当照片、录像经与原物核实无误或者经鉴定证明为真实的，或者以其他方式确能证明其真实的，可以作为定案的根据。

（三）明确规定应当予以排除的情形。依据该条规定，原物的照片、录像或者复制品，不能反映原物的外形和特征的，不能作为定案的根据。另外，书证有更改或者更改迹象不能作出合理解释的，书证的副本、复制件不能反映书证原件及其内容的，不能作为定案的根据。毫无疑问，失真的或者遭到变造、伪造的传来证据是不能作为定案根据的。

可适用本条参考。美国对于书证采用的是“最佳证据规则”。当证据提出者要证明书写文件、录制品或影像的内容时，需要提出原件。最佳证据规则既适用于文字材料，又适用于录音、录像。依据最佳证据规则，证据的提供者应当提供原始材料，如果不能提供原始材料，须满足下列条件之一时才可以：

1. 原件已经丢失或被损毁。所有的原件都已经丢失或被损毁，除非证据提出者恶意丢弃或损毁了它们。

2. 不能得到原件。通过可资利用的法院传票或司法程序得不到任何原件。

3. 原件为对方所持有。当原件处于提供该原件所要反对的当事人的控制之下时，该当事人已通过诉状或其他方式得到通知，即该原件的内容在听审过程中将是证明对象，而该当事人在听审中不提供该原件。

4. 附属事项。书写文件、录制品或影像与关键问题没有密切联系。

【特别提示】

适用本条需要注意的问题是，强调原始证据优先并不意味着绝对地排斥传来证据，当然传来证据的运用需要符合特定的条件，即只有在原始证据灭失或者难以取得的情况下，才可以运用传来证据。对于传来证据的审查、判断应当更加严格，不仅要审查传来证据是否来源于原始证据，亦要审查传来证据的形成、保管链条，审查传来证据是否遭到变造、伪造等。对于示意证据的使用需要予以特别注意，因为示意证据不是“真正的原物”或者“实在的东西”，而是仅仅用作说明或解释目的的实物材料，它是一种视觉或者听觉的辅助材料，如绘图、模型或者照片。使用示意证据的目的在于帮助事实裁判者认定案件事实。由此，对于示意证据的使用应当予以严格限制，一般认为，使用示意证据有三个条件：一是不便在法庭上出示；二是不宜提交法庭；三是有助于审判人员理解和认定有关争议事项。因此，在诉讼过程中，只有在特定情况下才允许使用示意证据，即只有当审判人员经过必要性审查，认为示意证据的提供符合上述条件之一，才允许使用示意证据。

【相关立法例】

《最高人民法院关于执行〈中华人民共和国刑事诉讼法〉若干问题的解释》第 53 条规定："收集、调取的书证应当是原件。只有在取得原件确有困难时，才可以是副本或者复制件。收集、调取的物证应当是原物。只有在原物不便搬运、不易保存或者依法应当返还被害人时，才可以拍摄足以反映原物外形或者内容的照片、录像。书证的副本、复制件，物证的照片、录像，只有经与原件、原物核实无误或者经鉴定证明真实的，才具有与原件、原物同等的证明力。制作书证的副本、复制件，拍摄物证的照片、录像以及对有关证据录音时，制作人不得少于二人。提供证据的副本、复制件及照片、音像制品应当附有关于制作过程的文字说明及原件、原物存放何处的说明，并由制作人签名或者盖章。"

《公安机关办理刑事案件程序规定》第 57 条规定，收集、调取的书证应当是原件。取得原件有困难或者因保密工作需要的，可以是副本或者复制件。收集、调取的物证应当是原物。原物不便搬运、保存或者依法应当返还被害人的，可以拍摄足以反映原物外形或者内容的照片、录像。

第九条 ［瑕疵物证、书证的审查、判断规则］经勘验、检查、搜查提取、扣押的物证、书证，未附有勘验、检查笔录，搜查笔录，提取笔录，扣押清单，不能证明物证、书证来源的，不能作

为定案的根据。

物证、书证的收集程序、方式存在下列瑕疵，通过有关办案人员的补正或者作出合理解释的，可以采用：

（一）收集调取的物证、书证，在勘验、检查笔录，搜查笔录，提取笔录，扣押清单上没有侦查人员、物品持有人、见证人签名或者物品特征、数量、质量、名称等注明不详的；

（二）收集调取物证照片、录像或者复制品，书证的副本、复制件未注明与原件核对无异，无复制时间、无被收集、调取人（单位）签名（盖章）的；

（三）物证照片、录像或者复制品，书证的副本、复制件没有制作人关于制作过程及原物、原件存放于何处的说明或者说明中无签名的；

（四）物证、书证的收集程序、方式存在其他瑕疵的。

对物证、书证的来源及收集过程有疑问，不能作出合理解释的，该物证、书证不能作为定案的根据。

【制定目的】

本条是关于物证、书证的排除规则以及瑕疵物证、书证的审查、判断的规定，旨在明晰哪些物证、书证应当予以排除，哪些情况下瑕疵物证、书证可以采纳。

【释义】

本条在《公安机关办理刑事案件程序规定》第212条、第213条、第214条和第218条规定的基础上吸收了《广东省高级人民法院关于办理刑事案件若干问题的指导意见》第20条的规定，并总结了死刑核准过程中的经验。本条主要规定了物证、书证的排除规则和瑕疵物证、书证的审查、判断。对本条作以下理解：

（一）本条规定了证据排除规则，对于明显违反法律和有关规定取得的证据，不能作为定案的根据，应当予以排除，这是增加的新内容。其中就包括“经勘验、检查、搜查提取、扣押的物证，没有勘验、检查、搜查，提取、扣押的笔录，不能证明物证、书证来源的”情况。毫无疑问，这较以往的规定是一个进步。同时，《非法证据排除规定》第14条规定：“物证、书证的取得明显违反法律规定，可能影响公正审判的，应当予以补正或者作出合理解释，否则，该物证、书证不能作为定案的根据。”结合两条规定，可以看出，前一规定针对的是具体情形，是刚性的排除规则，明确规定排除物证、书证的具体情形，即未附有勘验、检查笔录，搜查笔录，提取笔录，扣押清单，不能证明物证、书证来源的，不能作为定案的根据。而后一规定，则是概括性的原则性规定，由审判人员进行自由裁量，且伸缩空间较大。

（二）司法实践中难免会出现瑕疵物证、书证，对于这些物证、书证如何运用，理论界以及司法实务界一直存在诸多争议。对于瑕疵证据能否采纳为定案根据，司法实务界面临两难选择：如果不加区分地予以采纳，则违背正当程序原理、违背程序法定的精神；如果完全予以排除，则与发现真相、打击犯罪的目标背道而驰。目前，对于瑕疵证据问题，理论界和司法实践主要存在一些不同的观点和做法：

1. 真实肯定说。该观点认为，应当区分瑕疵取证行为与瑕疵证据。只要该证据是真实的，那么就应当采纳该证据并将其作为定案的根据。

2. 线索转化说。该观点认为，刑事瑕疵证据本身并不具备法律效力，但可以把它作为发现和收集证据的线索，通过补充侦查的方式重新获取具有法律效力的相关证据。它强调一旦出现瑕疵证据应该重新取证。

3. 排除说。该观点认为，凡是瑕疵证据皆不具有法律效力，应当一律排除。

4. 区别对待说。该观点主张将瑕疵言词证据与瑕疵物证、书证予以区别对待，对待前者应当予以排除，对于后者应当予以采纳。

5. 排除加例外说。该观点主张，在确立瑕疵证据排除的一般规则的同时，由立法规定一些例外规则，即允许某些特定情形的瑕疵证据具有证明能力。

本条第 2 款规定的是瑕疵书证的审查、判断问题，主要解决一些物证、书证虽经依法收集，但收集程序和方式在形式要件上有瑕疵，应当如何采用的问题。通过解读该款规定可以看出，该规定充分考虑司法实践的需要，采取排除加例外的规范方式。最高人民法院复核的马某故意杀人案采取的就是这种规范方式。

被告人马某因生活琐事怀恨其岳父。2005 年 3 月 14 日凌晨 3 时许，马某持仿“六四”式手枪到某市新建巷 27 号，从外墙攀爬进入其岳父家中，朝正在睡觉的岳父头部开枪，致其当场死亡。枪声惊醒了与其岳父同睡一床的三女儿，马某又用枪柄朝该女头部击打，后逃离现场。卷内主要定案证据：①被告人马某的有罪供述；②侦查机关提取的手枪，与案发现场提取的弹簧能组成完整的枪支，经检验该手枪击发样本弹壳与现场提取的弹壳系同一支枪所击发；③证人马某某等四人证言证实，马某从看守所带出的三封请求被害人家属原谅，给其一条生路的信；④曾与马某一起关押的证人韩某、林某证实，曾听马某介绍说其开枪将岳父打死，及其作案的动机，并一起讨论案情。

核准过程中认为证据方面存在的问题是：①侦查机关在提取本案关键证据手枪时未制作提取笔录，仅附一张手枪的照片，不能反映提取手枪的具体地点和过程、见证人。虽然侦查机关事后 8 个月对枪支提取做了补充说明，但仍不能反映提取枪支的具体过程。另外，马某供称其扔枪时将 10 余发子弹也扔在水中，但侦查机关没有提取到子弹。提取枪支照片中显示有 1 发子弹，该子弹从何而来，也无相关说明。马某在庭审中辩称虽指认了扔枪的水井，但从中未打捞到枪支，无法判断其辩解真实与否。②应提取的证据没有提取。被害人女儿头部被打伤流血，但卷宗笔录中既无伤者的陈述，亦无伤情鉴定以及照片。侦查机关从现场的床上、床尾地面、卫生间门口提取了三处血迹，未作鉴定。另外，现场提取了（照片固定）一个鞋印。被告人供述其作案后，把皮鞋扔到一垃圾车上，侦查机关没有做皮鞋的提取或说明工作，也没有讯问被告人作案所穿皮鞋的具体特征。③证人马某某等人证实，马某从看守所管教干部带出的三封请求被害人亲属原谅的信件，侦查机关既未能提取该信件，亦未向管教干部取得证言，无法判断以上情况及相关信件的具体内容。最高人民法院复核后认为，本案据以定案的关键证据取证不规范，应提取的证据未提取，应鉴定的证据未鉴定，导致部分事实不清，证据尚不确实、充分。据此，裁定不予核准被告人马某死刑。

【特别提示】

适用本条需要注意的问题是，本条规定的收集物证、书证的形式要件均是《公安机关办理刑事案件程序规定》中明确规定侦查人员应当履行的程序和应当具备的形式。对于侦查人员没有严格依据相关程序或者技术性违法取得的证据应当采取怎样一种态度，本条规定采取了折中的观点，即对于存在特定情形的瑕疵的物证、书证，通过有关办案人员的补正或者作出合理解释的，可以采用。毫无疑问，这是一种妥协的做法，甚至是一种迁就现实的做法，但从合理性以及可行性角度来讲，这样一种折中的做法具有可操作性。还需要指出的是，对于瑕疵物证、书证应当采取严格限制的态度。

【相关立法例】

《公安机关办理刑事案件程序规定》第 212 条、第 213 条、第 214 条和第 218 条分别规定："执行扣押物品、文件的侦查人员不得少于二人，并持有有关法律文书或者侦查人员工作证件。""对于扣押的物品和文件，应当会同在场证人和被扣押物品、文件的持有人查点清楚，当场开列《扣押物品、文件清单》一式三份，写明物品或者文件的名称、编号、规格、数量、重量、质量、特征及其来源，由侦查人员、见证人和持有人签名或者盖章后，一份交给持有人，一份交给公安机关保管人员，一份附卷备查。”“对于应当扣押但是不便提取的物品、文件，经拍照或者录像后，可以交被扣押物品持有人保管或者封存，并且单独开具《扣押物品、文件清单》一式二份，在清单上注明已经拍照或者录像，物品、文件持有人应当妥善保管，不得转移、变卖、毁损，由侦查人员、见证人和持有人签名或者盖章，一份交给物品、文件持有人，另一份连同照片或者录像带附卷备查。”“对不能随案移送的物证，应当拍成照片；容易损坏、变质的物证、书证，应当用笔录、绘图、拍照、录像、制作模型等方法加以保全。”

《广东省高级人民法院关于办理刑事案件若干问题的指导意见》第20条规定：“物证、书证的收集方式和程序在形式要件上存在下列瑕疵，通过采取补救措施能够弥补或作出合理解释的，可以采用：（一）收集调取的物证、书证，在勘验、检查笔录、搜查笔录、扣押清单、提取笔录上没有侦查人员、物品持有人、见证人签名或物品特征、数量、质量、名称等注明不详的；（二）收集调取物证照片、录像、模型或复制品，书证的副本、复制件没有注明与原件核对无异、复制时间、被收集、调取人（单位）签名（盖章）的；（三）物证照片、录像、模型或复制品，书证的副本、复制件没有制作人关于制作过程及原物、原件存放于何处的说明或者签名的；（四）书证有更改或者更改迹象的。”

第十条 ［物证、书证的辨认、鉴定规则］具备辨认条件的物证、书证应当交由当事人或者证人进行辨认，必要时应当进行鉴定。

【制定目的】

本条是关于物证、书证的以辨认为主、鉴定为辅原则的规定，明确物证、书证应当交由当事人或者证人进行辨认，在必要时可以进行鉴定，旨在解决物证、书证的真实性和可靠性。

【释义】

本条是吸收了《广东省高级人民法院关于办理刑事案件若干问题的指导意见》第21条的规定以及结合实践中的经验而作出的规定。辨认是指由制作者、提取者和保管者等具有亲身知识的证人，辨别物证、书证的来源和保管链条。

辨认作为一种重要的证据调查方法，旨在证明物证、书证等与案件事实的相关性、可靠性或真实性，主要包括下列事项：①与本案事实是否相关，是否足以支持证据提出者的主张；②是否为原物、原件；③复制品、复印件与原物、原件是否相符；④是否保持原来的性状，是否被掺假或者篡改。进行辨认的目的在于确认该物证、书证未被掺假或篡改。一般是对物证、书证的容易辨认的特征或其保管链条加以辨认。如一件凶器，从侦查人员发现于犯罪现场到提交到法庭的完整的保管链条，将证明它被发现时的状态始终未改变。这种证明属于同一性辨认，即这件在法庭上出示的凶器就是在犯罪现场发现的那一件，其自始至终没有被篡改过。

物证的使用往往需要借助一定的科学技术手段或者司法鉴定。物证是以外部特征、内在属性以及存在状况来证明案件事实，除少数物证可经常规地辨认而发挥证明作用以外，绝大多数物证的证明作用需要科学技术手段的介入才能发挥。所以，物证对于案件事实的证明在很多情况下需要借助一定的科学技术手段。首先，物证的发现和提取需要专门的科学技术手段。其次，很多物证中储存的与案件事实有关信息的获取也需要一定的科学技术手段。由此，物证在使用过程中往往涉及司法鉴定问题。由于在司法实践中，书证亦存在伪造、变造等情形，亦需要借助司法鉴定才能予以识别，由此对于书证进行鉴定亦成为审查、判断书证的一个重要措施。对物证鉴定问题可通过最高人民法院复核的高某故意杀人、失火案来说明。

2006年5月18日凌晨，被告人高某在李某家持铁锤击打李某头、面部，致李某死亡。在离开李某家时，高某将蜂窝煤炉移至床边，导致李家失火，致被害人之子死亡。卷内主要定案证据：①被告人高某始终作有罪供述，并指认了作案现场、丢弃作案工具铁锤的位置、煤炉放置的地点。②尸体检验鉴定结论证实：李某系钝器打击头、面部致颅脑损伤死亡；被害人之子系生前烧死。③现场勘验、检查笔录和照片证实，在现场提取了铁锤、菜刀、甘蔗刀各一把。④证人张成功、李东、马贵的证言证实，2006 年 5 月 17 日晚上，被告人高某去李家吃饭，后与李某下棋、喝酒至深夜，次日凌晨6 时左右，发现李家起火，李某与其子死亡。

证据方面存在的问题是：①未对相关物证作鉴定。被告人高某虽当庭辨认作案工具铁锤，但未检验铁锤上是否留有指纹和血迹。在一审法院的审理报告中，有“作案工具因被火烧，无法检验”的记载，但案卷内没有侦查机关出具的相应材料，说明未作检验鉴定的真实原因，故无法判定系因客观原因不能鉴定，还是因主观原因未予鉴定。②尸体检验鉴定头部鉴定结论未对李某及其子的死亡时间作出鉴定。对李某之子头部8cm×4.5cm、右枕部8.5cm×6cm类圆形颅骨并互相连通的形成原因，也未作出说明。③尸体检验鉴定结论证实李某之子系被烧死，但对起火的时间和原因未作鉴定，无法判定是自燃失火还是人为纵火。最高人民法院复核后认为，一审、二审认定被告人高某实施故意杀人和失火的主要原因是被告人供述，无其他直接证据和客观性证据证实，证人证言缺乏证明力，证据不具有必然的关联性和完全的排他性。据此，裁定不予核准被告人高某死刑。

【特别提示】

适用本条需要注意的问题是，本条规定赋予了法官过大的自由裁量权，对于何种情况下应当予以辨认、何种情形下应当进行鉴定，本规定没有针对具体情形作出规定，而是完全将其交由法官自由裁量。

【相关立法例】

《刑事诉讼法》第157条规定："公诉人、辩护人应当向法庭出示物证，让当事人辨认，对未到庭的证人的证言笔录、鉴定人的鉴定结论、勘验笔录和其他作为证据的文书，应当当庭宣读。审判人员应当听取公诉人、当事人和辩护人、诉讼代理人的意见。"

《广东省高级人民法院关于办理刑事案件若干问题的指导意见》第21条规定："书证、物证应当交由当事人或证人加以辨认，必要时应当进行鉴定。对物证、书证的来源及收集过程有异议，应当要求举证方予以说明，未作出合理解释或提供必要证明的，不能作为定案的根据。"

2. 证人证言

第十一条 ［证人证言的审查内容］ 对证人证言应当着重审查以下内容：

（一）证言的内容是否为证人直接感知。

（二）证人作证时的年龄、认知水平、记忆能力和表达能力，生理上和精神上的状态是否影响作证。

（三）证人与案件当事人、案件处理结果有无利害关系。

（四）证言的取得程序、方式是否符合法律及有关规定：有无使用暴力、威胁、引诱、欺骗以及其他非法手段取证的情形；有无违反询问证人应当个别进行的规定；笔录是否经证人核对确认并签名（盖章）、捺指印；询问未成年证人，是否通知了其法定代理人到场，其法定代理人是否在场等。

（五）证人证言之间以及与其他证据之间能否相互印证，有无矛盾。

【制定目的】

本条是关于证人证言审查内容的规定，旨在保证作为证据的证人证言具有法定的证据资格或者能力。

【释义】

本条在《刑事诉讼法》第48条规定的基础上，吸收了《广东省高级人民法院关于办理刑事案件若干问题的指导意见》第23条等地方法院的相关规定，形成了证人证言的证据能力和证明力的审查判断规则。本条为保障证人证言的可信性，从多个方面对证人证言进行审查判断作了规定。从立法技术来看，本条仅仅是一个指引性规范，它仅仅是“提醒”公安司法人员应该着重从哪几个方面对证人证言的可靠性进行审查，并未强制规定在何种情形下应该将证据排除在外或者赋予其以何分量的证明力。之所以如此规定，源于本条规范在本节中的总论性质。

证人证言是诉讼活动中广泛应用的证据种类，也是我国《刑事诉讼法》规定的基本证据种类之一。证人是指通过其自身感觉器官直接了解案件事实并受法庭传唤到庭作证的人。证人证言，是指证人就其所了解的案件事实向法庭所作出的陈述。证人证言作为一种基本的证据种类主要具有以下几个特征：①证人证言具有亲身感知性。证人证言只能是证人通过其感觉器官对自己所亲身感知的过去的案件事实所进行的陈述，证人不得对其耳闻目睹的案件事实妄加分析、评论或任意推断。②证人证言具有不稳定性和多变性的特点。证人证言实质上是证人主观上对其过去所亲身感知的案件事实经过感知、回忆等过程后作出的主观性陈述，在这一过程中，证人证言对过去案件事实的反映必然受到多种主客观因素的影响，从而产生不稳定性和多变性。在司法实践中，同一证人往往会在不同的时间和地点对同一案件事实作出不同的证言便是证人证言之不稳定性和多变性的具体表现。这种不稳定性和多变性仅仅是相对而言，同当事人陈述相比，证人证言的稳定性往往要更强一些，但同物证、书证等相比，则更为多变一些。③证人证言具有不可替代性，只有了解案件情况的人才能成为证人。证人之所以成为证人，在于他对争议性事实的全部或者某一部分有所感知，这种特殊的境遇无法替代，因此作为证人，不能任意指定、更换、替代或者选择。对本条可作以下理解：

（一）证人证言是否为亲身感知。我国在对证人证言的界定上采用了一种狭义的理解，即证人是指通过其自身感觉器官直接了解案件事实并受法庭传唤到庭作证的人。这就意味着对证人证言需要审查两个问题：①证人对案件事实是"亲身"感知还是道听途说？如果证人对案件事实是亲身感知而不是通过其他人的陈述而得知的，那么证人便具备作证资格的第一项条件，即亲身感知案件事实。《刑事诉讼法》第 48 条第 1 款规定："凡是知道案件情况的人，都有作证的义务"。如果证言的内容并非为证人所亲身感知，而是通过其他陈述者而获知，那么该证言就不是通常意义上相应的证人证言。在我国，对此类证言也有规定。因此，法官首先应该对言词证据的类型进行一定的区分，根据不同的区分以适用不同的规范。②证人证言是对案件事实亲身"感知"还是一种推论或者猜测？如果是对案件事实的亲身"感知"，那么该言词证据就属于典型意义上的证人证言，适用于证人证言的相关规范。

（二）证人应当有作证的能力。证人证言的形成包括认识和证明两个过程，这两个过程包括了感知、记录、记忆保持、回忆和表述五个阶段。为了使证人证言在经历这五个阶段之后依然能够准确地反映出发生在过去的事实，证人需要具备以下几种能力：

1. 证人必须能够对发生过的案件事实具有感知能力。所谓感知能力，是指证人能够通过其感觉器官等感知手段去接受待证事实刺激，如可以通过眼睛去观察，通过耳朵去聆听，通过双手去感触，等等。感知能力是证人作证的前提，没有感知能力就无法获得对案件事实的认识，因此法官在对证人进行审查时，需要对其认知水平进行认真审查。

2. 证人必须具备辨别是非的能力。这里的"辨别是非的能力"是指能够对自己所认识和辨别的事实存在与否、状态以及性质怎样进行正确的认识和辨别。影响辨别是非能力的因素主要有：①年龄。年龄过于幼小的儿童在辨别是非能力上显然会受到一定的限制，因为许多事实也许会超过儿童所能理解的范围。②精神状况。智力上或精神上存在缺陷或者障碍的人在辨别是非方面显然也会受到一定的影响。除此之外，正处于明显醉酒、麻醉品中毒或者精神药物麻醉状态的人，其辨别是非的能力和正确表达的能力将会受到酒精、麻醉品或者精神药物的影响。因此，公安司法人员需要对证人的年龄和精神状况作出审查。然而，儿童或者智力上存在障碍的人并不必然不具备作证资格，对于他们能够辨别是非和正确表达的事项，他们是可以作证的。

3. 证人必须具备记忆能力。只有具备记忆能力，才能使证人将所感知的内容一直保持到庭审时并将其陈述出来。随着时间的流逝，人的记忆将会逐渐消失，因此可以说信息的流失是不可避免的。但是，具备了基本的记忆能力之后，还可以通过其他辅助手段来唤起证人的记忆。因此，公安司法人员同样需要对证人的记忆能力进行审查。

4. 证人必须具备准确表达其所感知事实的能力。证人是就自己所了解的案件事实向法院进行陈述的人，这就要求证人必须具备一定的语言表达能力，以便真实、清晰地表述自己所感知的案件事实。

基于此，应当对证人作证时的年龄、认知水平、记忆能力和表达能力，生理上和精神上的状态是否影响作证进行审查，以免影响证人证言的可信性。

（三）证人证言取得的合法性。证言的取得程序、方式是否符合法律及有关规定：有无使用暴力、威胁、引诱、欺骗以及其他非法手段取证的情形；有无违反询问证人应当个别进行的规定；笔录是否经证人核对确认并签名（盖章）、捺指印；询问未成年证人，是否通知了其法定代理人到场，其法定代理人是否在场等。该条款主要分为两个方面：①对证言取得的方式是否符合法律及有关规定进行审查，这主要是指有无使用暴力、威胁、引诱、欺骗以及其他非法手段取证的情形，这一点主要涉及非法证据规则的适用。可参阅第 12 条及其相关解释。②对证言取得的程序是否符合法律及有关规定进行审查，违反证言取得程序的情形主要包括三种：有无违反询问证人应当个别进行的规定；笔录是否经证人核对确认并签名（盖章）、捺指印；询问未成年证人，是否通知了其法定代理人到场，其法定代理人是否在场等，依据不同的情形，第 13 条和第 14 条将分别作出不同的规定。

（四）证人证言的证明力的审查。本条要求审察证人证言的两个重要因素是：①证人与案件当事人、案件处理结果有无利害关系；②证人证言之间以及与其他证据之间能否相互印证，有无矛盾。

第一个要审查的因素是证人与案件当事人、案件处理结果有无利害关系，这种利害关系包括侵蚀关系、朋友关系以及存在恩怨的对立关系等，一旦存在这类关系，证人证言的证明力便可能会受到影响。第二个要审查的因素是证人证言之间以及与其他证据之间能否相互印证，有无矛盾。印证标准是我国司法实践中实际遵循的一个证据审查标准，因此同样也被适用于对证人证言的审查。证人证言之间能否相互印证，能否排除彼此之间内在的矛盾是审查证人证言的一个重要标准。例如，本规定第 15 条第 2 款规定："证人在法庭上的证言与其庭前证言相互矛盾，如果证人当庭能够对其翻证作出合理解释，并有相关证据印证的，应当采信庭审证言。"

【特别提示】

适用本条需要注意的问题是，本条在范围上涵盖了本节的其他条文，其他条文对本条中的规定所需审查的内容分别作了进一步细化规定。第 12 条实际上是对本条第（一）、（二）、（四）项部分内容的进一步规定；第 13 条和第 14 条是对本条第（四）项中有关证言取证程序、方式的进一步细化，而第 15 条则是对本条第

（五）项有关证言矛盾的处理的详细规定。因此，本条与本节其他各条之间实际上是一种总分的关系，在适用本条的过程中要将本条规定中的具体款项同对应的其他条文结合起来，从整体上来理解本规定的立法精神，只有这样才能真正达到对本条款的准确适用，避免出现以偏赅全等适用上的冲突。

【相关立法例】

《广东省高级人民法院关于办理刑事案件若干问题的指导意见》第23条规定："对证人证言着重审查以下内容：（一）审查证人与当事人之间的关系，应当查明证人与当事人有无利害关系或特殊关系，证人是否存在作伪证的可能；（二）审查证言的来源和内容，应当查明证言是原始取得还是传闻的证言，证言的内容是否合情合理，没有矛盾，符合客观实际。对证言中不合情理、有矛盾的内容，应当向证人作进一步询问；（三）审查证人感知案件事实时的客观环境和条件，应当查明距离的远近、光线的明暗、风力的大小、声音的轻重等自然条件是否影响证人正确感知案件事实。如果发现疑点，应当再行询问或深入有关场所核查；（四）审查证人的感知、记忆和表述能力，证人感知事物的能力高低、记忆力好不好、表达能力强不强、思想方法是否主观片面、发案时精神紧张或分散等都会影响证人正确地感知、记忆、表达客观事实。必要时可以对证人的作证能力进行鉴定，可以让证人辨认、对质或进行侦查实验等，以便对证人证言作出正确的判断；（五）审查证人是否受到外界的不良影响，应当查明证人提供证言时有无思想顾虑或外界压力、有无受到他人的指使、收买或者威胁、引诱、欺骗，办案人员有无采取威胁、引诱、欺骗、暗示等非法的方法取得证人证言，证言笔录是否完整，有无证人签名或盖章；（六）审查证人证言与其他证据是否协调一致，真实的证人证言与案内的其他证据应当是一致的，不矛盾的，如果发现证人证言与其他证据有矛盾，应当认真分析、核查是证人证言真实，还是其他证据真实；（七）根据幼年证人的年龄和智力发育程度，审查幼年证人证言的内容和所使用的语言是否与之相适应。”

第十二条　［证人证言的排除］以暴力、威胁等非法手段取得的证人证言，不能作为定案的根据。

处于明显醉酒、麻醉品中毒或者精神药物麻醉状态，以致不能正确表达的证人所提供的证言，不能作为定案的根据。

证人的猜测性、评论性、推断性的证言，不能作为证据使用，但根据一般生活经验判断符合事实的除外。

【制定目的】

本条有关证人证言的证据能力的规定，旨在排除非法获取证人证言以及不具有证明能力的证人证言，进而确立证人的意见证据规则。

【释义】

本条在《最高人民法院关于执行〈中华人民共和国刑事诉讼法〉若干问题的解释》第61条的基础上，吸收了《广东省高级人民法院关于办理刑事案件若干问题的指导意见》第23条和第24条的规定，结合司法实践，形成了非法证据、醉酒或麻醉状态的证据以及意见证据等规定。对本条可作以下理解：

（一）非法证人证言的排除规则。本条规定了以暴力、威胁等非法手段取得的证人证言，不能作为定案的根据，主要是重申了《最高人民法院关于执行〈中华人民共和国刑事诉讼法〉若干问题的解释》第61条关于“严禁以非法的方法收集证据。凡经查证确实属于采用刑讯逼供或者威胁、引诱、欺骗等非法的方法取得的证人证言、被害人陈述、被告人供述，不能作为定案的根据的规定”。

（二）醉酒或麻醉状态证人证言的排除规则。本条规定了处于明显醉酒、麻醉品中毒或者精神药物麻醉状态，以致不能正确表达的证人所提供的证言，不能作为定案的根据。这反映了本法将醉酒或麻醉状态的证人证言作为证据能力问题来处理。由于证人在醉酒或麻醉状态下不具备正确表达其所感知之事实的能力，因此并不具备成为证人的资格，既然不具备证人资格，也具有内在的不可靠性。

（三）证人意见的排除规则。证人的猜测性、评论性、推断性的证言，不能作为证据使用。本条款实际上初步确立了意见证据规则。证人证言必须是基于一种亲身感知，而意见本身恰恰不是一种亲身感知，是基于某种感知的一种推论，甚至是猜测。证人的意见并非证人所体验，以至于证人之意见与推测，在证据上并无用途，且影响于公正事实之认定。又因其与证人所感知的事实情况交织在一起，往往会误导法庭产生偏见、预断以及作出错误的判断。其中，猜测是凭想象估计，没有事实依据；评论是议论，属于对事实评判；推断属于推测断定。这三者均具有“推测”之义，不具有证据意义。

从司法实践来看，要严格区分证人陈述中的意见和事实是比较困难的，对事实的陈述往往包含着意见的成分，所以要完全限制证人的意见并不现实。就证人的感知活动而言，允许证人对某些感知现象进行综合描述不仅有助于证人作证，也有助于事实审理者的理解。证人的意见如果建立在个人对案件事实的亲身感知基础上，有助于澄清对证人证言的理解或者确定某争议事实的推断，则具有实践意义。本条所确立的例外是一种限制使用的态度，即对于根据一般生活经验判断符合事实的意见证据允许采纳。

【特别提示】

适用本条需要注意的问题是，本规定允许在某些特定情形下使用意见实际上有助于事实的准确认定。但是，在本条规定中，所确立的例外是“根据一般生活经验判断符合事实的除外”。“根据一般生活经验判断符合事实”标准实际上是一个非常宽泛的标准，法官在司法裁判过程中需要对该标准的适用可能缺乏明确的指引，其结果可能导致在实际的司法实践中，例外情形变成一个极为宽泛的入口，许多意见证据将会蜂拥而入，扭曲本条款的真正用意，这是适用本条需要特别注意的。一般应限定在证人的感情、身体状况、辨认声音、车辆的速度等具有个体体验性的意见，如“车开得飞快”。

对于证人的意见证据，既要认识到采取全部否定态度的弊端，也要认识到采取全部肯定态度的消极影响。在证人意见证据的证据能力问题上除明确规定什么样的意见证据是有证据能力外，在程序上禁止控辩双方在询问证人时要求证人以意见形式回答有关提问。

【相关立法例】

《最高人民法院关于执行〈中华人民共和国刑事诉讼法〉若干问题的解释》第 61 条规定：“严禁以非法的方法收集证据。凡经查证确实属于采用刑讯逼供或者威胁、引诱、欺骗等非法的方法取得的证人证言、被害人陈述、被告人供述，不能作为定案的根据。”

《广东省高级人民法院关于办理刑事案件若干问题的指导意见》第 24 条规定：“证人的猜测、评论性、推断性的证言，不能作为证据使用，但根据一般生活经验判断的事实除外。正处于明显醉酒、麻醉品中毒或者精神药物麻醉状态的证人所提供的证言，不能作为定案根据。以暴力、威胁、引诱、欺骗以及其他非法方法取得的证人证言，不能作为定案的根据。”

第十三条 ［不可补正的瑕疵证人证言］具有下列情形之一的证人证言，不能作为定案的根据：

（一）询问证人没有个别进行而取得的证言；

（二）没有经证人核对确认并签名（盖章）、捺指印的书面

证言；

（三）询问聋哑人或者不通晓当地通用语言、文字的少数民族人员、外国人，应当提供翻译而未提供的。

【制定目的】

本条是有关证人证言因取得的程序与方法不合法而丧失可采性的规定，某些情形，旨在保证证人证言的取得能够依法进行。

【释义】

本条在《刑事诉讼法》第9条和第97条规定的基础上吸收了《最高人民法院关于执行〈中华人民共和国刑事诉讼法〉若干问题的解释》第61条、《人民检察院刑事诉讼规则》第265条和《广东省高级人民法院关于办理刑事案件若干问题的指导意见》第26条等规定，结合司法实践，形成证人证言因取得的程序与方法不合法而丧失证据能力的规定。对本条可以作以下理解：

（一）询问证人应当个别进行，实行证人隔离制度。如果证人在作证之前听到了其他证人的证言，或者他们之间能够就作证事项进行交流，则证人可能会根据其他证人的证言而对自己的证言进行剪裁，以使二者相适应。同时，也难以排除证人在潜意识里受到影响的危险。

（二）询问证人的笔录应当交证人核对，对于没有阅读能力的，应当向他宣读。如果记载有遗漏或者有差错的，证人可以提出补充或者改正。证人确认笔录没有错误后，应当签名或者盖章。侦查人员也应当在笔录上签名。证人请求自行书写供述的，应当准许。必要的时候，侦查人员也可以要求证人亲笔书写供词。我国司法实践中的证人庭前陈述，主要是侦查、检察和辩护人员制作的证言笔录。这些证言笔录既有可信的因素，也有不可信的因素。之所以可信，是因为在询问证人时，法律规定要告知证人“应当如实提供证据、证言和有意作伪证或者隐匿罪证要负的法律责任”；书面证言的制作主体也都负有法律规定的实事求是的义务，因此"他们的取证无论从事理推导还是从经验验证，一般情况下还是大体可信。"之所以不可信，是因为这些书面证言在制作主体、制作环境等方面，难以保证其可信性。此外，书面记录对有关情况难以全面反映，也是造成其不可信性的一个重要原因。因此，根据本规则未要求证人核对确认其书面证言并签名或者盖章、捺指印，并不能在本质上保证证人证言的可信性。

（三）询问聋哑人或者不通晓当地通用语言、文字的少数民族人员、外国人，应当提供翻译而未提供的，该证言不能作为定案的根据。本款为了能够得到最佳的证据，在证人受到询问或者反询问时，可能需要在交流方面为证人提供帮助。在语言问题上，很多国家法律都规定对理解法庭所使用的语言有难度的人提供翻译。一方面，证人证言是证人以言词的形式对其了解的事实所做的陈述，因此语言交流是证人提供证言的主要乃至唯一的方式。语言交流要求交流各方充分理解对方所表达的意思并据此作出相应的回应，各方在语言表述及信息接受上不能存在障碍。故对语言交流或存在障碍的聋哑人、不通晓本地语言的少数民族或外国人，应为其提供翻译，以便进行有效的沟通，便于其陈述所了解的事实以及询问人准确理解并记载其陈述的内容。

另一方面，各民族公民都有用本民族语言文字进行诉讼的权利，为少数民族公民提供语言上的协助，是我国民族政策的体现，也是实现宪法权利的重要措施。我国《宪法》第134条规定："各民族公民都有用本民族语言文字进行诉讼的权利。人民法院和人民检察院对于不通晓当地通用的语言文字的诉讼参与人，应当为他们翻译。在少数民族聚居或者多民族共同居住的地区，应当用当地通用的语言进行审理；起诉书、判决书、布告和其他文书应当根据实际需要使用当地通用的一种或者几种文字。"人民法院、人民检察院和公安机关对于不通晓当地通用的语言文字的诉讼参与人，应当为他们翻译。在少数民族聚居或者多民族杂居的地区，应当用当地通用的语言进行审讯，用当地通用的文字发布判决书、布告和其他文件。

但是，除了语言问题之外，证人还存在其他各种各样的交流问题。在就向证人提出的问题同证人交流以及就证人的回答同提出问题的人进行交流，在必要的情况下可以就上述提问或者回答向证人或者有关人员进行解释，如就律师使用复杂的术语提出的问题进行说明。这种做法的好处在于通过中间人的工作能够提高证言的质量，节约庭审的时间，并减缓反询问对证人所施加的压力。

【特别提示】

适用本条需要注意的是，未能依据本条规定为这些证人提供交流方面的必要诉讼关照，将影响证言的证据能力，因此询问聋哑人或者不通晓当地通用语言、文字的少数民族人员、外国人，应当提供翻译而未提供的，该证言不能作为定案的根据。同时，将本条规定的证人证言因取得的程序与方法不合法与第 14 条某些程序的补正获得合法性结合起来适用，使两种程度不同的不合法证人证言在处理方式上体现出不同。

【相关立法例】

《宪法》第 134 条规定："各民族公民都有用本民族语言文字进行诉讼的权利。人民法院和人民检察院对于不通晓当地通用的语言文字的诉讼参与人，应当为他们翻译。在少数民族聚居或者多民族共同居住的地区，应当用当地通用的语言进行审理；起诉书、判决书、布告和其他文书应当根据实际需要使用当地通用的一种或者几种文字。"

《刑事诉讼法》第 9 条规定："各民族公民都有用本民族语言文字进行诉讼的权利。人民法院、人民检察院和公安机关对于不通晓当地通用的语言文字的诉讼参与人，应当为他们翻译。在少数民族聚居或者多民族杂居的地区，应当用当地通用的语言进行审讯，用当地通用的文字发布判决书、布告和其他文件。"第 97 条第 2 款规定："询问证人应当个别进行。"

《人民检察院刑事诉讼规则》第 142 条规定："讯问犯罪嫌疑人，应当制作讯问笔录。讯问笔录应当字迹清楚，详细具体，忠实原话，并交犯罪嫌疑人核对。对于没有阅读能力的，应当向他宣读。如果记载有遗漏或者差错，应当补充或者改正。犯罪嫌疑人认为讯问笔录没有错误的，由犯罪嫌疑人在笔录上逐页签名或者盖章。如果犯罪嫌疑人拒绝签名或者盖章的，应当在笔录上注明。检察人员也应当在笔录上签名。"

《广东省高级人民法院关于办理刑事案件若干问题的指导意见》第 25 条规定："一名询问人员取得的证人证言，应当结合其他证据综合审查判断，决定是否采用。具有下列情形之一的，不能作为定案根据：（一）询问证人没有个别进行取得的证言；（二）没有经证人核对并签名、盖章或捺印的证言；（三）询问人员违反回避制度取得的证言；（四）未成年人所作与其年龄和智力状况明显不相当的证言。"

第十四条 ［证人证言的补正］ 证人证言的收集程序和方式有下列瑕疵，通过有关办案人员的补正或者作出合理解释的，可以采用：

（一）没有填写询问人、记录人、法定代理人姓名或者询问的起止时间、地点的；

（二）询问证人的地点不符合规定的；

（三）询问笔录没有记录告知证人应当如实提供证言和有意作伪证或者隐匿罪证要负法律责任内容的；

（四）询问笔录反映出在同一时间段内，同一询问人员询问不同证人的。

【制定目的】

本条是关于证人证言因取得的程序与方法不合法而有瑕疵补证

规则的规定，旨在通过证人证言使某些程序的补正获得可采性。

【释义】

证人证言存在某些程序性瑕疵的，将不会被用作定案的依据。但是，在某些情况下，证人证言取得程序并不违法，仅是证人询问笔录的记载有瑕疵；或证人证言取得程序只是轻微违法。在这种情形下，相关人员对证人证言取得的程序或方法作出解释与澄清，以证明该程序符合法律规定，则此证人证言并未丧失合法性；相关人员采取一定的补救措施即可使证人证言取得的程序合法化。这些具有一定瑕疵的证人证言通过补正或解释转化为无瑕疵的证人证言，从而具备了相应的可采性。

如果这些有瑕疵的证人证言未得到补正或者未得到合理解释的，其可采性是否受到影响，抑或只是证明力受到影响？根据本条的规定，如果证人证言的收集程序和方式存在瑕疵，通过有关办案人员的补正或者作出合理解释的，可以采用。亦即如果未得到补正或者未得到合理解释的，该证人证言将不得采用。可见本条对证人证言的证据能力采取了更为严格的态度，即使仅仅是存在瑕疵，但如果未得到充分补正或解释，其也将与非法证据一样，不具备证据能力。从另外一个角度看，本条也为有瑕疵的证据留下了转化为合法证据的机制，以便更广泛的收集证据。因为如果严格限制存有瑕疵的证人证言的可采性，将会造成因许多证明力很强的瑕疵证据未被采信而妨碍犯罪事实的认定，影响司法活动的效率。但是，采信瑕疵证据也会造成变相地鼓励公权力的违法，致使违法取证行为大量增加，严重损害司法的公正性。因此，这种转化所适用的范围应该严格限定，如本条所列情形。

《刑事诉讼法》第98条第2款规定：“询问不满十八岁的证人，可以通知其法定代理人到场。”这实际属于诉讼关照的范畴。证人不仅有义务，而且也有一定的权利。证人的权利具有依附性，即依附于证人的义务。换言之，证人所享有的权利，主要是为了更好地促进其对作证义务的履行。证人的权利对其义务的实现具有保障作用，只有尽证人的义务，才能享受证人的权利。从有关国家和地区的规定来看，这种证人的权利包括证人有权得到诉讼关照。未成年人因精神上、认识能力上尚不健全，接受询问可能会存在某些问题。一方面，未成年人单独接受询问时可能会对其心理健康造成负面影响，不利于其成长；另一方面，也会因为这种负面影响而导致其提供的证言的质量受到削弱。为了保护未成年的成长，也为了保证其证言质量，未成年证人有资格获得有关特别措施的保护，如由其法定代理人陪同。

根据《刑事诉讼法》第 91 条规定，讯问犯罪嫌疑人的时候，侦查人员不得少于二人。但是，在询问证人一节中，仅规定询问证人应当个别进行，却没有对询问时侦查人员的人数作出规定。刑事诉讼法没有明确规定询问证人时侦查人员不得少于二人，这是立法上的疏忽。因为根据刑事诉讼法原理，调取证据必须主体合法，且必须是多人（至少二人以上），这样才可能起到相互监督、保证证据证明效力和真实性的作用。因此，询问人应该在询问笔录中明确记载询问人、记录人的姓名，以便人民法院在审查询问笔录时，判断询问人身份是否存在应该回避的情况以及询问人的人数是否会对证人证言的可信性产生影响。如果询问笔录对此未作记载，人民法院无法对证人证言的可信性作出判断，故该证据将不会采用。

为了避免证人之间相互干扰、相互影响和相互串通，我国《刑事诉讼法》第 97 条第 2 款规定："询问证人应当个别进行。"向证人和鉴定人发问应当分别进行。证人、鉴定人经控辩双方发问或者审判人员询问后，审判长应当告其退庭。证人、鉴定人不得旁听对本案的审理。询问笔录反映出在同一时间段内，同一询问人员询问不同的证人，则有可能构成多位证人同时接受询问，违反了刑事诉讼法确定的询问证人应当个别进行的规定。但是，这仅为可能性，询问人应对为何出现该记载情况进行解释，如果其无法就此作出合理的解释，则实际情况却有可能是同一询问人员同时询问不同的证人，该证人证言因为不符合询问证人的规定而不能被采用。

根据《刑事诉讼法》第92条第2款规定："传唤，拘传持续的时间最长不得超过十二小时。不得以连续传唤，拘传的形式变相拘禁犯罪嫌疑人。"这是为了保护犯罪嫌疑人的合法权益，防止变相拘禁。但是，对于询问证人，刑事诉讼法却没有时间限制的规定。如果询问期限过长，或询问时间处于证人无法正常回忆或表达的期间，如深夜或证人患有生理、心理疾病期间，必然会影响证人的工作、学习和生活，甚至会造成对证人人身自由与权利的变相侵犯，这种强制环境下的询问不仅会造成证人无法正常回忆和表述、证人证言的可信性大大削弱，也严重侵犯了证人的合法权利。在刑事诉讼法对询问证人的时间未作明确限定的情况下，询问笔录则应明确记载询问的时间，以便司法机关在认定证人证言时据以判断证人证言的证明力。

刑事诉讼法及相关司法解释对询问证人的地点作出了明确规定。如《刑事诉讼法》第97条第1款规定："侦查人员询问证人，可以到证人的所在单位或者住处进行，但是必须出示人民检察院或者公安机关的证明文件。在必要的时候，也可以通知证人到人民检察院或者公安机关提供证言。"最高人民法院、最高人民检察院、公安部、国家安全部、司法部、全国人大常委会法制工作委员会《关于刑事诉讼法实施中若干问题的规定》第17条规定："刑事诉讼法第九十七条规定：'侦查人员询问证人，可以到证人的所在单位或者住处进行'，'在必要的时候，也可以通知证人到人民检察院或者公安机关提供证言'。侦查人员询问证人，应当依照刑事诉讼法第九十七条的规定进行，不得另行指定其他地点。"《刑事诉讼法》第97条对询问证人地点的规定，立法旨在确保司法公正，程序合法，使证人能够提供符合其真实意思和客观情况的证言，充分保障证人的合法权益。证人在诉讼过程中，不但要履行作证的义务，同时还要享有保证其顺利作证的权利。一方面，证人作证地点，无论是对证人的人身安全还是精神影响来说，都具有比较重要的意义。人的行为是受其心理所支配的，而支配人行为的心理一般较容易受到周围环境因素的影响，这种影响是通过不同环境下具体的心理因素体现出来的。因此，消除证人的各种疑虑，排除各种心理障碍，有助于促使其如实提供有关的案情、线索。因此，证人作证的地点是否有利于保密并使其感到安全、安静，证人在作证的时候是否可以无拘无束地谈话，证人作证的环境是否对其造成心理上的影响等，将会直接影响到证人是否能切实履行作证义务以及证人证言的证明力。另一方面，证人作证的地点也将会影响证人的合法权利。如果不限定证人作证的地点，要求证人在履行义务时任由相关机关确定询问地点，将会对证人的生活及人身自由造成严重的干扰，侵犯证人的合法权利，最终影响证人作证的积极性，不利于更好地促进其对作证义务的履行。

询问笔录没有记录告知证人应当如实提供证言和有意作伪证或者隐匿罪证要负法律责任内容的，可以进行补正或者合理解释。我国《刑事诉讼法》第 48 条规定："凡是知道案件情况的人，都有作证的义务。生理上、精神上有缺陷或者年幼，不能辨别是非、不能正确表达的人，不能作证人。"为了执行这一规定，最高人民法院作出了进一步的规定。《最高人民法院关于执行〈中华人民共和国刑事诉讼法〉若干问题的解释》第 58 条第 3 款规定："法庭查明证人有意作伪证或者隐匿罪证时，应当依法处理。"第 142 条规定："证人到庭后，审判人员应当先核实证人的身份、与当事人以及本案的关系，告知证人应当如实地提供证言和有意作伪证或者隐匿罪证要负的法律责任。证人作证前，应当在如实作证的保证书上签名。"司法实践中一般的做法是在询问笔录中告知证人应当如实提供证言和有意作伪证或者隐匿罪证要负法律责任的内容，由证人口头保证后，在询问笔录中记载该情形并由证人在确认询问笔录的同时一并确认其保证的内容。因此，询问笔录中的该记载实际上类似于证人保证书。无此记载，则将构成证人未作出保证。这种证人保证书制度通过客观上存在的伪证之罚，在主观上对证人施加如实陈述的压力。如果询问笔录没有记录告知证人应当如实提供证言和有意作伪证或者隐匿罪证要负法律责任内容的，则需要就此进行补正或者合理解释。

【特别提示】

适用本条需要注意的问题是，应该将本条内容与第 13 条作出区分。这两条规范所规定的均属于证人证言的可采性规则，其不同在于第 13 条中证人证言主要在程序上存在重大瑕疵，而本条规范所指向的证人证言主要在规格方面存在较小的瑕疵。因此，两种情形下的制裁效果也有所差别。只要属于第 13 条中罗列的瑕疵情形，就应该完全加以排除，法官没有裁量余地，举证者也没有补正的机会；而如果属于本条所规范的情形，则举证者可以通过补正来使证据被采纳，而法官在这一过程中也具有一定的裁量权。法官在行使裁量权的过程中必须作出恰当的判断。本条规定“通过有关办案人员的补正或者作出合理解释的，可以采用”，其中应该通过什么手段来加以“补正”，“合理解释”的界限在什么地方，这些问题都是法官在行使裁量权过程中所要着力把握的。

【相关立法例】

上海市高级人民法院、上海市人民检察院、上海市公安局、上海市司法局《关于重大故意杀人、故意伤害、抢劫和毒品犯罪案件基本证据及其规格的意见》规定：“证人陈述笔录，应当记录侦查人员、检察人员告知证人‘根据刑事诉讼法第四十八条和九十八条的规定，证人有如实提供证据、证言的义务，故意作伪证或者隐匿罪证的要负法律责任’的经过。未成年证人陈述笔录应当记录其监护人在场见证的情况，监护人经通知未到的，应当制作《工作情况记录》予以说明。”

第十五条 ［证人应当出庭的情形与证人证言运用］ 具有下列

情形的证人，人民法院应当通知出庭作证；经依法通知不出庭作证证人的书面证言经质证无法确认的，不能作为定案的根据：

（一）人民检察院、被告人及其辩护人对证人证言有异议，该证人证言对定罪量刑有重大影响的；

（二）人民法院认为其他应当出庭作证的。

证人在法庭上的证言与其庭前证言相互矛盾，如果证人当庭能够对其翻证作出合理解释，并有相关证据印证的，应当采信庭审证言。

对未出庭作证证人的书面证言，应当听取出庭检察人员、被告人及其辩护人的意见，并结合其他证据综合判断。未出庭作证证人的书面证言出现矛盾，不能排除矛盾且无证据印证的，不能作为定案的根据。

【制定目的】

本条是有关证人应当出庭作证的情形以及证人庭前证言与庭上证言不一致时的证言采信、未出庭证人的书面证言的审查的规定，旨在促进对证人的庭上证言和未出庭证人的书面证言的合理运用。

【释义】

本条吸收了《最高人民法院在关于执行〈中华人民共和国刑事诉讼法〉若干问题的解释》，最高人民法院、最高人民检察院、公安部、国家安全部、司法部、全国人大常委会法制工作委员会《关于刑事诉讼法实施中若干问题的规定》等相关解释，并对《刑事诉讼法》的相关规定进行了细化。主要包括证人应当出庭的情形与出庭证人庭前证言的运用和未出庭证人的书面证言的运用。对本条可作以下理解：

（一）证人应当出庭作证的情形。我国《刑事诉讼法》第 47 条规定："证人证言必须在法庭上经过公诉人、被害人和被告人、辩护人双方讯问、质证，听取各方证人的证言并且经过查实以后，才能作为定案的根据。”从该条文的解释来看，这一条的规定是要求证人出庭作证的。但是，《刑事诉讼法》第157条规定，对于未到庭的证人的证言笔录，应当当庭宣读；《最高人民法院关于执行〈中华人民共和国刑事诉讼法〉若干问题的解释》第141条第2款规定：“符合下列情形，经人民法院准许的，证人可以不出庭作证：（一）未成年人；（二）庭审期间身患严重疾病或者行动极为不便的；（三）其证言对案件的审判不起直接决定作用的；（四）有其他原因的。”这样，在立法上也就为证人不出庭提供了理由，尤其是该司法解释第141条中的“其他原因”，更使得该条款成为缺乏规范性而仅具象征意义的条款。

本条第1款从正面规定了证人应当出庭作证的情形，包括：（1）人民检察院、被告人及其辩护人对证人证言有异议，该证人证言对定罪量刑有重大影响的；（2）人民法院认为其他应当出庭作证的。并规定了应当出庭的证人经依法通知不出庭，证人的书面证言经质证无法确认时，不能作为定案的根据。其中第一种情形是指人民检察院、被告人及其辩护人对证人证言产生异议，并且该证人证言对于被告人的行为是否属于犯罪，属于此罪还是彼罪、重罪还是轻罪，或当对罪名无异议时，但对被告人的量刑产生重大影响时，法院应当通知该证人出庭作证。第二种情形是指人民法院根据案件的具体情形来决定证人是否应当出庭作证，如证人不出庭严重影响案件事实认定等情形。同时，应当出庭的证人经法院依法通知不出庭时，并非一定要排除不出庭证人的书面证言，只有应当出庭作证的证人经依法通知不出庭，且该证人所提供的书面证言经质证无法确认的，人民法院才能不作为定案的根据。如果应当出庭作证的证人经依法通知不出庭，但其所提供的书面证言经质证能够得到确认时，人民法院仍然可以将其作为定案的依据。

从积极意义上说，该条确立了有限的直接言词原则，规定了证人应当出庭作证的情形。在办理死刑案件中规定这一规则，从实体上说，更有利于保障正确认定案件事实；从程序上说，更有利于保障诉讼当事人的质证权利。但是，该条同样存在一些不足，如“人民法院认为其他应当出庭作证”的规定，将证人应否出庭完全交由法院决定，这与大陆法系国家实行的直接言词原则仍有着较大差距。

（二）出庭证人庭前证言的运用。出庭情况下的证人庭前陈述的运用主要表现在两个方面，一个是证人庭前陈述与证人庭上证言一致情况下的运用；另一个是证人庭前陈述与证人庭上证言不一致情况下的运用。如果证人承认他曾作了先前证言，并且该先前证言是真实的，则事实上该证人就采用了其先前的证言，将其转化为其庭上证言。在这种情况下，该证言实际上就已经成为具有可采性的实质证据。本条第 2 款规定了出庭证人庭前证言与庭上证言不一致时的运用。

在英美法系国家，证人的先前不一致证言在传统上被视为传闻，不能采为实质证据来证明其所包含的案件事实。但是，先前不一致证言在运用为弹劾证据时存在特殊之处。法官虽然可以指示陪审团先前不一致证言中所包含的内容不能作为证明有关事实的证据，而只能用来检验证人的可信性。大陆法系国家由于采行职权主义，在将证人庭前不一致证言采为实质证据问题上一般没有限制。例如，我国台湾地区对于庭前不一致证言是采为实质证据的。我国台湾地区学者陈朴生认为，唯我“刑事诉讼法”重在证言之凭信性。证人之证言，虽先后矛盾，其是否可信及何者为可信，乃属法院自由判断之范围，并不得以前之陈述为辅助事实，指后之陈述为欠缺信用性。故法院本其调查所得之心证，认前之证言或后之证言为可信时，仍不得遽指为违法。

我国《刑事诉讼法》未对证人出庭情形下，如何处理证人庭上证言与其庭前陈述不一致的情形进行规定，《最高人民法院关于执行〈中华人民共和国刑事诉讼法〉若干问题的解释》第 58 条规定：“……对于出庭作证的证人，必须在法庭上经过公诉人、被害人和被告人、辩护人等双方询问、质证，其证言经过审查确实的，才能作为定案的根据……”本条明确规定了“证人在法庭上的证言与其庭前陈述相互矛盾，如果证人当庭能够对其翻证作出合理解释，并有相关证据印证的，应当采信庭审证言。”因此，对待证人庭上证言与庭前陈述不一致的情形，如果证人能够对其翻证作出合理的解释，如当时受到了刑讯逼供且有相关证据，法院应当采信证人的庭上证言。相反，如果证人的庭上证言与庭前陈述不一致，但证人并不能对其翻证作出合理的解释，不能提出相关证据进行印证时，人民法院则不应采信证人所做的庭上陈述。

（三）未出庭证人的书面证言的运用。如上所述，无论是大陆法系的直接言词原则，还是英美法系的传闻证据排除规则，都要求证人必须在法庭上作证。禁止使用书面证言代替言词作证是现代诉讼的一般要求，但将这一要求绝对化也会产生各种问题，并由此而阻碍刑事诉讼的顺利进行。《最高人民法院关于执行〈中华人民共和国刑事诉讼法〉若干问题的解释》第141条中规定了可以不出庭的证人，“符合下列情形，经人民法院准许的，证人可以不出庭作证：（一）未成年人；（二）庭审期间身患严重疾病或者行动极为不便的；（三）其证言对案件的审判不起直接决定作用的；（四）有其他原因的。”而本条第1款则从正面规定了证人应当出庭作证的情形，“（一）人民检察院、被告人及其辩护人对证人证言有异议，该证人证言对定罪量刑有重大影响的；（二）人民法院认为其他应当出庭作证的。”

我国已有的相关立法，在对如何审查运用未出庭证人的书面证言上，缺乏明确和具有可操作性的规定。根据我国《刑事诉讼法》第157条的规定：“……对未到庭的证人的证言笔录、鉴定人的鉴定结论、勘验笔录和其他作为证据的文书，应当当庭宣读。审判人员应当听取公诉人、当事人和辩护人、诉讼代理人的意见。”《最高人民法院关于执行〈中华人民共和国刑事诉讼法〉若干问题的解释》第58条又作出了规定：“……未出庭证人的证言宣读后经当庭查证属实的，可以作为定案的根据。”总的来说，这些立法规定较为原则和粗疏，如法院对未出庭证人作证的书面证言出现矛盾时如何处理，移交对于人民检察院移交的未到庭证人的书面证言如何进行采信都没有进行规定。本条第 3 款明确规定："对未出庭作证证人的书面证言，应当听取出庭检察人员、被告人及其辩护人的意见，并结合其他证据综合判断。未出庭作证证人的书面证言出现矛盾，不能排除矛盾且无证据印证的，不能作为定案的根据。"因此，对于未出庭的证人证言的审查，法院应当听取检察人员、被告人及其辩护人的意见，与《刑事诉讼法》规定的不同在于，这里不再包括诉讼代理人的意见；并应当结合本案的其他证据进行综合判断。当未出庭作证证人的书面证言出现矛盾时，不能排除矛盾且无证据印证的，法院不能将该证据作为定案的根据。

【特别提示】

适用本条需要注意的问题是，本条实际上从两个层次上对未出庭的书面证言进行了规范：第一层次是书面证言的可采性问题，也就是证据能力问题，这主要体现在第 1 款规定上，未出庭的书面证言在两种情形下不具有证据能力；第二层次则是书面证言的证明力问题，这主要体现在第 3 款中有关书面证言之综合判断的相关规定上。证明力问题是在采纳相应的证据之后对证据之证明价值所作出的判断，只有在证据得以采纳的情况下才可能对证据之证明力作出判断。因此，本条款中两个层次的划分是符合人类对证据的认识规律的。但仍需要注意的是，第 3 款后半句规定了"未出庭作证证人的书面证言出现矛盾，不能排除矛盾且无证据印证的，不能作为定案的根据。"从"不能作为定案的根据"这一用语来看，这里似乎是指书面证据的可采性问题，但如果综合整个条文来看，"未出庭作证证人的书面证言出现矛盾"实际上是在对书面证言作出综合判断之后的一个结果，因此似乎应该属于证明力判断问题。这样可能会出现法律用语与其实质含义之间的不一致问题，这是适用本条时应该特别注意的。

【相关立法例】

《刑事诉讼法》第47条规定："证人证言必须在法庭上经过公诉人、被害人和被告人、辩护人双方讯问、质证，听取各方证人的证言并且经过查实以后，才能作为定案的根据。……"《刑事诉讼法》第157条规定："公诉人、辩护人应当向法庭出示物证，让当事人辨认，对未到庭的证人的证言笔录、鉴定人的鉴定结论、勘验笔录和其他作为证据的文书，应当当庭宣读。审判人员应当听取公诉人、当事人和辩护人、诉讼代理人的意见。"

《最高人民法院关于执行〈中华人民共和国刑事诉讼法〉若干问题的解释》第141规定："证人应当出庭作证。符合下列情形，经人民法院准许的，证人可以不出庭作证：（一）未成年人；（二）庭审期间身患严重疾病或者行动极为不便的；（三）其证言对案件的审判不起直接决定作用的；（四）有其他原因的。"

最高人民法院、最高人民检察院、公安部、国家安全部、司法部、全国人大常委会法制工作委员会《关于刑事诉讼法实施中若干问题的规定》第42条规定："人民检察院对于在法庭上出示、宣读、播放的证据材料应当当庭移交人民法院，确实无法当庭移交的，应当在休庭后三日内移交。对于在法庭上出示、宣读、播放未到庭证人的证言的，如果该证人提供过不同的证言，人民检察院应当将该证人的全部证言在休庭后三日内移交。"

第十六条　［证人出庭作证的保护］证人作证，涉及国家秘密或者个人隐私的，应当保守秘密。

证人出庭作证，必要时，人民法院可以采取限制公开证人信息、限制询问、遮蔽容貌、改变声音等保护性措施。

【制定目的】

本条规定了证人作证时的保密义务和对证人出庭的保护措施，

旨在保护国家秘密和个人隐私不受侵犯，保护出证人的合法权益，促进证人依法出庭作证。

【释义】

本条吸收了《最高人民法院关于执行〈中华人民共和国刑事诉讼法〉若干问题的解释》、最高人民检察院《人民检察院刑事诉讼规则》、公安部《公安机关办理刑事案件程序规定》等司法解释，并对《刑事诉讼法》的相关规定进行了细化。主要包括证人作证时的保密义务和对证据出庭的保护性措施。

公共利益豁免要解决的是诉讼发现案件事实的公共利益与维护其他性质的公共利益之间冲突的证据规则。从有关国家的规定来看，各国关于证人公共利益豁免规则保护对象范围的规定并不完全相同。有的国家进行了一一列举，有的泛称为职务秘密，有的采取二分法，区分为国家秘密和职务秘密。本条第一款中规定了证人作证时，对于涉及国家秘密和个人隐私的应予保密的义务。证人恐吓行为的存在使得必须加强法庭上的证人保护工作，加强法庭上的证人保护主要通过对公开审判原则进行适当的修正来进行。因此，在必要时，人民法院可对公开审判原则进行适当的修正。本条第二款从对公开审判原则的适当修正出发，对出庭证人的保护性措施进行了规定。对本条适用可作以下理解：

（一）证人作证中的保密义务。本条第一款规定了证人作证的保密义务，即无论是证人提供庭前证言还是证人出庭作证，对涉及国家秘密或者个人隐私的，都应当保守秘密。根据《保守国家秘密法》第 2 条规定："国家秘密是关系国家安全和利益，依照法定程序确定，在一定时间内只限一定范围的人员知悉的事项。"第 3 条第 2 款规定："一切国家机关、武装力量、政党、社会团体、企业事业单位和公民都有保守国家秘密的义务。"第 9 条规定："下列涉及国家安全和利益的事项，泄露后可能损害国家在政治、经济、国防、外交等领域的安全和利益的，应当确定为国家秘密：

(一) 国家事务的重大决策中的秘密事项；(二) 国防建设和武装力量活动中的秘密事项；(三) 外交和外事活动中的秘密事项以及对外承担保密义务的秘密事项；(四) 国民经济和社会发展中的秘密事项；(五) 科学技术中的秘密事项；(六) 维护国家安全活动和追查刑事犯罪中的秘密事项；(七) 经国家保密行政管理部门确定其他的秘密事项。政党的秘密事项中符合前款规定的，属于国家秘密。”而作为权利的个人隐私，是指自然人享有的私人生活安宁与私人信息秘密依法受到保护，不被他人非法侵扰、知悉、搜集、利用和公开的一种人格权。规定证人对涉及国家秘密和个人隐私的保密义务，是为了保护国家秘密不被外泄，以及保护公民的名誉和避免产生不良影响。

《刑事诉讼法》第45条第2款规定：“对于涉及国家秘密的证据，应当保密。”《最高人民法院关于执行〈中华人民共和国刑事诉讼法〉若干问题的解释》第62条又进一步规定：“在公开审理案件时，对于公诉人、诉讼参与人提出涉及国家秘密或者个人隐私的证据时，审判长应当制止。如确与本案有关的，应当决定案件转为不公开审理。”由此可知，刑事诉讼法中的仅规定了涉及国家秘密的证据应当保密的义务，并未对涉及个人隐私的证据加以规定，同时，在立法上也并未明确规定保密义务的主体。而《最高人民法院关于执行〈中华人民共和国刑事诉讼法〉若干问题的解释》中的规定，是针对公开审理案件时，面对公诉人、诉讼参与人提出涉及国家秘密或者个人隐私的证据时，审判长应当如何处理的规定，也并未明确涉及国家秘密和个人隐私证据的保密义务的主体。上述规定在司法实践中对于公共利益的保护发挥了重要作用。但是，上述规定是不完善的，这种不完善主要体现在以下几个方面：①这些规定存在于不同等级的规定中，相关立法之间存在着冲突。关于保守国家秘密规定的包含在不同效力等级的法律规范当中。例如，刑事诉讼法明确规定凡是了解案件情况的人都有作证的义务，而《保守国家秘密法》第3条又规定一切国家机关、武装力量、政党、社会团体、企业事业单位和公民都有保守国家秘密的义务。这两条规定之间的紧张关系是显而易见的。②对国家秘密与职业秘密未予区分。从我国的有关刑事诉讼的现行规定来看，只对国家秘密和国家秘密当中的公安机关使用的耳目的保护作出了规定，对于其他事项则缺乏明确的规定。而根据我国有关规定，有关人员需要保守的秘密信息并不限于国家秘密。例如《公务员法》第 12 条第（六）项、《法官法》第 7 条第（六）项、《检察官法》第 8 条第（五）项都规定了保守国家秘密和工作秘密的义务。对于职业秘密，我国相关立法缺乏明确的保护措施。③保守国家秘密的程序规则上有所欠缺。例如，《最高人民法院关于执行〈中华人民共和国刑事诉讼法〉若干问题的解释》第 62 条规定，在公开审理案件时，对于公诉人、诉讼参与人提出涉及国家秘密或者个人隐私的证据时，审判长应当制止。如确定与本案有关的，应当决定案件转为不公开审理。

本条中明确规定，“证人作证，涉及国家秘密或者个人隐私的，应当保守秘密”，这不仅明确了证人作证时对国家秘密的保密义务，而且还包括对涉及个人隐私的证据的保密；这有效地解决了《刑事诉讼法》规定的凡是知道案件情况的人都有作证的义务与《保守国家秘密法》第 3 条规定的所有公民都有保守国家秘密义务之间的矛盾。但是，该项立法对与国家秘密与职业秘密的区分并未进行规定，职业秘密在刑事诉讼法中的保护尚缺乏明确规定。

（二）证人出庭作证的保护。《刑事诉讼法》第 47 条规定：“证人证言必须在法庭上经过公诉人、被害人和被告人、辩护人双方讯问、质证，听取各方证人的证言并且经过查实以后，才能作为定案的根据……”因此，保证证人依法作证是刑事案件得以公正审判的一个重要保障，对于保证案件的质量具有重要的意义。就我国刑事立法上对证人作证的保护来说，《刑事诉讼法》第 49 条规定：“人民法院、人民检察院和公安机关应当保障证人及其近亲属的安全。对证人及其近亲属进行威胁、侮辱、殴打或者打击报复，构成犯罪的，依法追究刑事责任；尚不够刑事处罚的，依法给予治安管理处罚。”《刑法》第 307 条、第 308 条分别规定了妨害作证罪，打击报复证人罪。但是，这些规定中不仅对证人保护的责任主体规定较为笼统，更缺乏证人保护具体的实施条款；在立法上，更注重保护证人已实际受到的侵害，缺乏事前、事中对证人的预防性保护，因而，并未起到有效保护证人作证的法律效果。本条规定了证人在法庭上的庭上保护，规定在必要时，人民法院可以采取限制公开证人信息、限制询问、遮蔽容貌、改变声音等保护性措施。因此，这一规定是针对证人在出庭作证时的保护，而这一阶段的证人保护的责任主体是人民法院。

证人出庭作证，必要时，人民法院可以采取限制公开证人信息、限制询问、遮蔽容貌、改变声音等保护性措施。首先需要明确的是，根据具体案件情形，人民法院在“必要时”才可以采用上述各种保护性措施。证人出庭作证保护的必要性的判断，需要与证人恐吓行为发生的可能性、证人恐吓行为是否已存在、已存在的证人恐吓行为的严重程度等因素结合起来。证人恐吓是一种丑恶的社会现象，严重影响刑事司法的正常运作。所谓证人恐吓，有狭义和广义两种含义。狭义的证人恐吓是指为了达到阻止证人向执法机关提供有关案情的信息而针对证人及其近亲属以及其他有关人员而采取的暴力、威胁等行为。广义的证人恐吓在恐吓的对象上还包括对被害人及其近亲属以及其他如检举人、告发人等有关人员的恐吓，在行为方式上还包括事后对证人、被害人及其近亲属以及其他有关人员的报复行为。证人恐吓的具体表现形式有以下几种：直接的身体暴力，如对伤害或杀害证人或其近亲属；关于身体暴力的明确威胁；暗示性的恐吓，如打骚扰电话、暗示性的口头警告等；毁损证人的财产；法庭上的恐吓，如对旁听审席的被告人的家人的恶意体态语言；等等。而当人民法院认为必要时，可以采取如下对出庭证人的保护性措施：

1. 司法机关可以采取限制公开证人信息、限制询问的保护性措施。据调查表明，检控方的证人，在法庭上最为担心的都是自己的姓名和住址被公开披露的问题，辩护方的证人在一定程度上也存在同样的问题。有必要对与证人的身份和住址等有关的信息采取保护措施。因此，这里所谓的限制公开证人的信息，主要是指证人的姓名、住址、工作单位等信息，同时也应当包括证人的近亲属的个人信息；限制询问的内容，也是指对有关证人的身份和和住址等信息可以不加以询问。

2. 在法庭上对证人采取适当遮蔽容貌、改变声音等保护性措施。在公开法庭或不公开法庭上对证人采取适当的遮蔽性措施有利于加强对证人的保护，增强证人作证的信心。遮蔽容貌和改变声音是指在证人作证过程中，用一定的方式遮蔽证人的容貌或改变证人的声音，以使得证人不被辨认出，从而保护证人的人身和财产安全。随着科技的进一步发展，遮蔽性措施将更加完善，使得证人保护和诉讼的公正性得到进一步的平衡。这些做法与联合国《公民权利和政治权利国际公约》的基本精神也是一致的。

3. 其他对证人出庭保护的措施。根据该条的规定，人民法院在必要时候，除了可以采取限制公开证人信息、限制询问、遮蔽容貌、改变声音四种方式以外，还可以采取其他的保护性措施。其他保护措施的采取也需以有效保护出庭证人为必要。例如，意大利法律中规定了，证人作证活动可以以不公开的形式进行。

【特别提示】

适用本条需要注意的问题是，本条在对证人保密义务的程序规则上还缺乏规定，如对于谁来判断证据是否涉及国家秘密或者个人隐私还不明确。同时，对于法庭决定案件转为不公开审理时，仍存在两个重要问题无法解决：一是对于谁是确定有关证据是否属于国家秘密的主体没有明确规定。二是即使法院应将案件转为不公开审理，但不公开审理仍然会扩大知悉该国家秘密的人员的范围。

【相关立法例】

《刑事诉讼法》第49条："人民法院、人民检察院和公安机关应当保障证人及其近亲属的安全。对证人及其近亲属进行威胁、侮辱、殴打或者打击报复，构成犯罪的，依法追究刑事责任；尚不够刑事处罚的，依法给予治安管理处罚。"

《公安机关办理刑事案件程序规定》第55条："公安机关应当保障证人及其近亲属的安全。对证人及其近亲属进行威胁、侮辱、殴打或者打击报复，构成犯罪的，依法追究刑事责任；尚不够刑事处罚的，依法给予治安管理处罚。"

《人民检察院刑事诉讼规则》第163条："人民检察院应当保障证人及其近亲属的安全。询问中涉及证人隐私的，应当保守秘密。对证人及其亲属进行威胁、侮辱、殴打或者打击报复，构成犯罪或者应当给予治安管理处罚的，应当移送公安机关处理；情节轻微的，予以批评教育、训诫。"

3. 被害人陈述

第十七条 ［被害人陈述的审查与认定］对被害人陈述的审查与认定适用前述关于证人证言的有关规定。

【制定目的】

本条是对有关被害人陈述的审查与认定的规定，旨在保障被害人陈述的客观、真实。

【释义】

被害人陈述是指受犯罪行为直接侵害的人，就自身受害的经过和他了解的有关犯罪人的情况，向侦查、检察、审判人员所作的陈述。被害人陈述的内容：一是叙述自己遭受犯罪行为侵害的事实；二是揭发检举犯罪嫌疑人。

被害人陈述是侦查、检察、审判人员正确认定案件真实的重要证据，也是被害人协助公安司法机关追究犯罪，保护自己合法权益的重要手段。被害人受到犯罪嫌疑人的直接侵害，一般来说，对犯罪情况了解得比较清楚，能够提供犯罪的时间、地点、受害经过、造成的损害等详细情况。在有些案件中，如伤害、强奸、诈骗等案件，被害人同犯罪嫌疑人有过直接接触，可以了解犯罪嫌疑人的个人特征，包括某些隐蔽特征，有的甚至还能直接指认出犯罪嫌疑人。因此，被害人的陈述，对确定侦查方向，揭露犯罪，查获犯罪人，具有重要作用。

收集被害人陈述，实际上就是对被害人询问。被害人陈述作为一种言词证据，其收集方法与收集证人证言基本相同。其审查与判断的方法也基本相同。根据本条规定，对被害人陈述的审查与认定适用前述关于证人证言的有关规定。

【特别提示】

适用本条需要注意的问题是，本条从立法规范的角度实际上是一条准用性规则。所谓准用性规则是指没有明确规定行为规则的内容，但明确指出可以援引其他规则来使本规则的内容得以明确的法律规则。本条就是一条典型的准用性规则，它指明“对被害人陈述的审查与认定适用前述关于证人证言的有关规定”，也就是适用于第 11 条至第 16 条中的相应规定。因此，在具体适用过程中，应该着重参照第 11 条至第 16 条中的相应规定来加以适用。但需要注意的是，由于我国实行的证据种类制度，证人证言和被害人陈述依然属于两种不同的证据种类，因此，本条作为准用性规则仅仅将范围仅仅限制在对被害人陈述的审查和认定上，至于其他环节上是否适用则依其他相关规定而行。

【相关立法例】

《刑事诉讼法》第 100 条规定：“询问被害人，适用本节各条规定。”

《公安机关办理刑事案件程序规定》第 191 条规定：“本规定第一百八十四条、第一百八十五条的规定，也适用于询问证人、被害人。”

《人民检察院刑事诉讼规则》第 164 条规定：“询问被害人，适用询问证人的规定。”

4. 被告人供述和辩解

第十八条 ［对被告人供述和辩解的审查与认定］ 对被告人供述和辩解应当着重审查以下内容：

（一）讯问的时间、地点、讯问人的身份等是否符合法律及有关规定，讯问被告人的侦查人员是否不少于二人，讯问被告人是否个别进行等。

（二）讯问笔录的制作、修改是否符合法律及有关规定，讯问笔录是否注明讯问的起止时间和讯问地点，首次讯问时是否告知被告人申请回避、聘请律师等诉讼权利，被告人是否核对确认并签名（盖章）、捺指印，是否有不少于二人的讯问人签名等。

（三）讯问聋哑人、少数民族人员、外国人时是否提供了通晓聋、哑手势的人员或者翻译人员，讯问未成年同案犯时，是否通知了其法定代理人到场，其法定代理人是否在场。

（四）被告人的供述有无以刑讯逼供等非法手段获取的情形，必要时可以调取被告人进出看守所的健康检查记录、笔录。

（五）被告人的供述是否前后一致，有无反复以及出现反复的原因；被告人的所有供述和辩解是否均已收集入卷；应当入卷的供述和辩解没有入卷的，是否出具了相关说明。

（六）被告人的辩解内容是否符合案情和常理，有无矛盾。

（七）被告人的供述和辩解与同案犯的供述和辩解以及其他证据能否相互印证，有无矛盾。

对于上述内容，侦查机关随案移送有录音录像资料的，应当结合相关录音录像资料进行审查。

【制定目的】

本条是有关被告人供述和辩解的审查与认定规则，旨在指导法官在审查和认定被告人供述和辩解时从形式和内容上对其合法性和真实性严格把关。

【释义】

本条文吸收了《公安机关办理刑事案件程序规定》、《人民检察院刑事诉讼规则》、《人民检察院办理未成年人刑事案件的规定》、《最高人民法院关于审理未成年人刑事案件的若干规定》以及《最高人民法院关于审理未成年人刑事案件具体应用法律若干问题的解释》等法律规定和司法解释。主要包括讯问程序的合法性审查规则、讯问笔录的形式合法性审查规则、被告人供述和辩解内容真实性的审查规则。对本条可作以下理解：

（一）对被告人供述和辩解的理解。被告人的供述和辩解，是指被告人在刑事诉讼中就其被指控的犯罪事实以及与案件相关的事实向司法机关所作的陈述，通常又被称为“口供”，主要包含三个方面的内容：（1）被告人向公安司法机关承认自己犯有罪行和关于犯罪的具体过程、情节的陈述。（2）被告人的辩解，即否认自己犯有相关罪行或者虽然承认相关罪行，但是有依法不应追究刑事责任或者有从轻、减轻或免除处罚等情况所作的申辩和解释。（3）被告人对他人共同犯罪事实的检举、揭发。《刑事诉讼法》第90条规定：“公安机关经过侦查，对有证据证明有犯罪事实的案件，应当进行预审，对收集、调取的证据材料予以核实。”在预审过程中，讯问犯罪嫌疑人是其中最为重要的一种侦查方式。按照《刑事诉讼法》第139条的规定：“人民检察院审查案件，应当讯问犯罪嫌疑人，听取犯罪嫌疑人的意见。”审判过程中对被告人供述和辩解的审查和判断，主要针对的是上述公安机关和人民检察院讯问程序的合法性。在刑事诉讼中，犯罪嫌疑人与被告人是同一诉讼主体在被起诉前和被起诉后的不同称谓。本条审查的被告人供述和辩解，针对的是被提起公诉后的被告人，审查的对象是被告人在审判阶段作出的供述和辩解。由于被告人最为了解案件事实，因此能够提供最为全面、具体的证据，因此对证明案件事实能起到非常重要的作用，但又由于其与案件处理结果有着切身关系，因此也最有可能为逃避责任而虚假陈述，而且在整个诉讼过程中呈现出不稳定性，极易反复，尤其是审判阶段的翻供。

对被告人供述和辩解的审查和认定，是法官审查、判断证据环节中最为敏感的问题，一方面关涉证据是否真实的可靠性问题，另一方面也关涉被告人权利是否得到保障的正当性问题。虽然我国的司法实践已经从“无供不录案”、过于依赖口供的阶段转变到了更重视物证、书证的阶段，甚至有些司法机关还大胆实践过“零口供”规则，但口供在目前的刑事诉讼过程中依然有着非常重要的作用，是最为常用的证据种类之一。被告人供述与辩解作为证据的主要的功能是：被告人口供作为一种直接证据，可以直接证明案件事实，通过审查口供可以查清被告人犯罪的动机、目的，明确被告人主观方面；通过口供验证其他证据，或者作为获取其他证据的重要线索；口供还是认定被告人认罪、悔罪态度的重要依据。影响口供可靠性和正当性的最大因素，莫过于讯问程序的违法，尤其是以刑讯逼供等非法手段获取被告人供述，不仅使口供失去了真实性，而且严重侵害了被告人的权利。本条规定要求办案人员从程序和内容两方面对被告人口供的正当性和可靠性进行审查判断，其中第 1 款到第 4 款是程序、形式上的审查，第 5 款到第 7 款是实质内容上的审查。

（二）本条第 1 款规定了审查讯问的基本要求：首先，根据《刑事诉讼法》第 92 条、《公安机关办理刑事案件程序规定》第 173 ~ 175 条、《人民检察院刑事诉讼规则》第 137 ~ 138 条的规定，明确讯问时间、地点和讯问人员的身份要合法，即讯问的地点通常在负责讯问的侦查机关内，对于不需要逮捕、拘留的犯罪嫌疑人，可以传唤到犯罪嫌疑人所在市、县内的指定地点或者到他的住处进行讯问，但是应当出示人民检察院或者公安机关的证明文件。传唤、拘传犯罪嫌疑人讯问持续的时间最长不得超过12小时。不得以连续传唤、拘传的形式变相拘禁犯罪嫌疑人。讯问犯罪嫌疑人、被告人必须由人民检察院或公安机关的侦查人员负责进行。其次，根据《刑事诉讼法》第91条、《公安机关办理刑事案件程序规定》第170条、《人民检察院刑事诉讼规则》第136条的规定，该款规定了讯问时侦查人员不得少于二人，讯问被告人个别进行的原则。我国的讯问基本上是在封闭的环境下进行的，讯问应当由二人或二人以上才能进行，是为了减少单独讯问时可能大量发生的违法情形出现，二人可以互相监督。由于具备反侦查能力的被告人在供述时可能订立“攻守同盟”、统一口径，因此对于被告人的讯问应当利用“囚徒困境”原理，隔离进行，才能更好地取得讯问的效果。

（三）本条第2款规定了审查讯问应当遵守的程序。根据《刑事诉讼法》第95条、《公安机关办理刑事案件程序规定》第183～185条、《人民检察院刑事诉讼规则》第142～144条规定，本款要求讯问笔录的制作、修改应当规范，符合法律的规定。首先，侦查人员应当将问话和犯罪嫌疑人的供述或者辩解如实地记录清楚。讯问笔录上所列项目，应当按规定填写齐全，注明讯问人员的姓名、单位、讯问的起止时间和讯问地点。书写讯问笔录应当使用能够长期保持字迹的书写工具、墨水。讯问笔录应当交犯罪嫌疑人核对，对于没有阅读能力的，应当向其宣读。笔录经犯罪嫌疑人核对无误后，应当由其在笔录上逐页签名（盖章）、捺指印，并在末页写明“以上笔录我看过（或向我宣读过），和我说的相符”。拒绝签名（盖章）、捺指印的，侦查人员应当在笔录上注明。如果记载有遗漏或者差错，犯罪嫌疑人可以提出补充或者改正。侦查人员、翻译人员也应当在笔录上签名或者盖章。犯罪嫌疑人请求自行书写供述的，应当准许。必要的时候，侦查人员也可以要犯罪嫌疑人亲笔书写供词。在条件允许时，讯问犯罪嫌疑人，在文字记录的同时，还可以根据需要录音、录像。其次，根据《刑事诉讼法》第 96 条、《人民检察院刑事诉讼规则》第 145 条的规定，犯罪嫌疑人在被侦查机关第一次讯问后或者采取强制措施之日起，可以聘请律师为其提供法律咨询、代理申诉、控告。犯罪嫌疑人被逮捕的，聘请的律师可以为其申请取保候审。在检察人员第一次讯问犯罪嫌疑人后或者对其采取强制措施之日起，应当告知犯罪嫌疑人可以聘请律师为其提供法律咨询、代理申诉、控告或者为其申请取保候审，并将告知情况，记明笔录。另根据《刑事诉讼法》第 28 条的规定，侦查人员如果是本案的当事人或者是当事人的近亲属的，本人或者他的近亲属和本案有利害关系的，担任过本案的证人、鉴定人、辩护人、诉讼代理人的，与本案当事人有其他关系可能影响公正处理案件的，应当自行回避或被要求回避，在首次讯问时侦查人员应当告知犯罪嫌疑人、被告人有申请回避的权利，并记录在笔录中。

（四）本条第 3 款规定了应当审查讯问特殊主体时的权利保障情况。根据《刑事诉讼法》第 9 条和第 94 条，《宪法》第 134 条，《民族区域自治法》第 47 条等规定，对于聋哑人、少数民族人员、外国人，应当提供通晓手语的人员或者翻译人员，以保障上述特殊主体在诉讼过程中的交流和沟通。讯问聋、哑的犯罪嫌疑人，应当有通晓手语的人参加，并且在笔录中注明犯罪嫌疑人的聋、哑情况，以及翻译人的姓名、工作单位和职业。各民族公民都有使用本民族语言文字进行诉讼的权利。讯问不通晓当地语言文字的犯罪嫌疑人，包括少数民族人员和外国人，都应当配备翻译人员。根据《刑事诉讼法》第 14 条、《人民检察院办理未成年人刑事案件的规定》、《最高人民法院关于审理未成年人刑事案件的若干规定》、《最高人民法院关于审理未成年人刑事案件具体应用法律若干问题的解释》的相关规定，对于不满 18 岁的未成年人犯罪的案件，在讯问未成年的犯罪嫌疑人，应当针对未成年人的身心特点，采取不同于成年人的方式；除有碍侦查或者无法通知的情形外，应当通知其家长、监护人或者教师到场；讯问可以在公安机关进行，也可以到未成年人的住所、单位、学校或者其他适当的地点进行。

（五）我国刑事诉讼法明确禁止刑讯逼供，对犯罪嫌疑人、被告人刑讯逼供是一种严重违法的取证方式，也是刑法规定的犯罪行为。这是建立在“程序中的犯罪嫌疑人、被告人并不一定是事实上的犯罪人”这样一个理念下的立法，也是现代各国刑事诉讼的共识。中国古代司法历来主张“无供不定案”、“断罪必取输服供辞”，强调“捶楚之下，何求而不得”，口供是当之无愧的“证据之王”。刑讯逼供一度是法律规定的合法的取证方式，尤以重罪案件为甚。现代诉讼制度摒弃了这种野蛮、残酷的取证方式，尊重和保护人权，主张诉讼的文明和人性化。清末变法改制中，刑讯逼供的取证方法终于被废除。现行刑事法律明确反对刑讯逼供，不仅在《刑事诉讼法》第43条规定严禁刑讯逼供和以威胁、引诱、欺骗以及其他非法的方法收集证据，而且在《刑法》第247条规定了刑讯逼供罪。但是，由于传统办案思维的影响，刑讯逼供现象在实践中依然比较严重。根据统计，仅检察机关立案查处的刑讯逼供案件，1979年至1989年达4000多件。而1990年全国公安系统严重刑讯逼供案件发案起数和涉及民警人数分别比1989年上升28.6%和42.5%，1991年1月至9月的发案起数又与1990年同期持平，居高不下。近年来，更不断有涉及刑讯逼供的重大冤假错案曝光，引起全国关注以及中央的重视。

刑讯逼供，是指办案人员对犯罪嫌疑人、被告人使用肉刑或变相肉刑逼取口供的行为。肉刑，是指采取各种使犯罪嫌疑人、被告人身体肌肉或器官造成痛苦的刑罚和取证方法，如捆绑、吊打等。变相肉刑是指用直接伤害身体的肉刑以外的方法和手段，如车轮战、长时间罚站、不准睡眠、日晒、雨淋等。由于刑讯逼供通常多发生在封闭的讯问阶段，犯罪嫌疑人、被告人很难提供证据证明，而讯问人员不可能主动提供刑讯逼供的证据，因此需要法院在审查证据的时候着重审查被告人的供述有无以刑讯逼供等非法手段获取的情形。而审查的途径之一，可以通过依职权调取被告人进出看守所的健康检查记录、笔录，以查验被告人在讯问前后的身体变化情况。

很多刑讯逼供案件都会在被告人的身体上留下痕迹，例如杜培武案、佘祥林案、赵作海案等。在杜培武案中，杜培武被拘留后，负责该案侦查的秦伯联、宁兴华先后采用不准睡觉连续审讯、拳打脚踢或者指使、纵容办案人员对杜培武滥施拳脚，用手铐把杜培武吊挂在防盗门上，反复抽垫凳子或拉拽拴在杜培武脚上的绳子，致使杜培武双脚悬空、全身重量落在被铐的双手上。杜培武难以忍受，喊叫时被用毛巾堵住嘴巴，还被罚跪、遭电警棍击打，直至杜培武屈打成招，承认了“杀人”的犯罪“事实”，指认了“作案现场”，从而酿成了这起差点使无辜者枉死的惊天冤案。后经昆明医学院法医技术鉴定中心鉴定，刑讯逼供导致杜培武双手腕外伤、双额叶轻度脑萎缩，已构成轻伤。在送到看守所关押期间，杜培武曾向驻所检察官和市检察院提出《刑讯逼供控告书》，并向驻所检察官展示他手上、脚上、膝盖上受刑被打后留下的伤情，驻所检察官当着两名管教干部及上百名在押犯的面为杜培武验伤、拍照。在庭审中，杜培武曾经多次提出刑讯逼供问题，要求公诉人出示照片，但公诉人未能出示。杜培武甚至还当庭展示过其被刑讯逼供后的血衣和伤痕，也没有引起法官的重视。为保障被告人的口供的真实性和自愿性，避免再出现“杜培武式”的刑讯逼供冤情，本条第4款规定法官应当对被告人的供述有无以刑讯逼供等非法手段获取的情形进行审查，必要时可以调取被告人进出看守所的健康检查记录、笔录。

（六）正因为被告人供述和辩解的不稳定性，该项证据可以说是刑事诉讼法规定的七种证据中最为“多变的”证据。程序上的被告人并不一定是真正犯罪的人，即使被告人的确是真正犯罪的人，也可能出于种种目的而作虚假的陈述，这就导致了被告人口供的多变性。无辜的被告人被迫作出有罪供述、真正犯罪的被告人辩称自己无罪，甚至被告人选择性地陈述一部分事实隐匿一部分事实，都会导致供述的前后矛盾和反复。因此，对被告人供述和辩解的审查，必须从细节入手。认真审查涉及案件一些具体细节的供述，会对判断口供真实性产生关键性的作用。例如，被告人供述是否包含犯罪实施过程的细节，供述中所包含的细节是否与已经掌握的案件事实一致，供述所包含的具体细节是否属于犯罪人才可能知道的隐秘性内容等等。

在实践中，被告人的供述和辩解往往不只一次，而在多份口供笔录中，如果陈述的内容存在虚假或误差，必然会通过细节暴露出矛盾之处。被告人隐瞒或编造事实的供述笔录，由于难以自圆其说，在细节问题上会露出破绽，导致一些无法解释的矛盾；通过刑讯逼供等非法方法取得的口供笔录，由于被迫自证其罪，可能导致与事实完全相反的陈述，造成被告人频繁翻供；由于被告人对案件事实的记忆存在偏差，或者讯问人员理解、记录上存在问题，也会导致笔录与供述内容存在出入。在审查上述被告人供述和辩解时，既要对被告人所有笔录进行全面审查，以发现几份笔录之间在细节上的矛盾，也要对同一份笔录的前后表述进行审查，以发现细节上的不一致之处。在庭审时，针对矛盾之处对被告人重点讯问。在审查过程中，审判人员应当对因被告人自身原因造成的供述矛盾和讯问人员的原因造成的供述矛盾进行区分，以查清原因和案件事实。例如，在佘祥林案的卷宗中，审判人员就可以从多份笔录中发现其中至少存在四种作案方式，前后不一致、内容反复，不仅互相矛盾而且与很多已调查确认的事实不符。如果当时法官能认真审查这些口供的不一致之处以及原因，或许佘祥林的冤案就不太容易发生。

当然，对于本款的“一致”、“反复”，不能机械地理解。司法实践中，有一些被告人由于个体的不同，或受羁押等因素的影响，前后供述中就作案时间、地点、手段等往往不尽一致，尤其是在时间间隔较长，作案次数较多的情形下，更是如此。如果这些陈述没有根本性的矛盾，表述上的不一致之处往往是正常的，符合人的记忆特点和生活经验。反之，如被告人的多次供述完全相同，毫无差别，则极可能是不正常的。例如，有的案件数份笔录中有两份或多份笔录高度雷同，尽管表面上看既前后一致，也无反复，但这种“一致”是反常的，往往存在问题，需要警惕。

此外，需要注意的是，由于人民检察院在提起公诉时移送的是“主要证据复印件”，因此被告人的所有供述和笔录并不是在起诉时都移送的。在实践中，公诉人通常只移送多份笔录中能证明被告人有罪的供述，那么在开庭审理过程中和庭审结束后，如果公诉人或者辩护人又提供了“主要证据复印件”以外的被告人供述和辩解，也应当作为审查的对象，与移送的供述和笔录进行互相印证。对于应当入卷的供述和辩解没有入卷的，应当有相关的说明，法官可以依申请或者依职权调取。

（七）被告人的口供既包括承认自己有罪的供述，也包括以下几种申辩和辩解：一是否认自己犯有相关罪行，不认罪；二是虽然承认相关罪行，但是提出有依法不应追究刑事责任或者有从轻、减轻或免除处罚等情况；三是共同被告人对于各自的犯罪行为或责任进行的辩解。审查被告人的辩解是否符合案情和常理，有无矛盾，从为了防止只看有罪证据不看无罪证据的片面做法，在死刑案件中更全面、更谨慎地审查判断证据。事实证明，在已被披露的很多冤假错案中，被告人其实都作出了自己无罪的辩解，只是此类证据没有引起审判人员的足够重视。在唐山李久明冤案中，李久明在前9天一直不承认自己杀人，但在2002年7月21日的预审中，却承认是自己谋杀了郭忠孝、唐姝丽夫妇。在接下来的几次提审中，李久明又推翻了这次有罪供述，表示自己“没有杀人”。在法庭上，李久明也坚决否认自己杀害郭忠孝、唐姝丽的犯罪事实，并提出在自己被关押期间，公安机关几次变换提讯地点并采取刑讯逼供等非法取证手段，他不得已才作出了有罪供述。纵观全案，李久明多次作出自己无罪的辩解，还在辩解中提供了非常重要的证明自己没有作案时间的线索，但这些辩解都没有被法院采纳，李久明还是一审被判死缓，直到2004年真凶归案才发现这是一起因刑讯逼供导致的冤案。除了要审查辩解是否符合案情外，还需要审查辩解是否符合常理，也就是运用证据法上的经验法则。经验法则是法官在日常生活中所形成的对客观外界普遍现象与通常规律的一种理性认识，法官可以运用一定的常理来初步判断口供有无违背常理、逻辑和经验之处，再进一步审查其真伪。

（八）由于口供的主观性和不稳定性，我国刑事诉讼法确立了不能仅凭口供定罪的基本规则。《刑事诉讼法》第46条规定："对一切案件的判处都要重证据，重调查研究，不轻信口供。只有被告人供述，没有其他证据的，不能认定被告人有罪和处以刑罚，没有被告人供述，证据充分确实的，可以认定被告人有罪和处以刑罚。"显然，如果案件中只有被告人的供述和辩解，是不能仅仅以此定案的，口供必须有其他证据进行补强，与其他证据互相印证。对于死刑案件的审查，不仅要严格审查包括被告人供述和辩解在内的每一个证据的真实可靠性，而且要综合考察所有证据之间的相互关系以及这些证据与案件事实之间的关系，才能对案件事实作出正确的认定。在实践中，有的被告人口供由于是刑讯逼供、指供、诱供取得的，仅从被告人供述本身来看具体细节上确实与案件事实相符，但这些细节内容，有可能是侦查人员在勘查现场和侦查过程中知道，再告知被告人的，让其按要求作出这些带有细节的供述。在这种情况下，仅仅从口供本身是很难发现矛盾的，应当结合其他证据进行印证，审查是否有非自愿供述的情形。在存在同案犯时，应当全面审查同案犯的供述，对其中涉及同一事实的细节以及互相指认的细节进行对比、印证，发现可能存在的矛盾。

【特别提示】

适用本条需要注意的问题是，为了佐证被告人供述和笔录的合法性，侦查机关可以采用录音、录像资料对取证的过程和内容进行固定，在有条件的地方甚至可以采用全程录音录像的方法。全程录音录像主要是针对讯问的封闭环境进行的，以录音、录像同步进行全程的证据固定，目的是使讯问过程处于监督之下，减少刑讯逼供的发生。该项措施最初在浙江省公安机关、江苏省检察机关、北京市公安局海淀分局等单位试行，后来由最高人民检察院规定在全国检察系统的自侦案件中采用，但公安系统尚未推广运用。该措施能够强化了讯问人员在侦查过程中注意讯问方式的意识，提高了讯问过程的透明度。现在一些检察机关已经在移送审查起诉的案卷中附讯问录像，供庭审播放，以证明口供来源的合法性。一旦发生办案人员刑讯逼供等违法违纪行为，录像不但是查处的重要证据，也是防止犯罪嫌疑人、被告人随意翻供、办案人员被诬告的有力手段。当然，限于条件，录音录像并不是在所有的侦查机关中都运用，因此本条没有进行硬性规定。本条曾在《征求意见稿》中的表述为“审查上述内容，应当结合侦查机关随案移送的相关录音录像资料进行”，现在改为“侦查机关随案移送有录音录像资料的，应当结合相关录音录像资料进行审查”，更为合理。

【相关立法例】

《刑事诉讼法》第 91 条、第 92 条、第 93 条、第 94 条、第 95 条分别规定：“讯问犯罪嫌疑人必须由人民检察院或者公安机关的侦查人员负责进行。讯问的时候，侦查人员不得少于二人。”“对于不需要逮捕、拘留的犯罪嫌疑人，可以传唤到犯罪嫌疑人所在市、县内的指定地点或者到他的住处进行讯问，但是应当出示人民检察院或者公安机关的证明文件。传唤、拘传持续的时间最长不得超过十二小时。不得以连续传唤、拘传的形式变相拘禁犯罪嫌疑人。”“侦查人员在讯问犯罪嫌疑人的时候，应当首先讯问犯罪嫌疑人是否有犯罪行为，让他陈述有罪的情节或者无罪的辩解，然后向他提出问题。犯罪嫌疑人对侦查人员的提问，应当如实回答。但是对与本案无关的问题，有拒绝回答的权利。”“讯问聋、哑的犯罪嫌疑人，应当有通晓聋、哑手势的人参加，并且将这种情况记明笔录。”“讯问笔录应当交犯罪嫌疑人核对，对于没有阅读能力的，应当向他宣读。如果记载有遗漏或者差错，犯罪嫌疑人可以提出补充或者改正。犯罪嫌疑人承认笔录没有错误后，应当签名或者盖章。侦查人员也应当在笔录上签名。犯罪嫌疑人请求自行书写供述的，应当准许。必要的时候，侦查人员也可以要犯罪嫌疑人亲笔书写供词。”

《北京市高级人民法院关于办理各类案件有关证据问题的规定（试行）》第 55 条、第 56 条分别规定：“对证据的审查判断，应采取逐一审查和综合审查相结合的方法。”“对当事人陈述（被告人的供述或辩解）、证人证言、视听资料等应当结合本案的其他证据，审查确定能否作为认定案件事实的根据。”

第十九条 ［非法取得口供的排除］采用刑讯逼供等非法手段取得的被告人供述，不能作为定案的根据。

【制定目的】

本条文是有关非法取得的被告人供述排除的规则，旨在确保证据的合法性，使非法取证者最终无法从其非法中获利，从而达到遏制违法侦查的目的。

【释义】

本条是对《刑事诉讼法》第 43 条及《最高人民法院关于执行〈中华人民共和国刑事诉讼法〉若干问题的解释》第 61 条和《人民检察院刑事诉讼规则》第 265 条确立的非法言词证据排除规定的重申和强调。非法取得的证据应当予以排除，是随着人权保障观念的提升而相继在很多国家确立的一条刑事诉讼基本规则。各个国家对于非法取得的言词证据的排除，基本上是一致的。对本条可作出以下理解：

（一）非法取得的被告人口供应当绝对排除，没有裁量的余地。我国《刑事诉讼法》第 43 条规定：“审判人员、检察人员、侦查人员必须依照法定程序，收集能够证实犯罪嫌疑人、被告人有罪或者无罪、犯罪情节轻重的各种证据。严禁刑讯逼供和以威胁、引诱、欺骗以及其他非法的方法收集证据……”这是我国刑事诉讼法对于非法取证的禁止性规定，但没有明确非法取得的证据是否可以采纳的问题。《最高人民法院关于执行〈中华人民共和国刑事诉讼法〉若干问题的解释》第 61 条对此作出进一步规定：“严禁以非法的方法收集证据。凡经查证确实属于采用刑讯逼供或者威胁、引诱、欺骗等非法的方法取得的证人证言、被害人陈述、被告人供述，不能作为定案的根据。”《人民检察院刑事诉讼规则》第 265 条第 1 款也规定：“严禁以非法的方法收集证据。以刑讯逼供或者威胁、引诱、欺骗等非法的方法收集的犯罪嫌疑人供述、被害人陈述、证人证言，不能作为指控犯罪的根据。”虽然上述规定是否属于“非法证据排除规则”以及其规定的范围在国内一直存在争议，但这样的规定完全符合联合国有关非法获得的被告人口供不能作为证据使用的规定。为了贯彻和执行刑事诉讼法以及“两高”的司法解释，我国一些地方性证据规定对于非法取得的供述的排除作出过更为详细的规定。例如，2000 年云南省人大常委会颁布的《关于重申严禁刑讯逼供和严格执行办案时限等规定的决定》、2005 年四川省高级人民法院、省人民检察院、省公安厅《关于规范刑事证据工作的若干意见（试行）》，也都规定了刑讯逼供取得的言词证据，不能作为证据使用，甚至还规定了举证责任倒置以及重大案件的录音、录像制度。本条规定是对刑事诉讼法及其司法解释的再次强调，也是对地方性证据规定中有关非法口供审查规则的经验总结。该条款属于非法证据排除规则中的“绝对排除”，审判人员不能裁量采纳。

（二）“刑讯逼供等非法手段”包括刑讯逼供，但不限于刑讯逼供，是指刑讯逼供，身体折磨，以残忍、不人道或有辱人格方式使人肉体或精神上产生疼痛或痛苦的方式，违反法律和有关规定进行的其他变相刑讯逼供的手段和非法取证手段。本条规定在“征求意见稿”中，原有两种方案：一是“违反法律规定，采用刑讯或者使人肉体上剧烈疼痛或者精神上痛苦的方法取得的被告人供述，不能作为定案的根据”；二是“违反法律规定，采取刑讯逼供、暴力取证、体罚虐待等方法取得的被告人供述，不能作为定案的根据”。第一种方案借鉴了《反酷刑宣言》和《禁止酷刑公约》中对“酷刑”的描述法定义，第二种方案则是采取了德国刑事诉讼法中有关证据禁止规定的列举式定义，但这两种方案都没有被采纳。现行的表述比较简洁，但何为“刑讯逼供等非法手段”也需要进一步解释。对“刑讯逼供等非法手段”应当从其规定的本意上理解，应当理解为威胁、引诱等等不人道的取证、对精神进行折磨的取证，甚至注射药品后的取证，都是非法的，这样取得的证据都要在法庭审判中排除。我国已经在 1988 年加入了《禁止酷刑公约》，根据该公约第 15 条的规定，“酷刑”应当扩展到虐待、折磨、服用药物、催眠，以及其他残忍、不人道或者有辱人格等变相刑讯逼供的方式。作为缔约国，本着国际公约必须遵守的原则，我国也应该确保在诉讼程序中不把以“酷刑”方式取得的言词证据作为定案的根据。那么，根据国际公约的精神，“刑讯逼供等非法手段”应当包括：（1）刑讯、虐待、折磨或者其他蓄意使人在肉体或精神上遭受剧烈疼痛或痛苦的任何行为；（2）服用药物、催眠；（3）采取其他残忍、不人道或者有辱人格的方法；（4）威胁、引诱、欺骗等非法方法。上述取证手段显然违反我国法律禁止性规定以及我国承诺的国际公约的有关内容，所获得的证据不能作为定案的根据。

【特别提示】

适用本条需要注意的问题是，采用刑讯逼供等非法手段取得的被告人供述，不能作为定案的根据，是指不能用于对被刑讯逼供的被告人所指控的犯罪案件，这并不影响这类口供用作控施用酷刑者刑讯逼供的证据，这就是证据的“有限采用规则”。

【相关立法例】

《刑事诉讼法》第 43 条规定："审判人员、检察人员、侦查人员必须依照法定程序，收集能够证实犯罪嫌疑人、被告人有罪或者无罪、犯罪情节轻重的各种证据。严禁刑讯逼供和以威胁、引诱、欺骗以及其他非法的方法收集证据……"

《最高人民法院关于执行〈中华人民共和国刑事诉讼法〉若干问题的解释》第 61 条规定："严禁以非法的方法收集证据。凡经查证确实属于采用刑讯逼供或者威胁、引诱、欺骗等非法的方法取得的证人证言、被害人陈述、被告人供述，不能作为定案的根据。"

《人民检察院刑事诉讼规则》第 265 条规定："严禁以非法的方法收集证据。以刑讯逼供或者威胁、引诱、欺骗等非法的方法收集的犯罪嫌疑人供述、被害人陈述、证人证言，不能作为指控犯罪的根据。人民检察院审查起诉部门在审查中发现侦查人员以非法方法收集犯罪嫌疑人供述、被害人陈述、证人证言的，应当提出纠正意见，同时应当要求侦查机关另行指派侦查人员重新调查取证，必要时人民检察院也可以自行调查取证。侦查机关未另行指派侦查人员重新调查取证的，可以依法退回侦查机关补充侦查。"

《江苏省高级人民法院关于刑事审判证据和定案的若干意见(试行)》第 52 条规定："凡经查证确是属于采用刑讯逼供或者威胁、引诱、欺骗等方法取得的言词证据，不能作为定案的根据。有证据证明侦查机关采用上述非法方法获取被告人供述或者证人证言的，则该被告人或者证人在该侦查机关所作的全部供述和证言均不具可采性。虽然存在被告人或者证人在一侦查机关被非法取证现象，但其在不同侦查机关或者检察机关所作的供述和证言，经查并无非法取证现象存在的，具有可采性。"

第二十条 ［程序违法的口供的排除］ 具有下列情形之一的被

告人供述，不能作为定案的根据：

（一）讯问笔录没有经被告人核对确认并签名（盖章）、捺指印的；

（二）讯问聋哑人、不通晓当地通用语言、文字的人员时，应当提供通晓聋、哑手势的人员或者翻译人员而未提供的。

【制定目的】

本条是有关违反法定程序制作的讯问笔录审查判断规则的规定，旨在防止侦查机关违反法律限制被告人的重要诉讼权利，保障讯问程序的公正性。

【释义】

本条是对本规定第 18 条第 2 款、第 3 款内容的进一步明确，包括剥夺被告人知情权和剥夺被告人获得语言帮助权两种情况的证据排除。证据的合法性主要体现在四个方面：（1）证据必须具有法律规定的形式和由法定人员依照法定程序收集、运用；（2）证据必须具有合法的形式；（3）证据必须有合法的来源；（4）证据必须经法定程序查证属实。非法取证的行为除了刑讯逼供等针对犯罪嫌疑人、被告人身体实行的严重违法手段，还有对被讯问者的诉讼权利构成实质性侵犯的程序违法行为。违反法定程序的证据显然不具有合法性，它与形式不合法的证据存在的区别是，由于这种违法行为所侵害的权利是重要的、基本的，因此不能通过补正的方式转化为合法证据。排除使用证据，不能将其作为定案依据，就是对这种违法的程序性制裁。对本条可作出以下理解：

（一）讯问应当依照法定程序进行，不得剥夺和限制被告人享有的诉讼权利。《刑事诉讼法》第 3 条第 2 款规定："人民法院、人民检察院、公安机关进行刑事诉讼，必须严格遵守刑事诉讼法和其他法律的有关规定。"这被认为是"程序法定"原则。刑事诉讼法确立了犯罪嫌疑人、被告人的诸多诉讼性权利以及侦查机关在讯问过程中应当遵守的程序，也是判断讯问笔录是否具有合法性的主要依据。本条对应的法律规定是《刑事诉讼法》第9条、第94条和第95条，分别涉及被告人、犯罪嫌疑人的用本民族语言文字进行诉讼的权利、核对讯问笔录并签名盖章的权利以及聋哑人获得诉讼帮助的权利。违反上述规定而取得被告人口供，将会对被告人的诉讼权利产生实质性的影响，属于对法定程序的违反，由此获得的证据不能作为定案的根据。

（二）讯问笔录是对讯问经过的记录，应当如实记录被告人陈述。通常而言，两名以上的讯问人员问话，其中包括一名记录的讯问人员。根据规定，讯问笔录应当交犯罪嫌疑人、被告人核对，对于没有阅读能力的，应当向他宣读，以便被讯问者知悉所记录的内容。笔录经犯罪嫌疑人、被告人核对无误后，应当由其在笔录上逐页签名（盖章）、捺指印，在涂改的地方也要由其加上指印确认，在末页写明“以上笔录我看过（或向我宣读过），和我说的相符”，再签上名字和日期。拒绝签名（盖章）、捺指印的，由讯问人员加注说明。讯问笔录没有经被告人核对确认并签名（盖章）、捺指印，可能会造成与被告人供述与辩解不一致的笔录，对被告人的合法权利以及案件事实的认定造成实质性的影响，因此未经被告人核实和确认的笔录是不具有法律效力的。

（三）在讯问聋哑人或不通晓当地语言的被告人时，会存在日常使用的语言难以沟通的情形，因此必须为上述特殊人群提供必要的帮助。为保证诉讼参与者的权利，法律及司法解释规定公安机关办理刑事案件，对于不通晓当地通用的语言文字的诉讼参与人，应当为他们翻译。讯问聋、哑犯罪嫌疑人，应当有通晓聋、哑手势的人参加，并在讯问笔录上注明犯罪嫌疑人的聋、哑情况，以及翻译人的姓名、工作单位和职业。在少数民族聚居或者多民族杂居的地区，应当使用当地通用的语言进行讯问。在实践中，有些侦查机关为图省事，不为他们提供语言上的便利，是违法的。讯问聋哑人、不通晓当地通用语言、文字的人员时，应当提供通晓聋、哑手势的人员或者翻译人员而未提供的，将会严重影响被告人理解讯问的问题以及准确表达自己的想要陈述的内容，也会对案件的事实认定产生实质性的影响，因此该种笔录也不具有证据能力。

【特别提示】

适用本条需要注意的问题是，本条曾在《征求意见稿》中列举了四种情形的口供不能作为定案根据，除现行两条规定外，还有“只有一名侦查人员讯问取得的”、“参与讯问的人员违反回避规定的”。由于排除证据的后果过于严苛，在适用上不宜范围太宽，因此在本条中仅保留了现行两种情形。被告人供述笔录如果没有经被告人核对确认并签名（盖章）、捺指印的，不能根据本规定第21条予以补正或进行合理解释，而应当视为没有合法性，不能作为定案的根据。如果讯问聋哑人、不通晓当地通用语言、文字的人员时应当提供通晓聋、哑手势的人员或者翻译人员而未提供的，也不能事后予以补正。

【相关立法例】

《江苏省高级人民法院关于刑事审判证据和定案的若干意见（试行）》第39条规定：“审判人员应当根据案件的具体情况，从以下方面审查证据的合法性：（一）证据是否符合法定形式；（二）证据的取得是否符合法律、法规、司法解释的要求；（三）是否有影响证据效力的其他违法情形。”

第二十一条 ［瑕疵讯问笔录的补正］讯问笔录有下列瑕疵，通过有关办案人员的补正或者作出合理解释的，可以采用：

（一）笔录填写的讯问时间、讯问人、记录人、法定代理人等有误或者存在矛盾的；

（二）讯问人没有签名的；

（三）首次讯问笔录没有记录告知被讯问人诉讼权利内容的。

【制定目的】

本条是有关形式上存在欠缺的笔录规定补正规则的规定，旨在使瑕疵讯问笔录获得合法的形式。

【释义】

本条是对本规定第18条第1款、第2款规定的部分内容进行的补充性规定，以违法程度的轻重进行权衡，对部分轻微违法的讯问笔录予以采纳。本条与第19条、第20条的绝对排除相对应，与上一条的区别在于本条所规定的违法行为程度较轻，属于形式上可补正的瑕疵。本条是关于讯问笔录形式不合法时的有条件可采性规则。从广义上说，非法取证行为包括三种类型：第一种是以侵犯宪法赋予公民的基本权利的手段收集证据；第二种是违反刑事诉讼法规定的程序收集证据，而且对公民的诉讼权利造成了较为严重的侵害，可能影响案件的公正处理；第三种是虽然违反了刑事诉讼法规定的程序，形式上存在瑕疵，但取证手段并未对公民的诉讼权利造成严重侵犯，也不会影响案件的公正处理。公民的身体健康权、意志自由权、隐私权、住宅不受侵犯权、财产所有权等权利被认为是法治社会中人之所以为人之最基本权利，也是各国宪法保护的重点，侵害这些权利而取得的证据应当绝对排除。但对于在收集证据的过程中未遵守某些程序规定，则视是否对公民的诉讼权利造成重大影响和是否对案件的处理造成不公正而定，如果只是属于违法程度较轻的办案手续上的违法，一律排除就显得过于严苛。因此从“利益权衡”原则考虑此类程序瑕疵是可以通过事后的补正予以挽救的，经补正后的证据也可以采纳。本条规定了讯问笔录存在形式上的瑕疵，可以经补正或者作出合理解释而予以采用的三种情形。对本条可作出以下理解：

（一）按照规定，讯问笔录的首部应当按照实际讯问时间填写讯问时间、讯问人员的名字、记录人员的名字。如果是未成人案件，被告人的法定代理人可以在场，代理人的名字也应当注明。上述信息如果是真实的，可以确保讯问时间及其间隔合法、讯问的主体合法以及讯问的程序合法。但在实践中，有的办案人员可能会遗忘或者故意漏写上述信息，有的因为采取了违法的讯问不敢在笔录上记载真实的讯问时间、人员等信息。例如，实践中曾经发现有两份讯问时间、讯问人员完全一样但被讯问人不一样的笔录，在同一时间，同样两名讯问人员在不同的地点讯问不同的被告人，这是违背常识的。这样的笔录尽管有被讯问人的签字认可，也是属于形式上不完整的证据。笔录填写的讯问时间、讯问人、记录人、法定代理人等有误或者存在矛盾的，属于笔录有瑕疵，办案人员如果能给予补正或者作出合理解释，不影响证据的采纳。如果办案人员不能给予补正或不能作出合理解释，则笔录不能采纳。

（二）合法的讯问程序包括讯问主体的合法，侦查人员在进行讯问时是封闭的，讯问人员完全控制了整个讯问的过程。在实践中，被羁押的犯罪嫌疑人、被告人可能会接受多次多人讯问，其中有可能涉及违法的讯问，被告人想要在事后对讯问人员提出控告，应当知道讯问者的身份信息。某些侦查机关由于办案人员不足，可能让邀请来协助调查的其他人或相关机关的在场人员参与讯问，而这些临时的讯问人可能根本不会在笔录上签字。在涉及被告人的口供是否违法的问题受到审查时，讯问人员是重要的当事人，需要为讯问合法性作证，审判人员可以根据笔录上填写的讯问人员的名字对讯问人员进行询问、核对。在构成刑讯逼供或者暴力取证时，讯问人员是法律责任的承担者。讯问人没有签名的笔录，属于有瑕疵的笔录，应当在补上签名后重新由被告人进行确认，或者对没有签名作出合理的解释，才可以作为证据采纳。

（三）首次讯问笔录没有记录告知被讯问人诉讼权利内容的，也属于可以补正的笔录。《公安机关办理刑事案件程序规定》、《人民检察院刑事诉讼规则》规定了讯问笔录的形式，而根据司法文书通用格式的规定，通常在讯问笔录的首部，应当填写讯问的时间、地点、被讯问人的身份信息、讯问人、记录人的名字，如果是讯问未成年人，在场的法定代理人的名字也应当记录在笔录中。在首次讯问时，讯问人员还应当告知犯罪嫌疑人、被告人享有的诉讼权利，征求被告人是否申请回避的答复，这些也应当记录在笔录中。如果讯问笔录存在上述方面的瑕疵，自然是违反法律规定的程序，但只是属于非法取证行为中的第三种类型，不会对公民的诉讼权利造成严重侵害，也不至于影响案件的公正处理。

【特别提示】

适用本条需要注意的问题是，本条在《征求意见稿》中曾有第4款，即“讯问笔录中的修改部分没有被告人捺指印的”，也属于可以补正或进行解释的情形。但另一种意见认为，讯问笔录中的修改未经被告人认可，只通过办案人员补正就可采信似乎不妥。因为如果讯问笔录的修改未经被告人认可，不能避免讯问人员蓄意篡改笔录的可能，对被告人供述的完整性、自愿性和真实性会造成影响。此外，《征求意见稿》中的“采信”被改成了“采用”，说明此种补正和解释只影响证据的证据能力，不影响证据的证明力，最后能否作为定案依据还需要法官认证。

【相关立法例】

《江苏省高级人民法院关于刑事审判证据和定案的若干意见（试行）》第39条规定：“审判人员应当根据案件的具体情况，从以下方面审查证据的合法性：（一）证据是否符合法定形式；（二）证据的取得是否符合法律、法规、司法解释的要求；（三）是否有影响证据效力的其他违法情形。”

第二十二条 ［被告人供述和辩解的审查方法］对被告人供述和辩解的审查，应当结合控辩双方提供的所有证据以及被告人本人的全部供述和辩解进行。

被告人庭前供述一致，庭审中翻供，但被告人不能合理说明翻供理由或者其辩解与全案证据相矛盾，而庭前供述与其他证据能够相互印证的，可以采信被告人庭前供述。

被告人庭前供述和辩解出现反复，但庭审中供认的，且庭审中的供述与其他证据能够印证的，可以采信庭审中的供述；被告人庭前供述和辩解出现反复，庭审中不供认，且无其他证据与庭前供述印证的，不能采信庭前供述。

【制定目的】

本条是有关被告人供述和辩解进行审查判断基本原则和方法的规定，旨在指导审判人员综合审查被告人的供述和辩解，正确对待被告人的翻供问题。

【释义】

本条文包括综合审查判断规则和庭前口供与庭审口供不一致的处理规则。被告人的供述和辩解是一种主观性很强的证据种类，也很不稳定，因此对其审查判断应当特别谨慎。对本条可作出以下理解：

（一）被告人供述和辩解作为一种言词证据，主观性较强，检验其真实性应当采取单独审查、对比审查和综合审查，三种方法循序渐进，按步骤进行。单独审查是单独地分析被告人供述和辩解的内容，看其是否真实可靠，有多大的证明价值。对于那些明显虚假的被告人陈述和辩解，经单独审查评断即可排除其证明力。比对审查是对案件中证明同一案件事实的两个或两个被告人陈述和辩解的比较和对照，看其内容和反映的情况是否一致，看其能否合理地共同证明该案件事实。综合审查是对案件所有证据的综合分析与研究，看其内容和反映的情况是否协调一致，能否相互印证和吻合，能否确实充分地证明案件的真实情况。综合审查应当结合控辩双方提供的所有证据以及被告人本人的全部供述和辩解进行。控辩双方提供的所有证据既包括有罪证据，也包括无罪证据；既包括言词证据，也包括实物证据；既包括直接证据，也包括间接证据。在单独审查的基础上，再进行对比审查和综合审查，才能达到多方位的印证，以发现被告人供述和辩解的真伪。在实践中，被告人供述和辩解往往不只一次，那么审判人员在审查该证据时也应当结合被告人本人的全部供述和辩解进行，包括未作为主要证据复印件移送的部分。

（二）被告人翻供是在审查判断证据时最为常见，也最为棘手的问题。被告人翻供的理由通常为：将原来作有罪供述的原因归为办案人员的刑讯逼供、诱供、骗供、指供等；认为自己的辩解未能得到真实记载，讯问笔录上的记录与自己所说的不一致，或讯问笔录上的记录未宣读或未给其详细看就让签字捺印；受某种形势所迫，或受不了羁押等原因而作出了有罪供述，寻求早日解脱。对被告人翻供，应当区别对待。如果属于本规定第 19 条规定的情形，被告人在庭前的供述中承认犯罪，在庭审中推翻所有有罪陈述，声称自己遭受刑讯逼供或者诱供、指供，而且能提供证据加以说明的，可以要求公诉方提供证据证明庭前供述的合法性。如果确实存在庭审供述与事实不符、矛盾之处，而公诉方又不能提供充分证据证明口供合法性的，该证据不能作为定案根据。即使没有证据证明存在刑讯逼供，被告人也没有提供证据说明有违法取证的情形，庭前供述也不必然是可采的。根据本条文的规定，如果被告人庭前供述和辩解出现反复，不具有一致性，在庭审中不供认，或者推翻之前的有罪供述，法官审查后认为无其他证据与庭前供述印证的，不能采信庭前供述。

（三）根据本条文规定，被告人在庭前供述中承认犯罪，但在庭审中翻供，如果被告人不能合理说明翻供理由，或者其辩解与全案证据相矛盾，而庭前供述一致，且与其他证据能够相互印证的，可以采信被告人庭前供述。产生这种情形的原因可能是多方面的。一种可能是出于侥幸心理。人都有趋利避害的本能，有的被告人可能在最初受到审查时，对自己的犯罪行为感到愧疚而如实供述。有的可能是在人赃俱获等特定条件下不得已作了交代，也有的可能是在不知自己行为后果的情形下如实作了供述，随着时间的推移，诉讼的进行，这些原本就可能不是彻底悔罪的被告人，总是千方百计利用一切时机，为逃避制裁或减轻罪责而寻求“对策”，视翻供为“救命稻草”，企图蒙混过关。尤其是在送达起诉书后，其对公诉机关指控的犯罪事实有了足够的了解，发觉自己的犯罪事实并未完全被公诉机关掌握，或者知道被害人已死亡，同案犯在逃、翻供或死亡，或重要证人下落不明，公诉机关可能还没有更充分确凿的证据，就会当庭翻供。另一种可能是受恐惧、焦虑等心理因素的影响。有一些重刑犯、初犯，他们通过学习法律知识，或经同监在押犯的恐吓，对自己即将受到刑事处罚而失去人身自由乃至生命，感到恐惧和焦躁，选择在庭审时孤注一掷。还有一种情况是出于对抗或逆反心理。不少累犯、惯犯有着较为丰富的反侦查、反审判经验，蓄意翻供，或只抽象地供认有罪，而隐瞒具体情节和有关物证，或捏造事实作虚假供述。也有一些是因同监在押犯的“思想工作”，产生了“坦白从宽，牢底坐穿，抗拒从严，回家过年”的想法。司法实践中，也确实有一些案件存在多供述则查实的事实多，判刑则重些，而少供述则有可能因无其他证据证实，作了轻判处理，带来一些负面作用。

（四）除了上述被告人通过翻供推翻有罪供述的情形，还存在一种庭审中推翻之前供述和辩解转为自愿供述的情况，这种情况其实不属于司法实践中所说的“翻供”。本条文规定，被告人庭前供述和辩解出现反复，没有稳定性，但庭审中自愿供认的，且庭审中的供述与其他证据能够印证的，可以采信庭审中的供述。造成这种情形的原因有二：一是一些被告人法律意识不强，在侦查阶段中作了虚假的供述和辩解，后经学习法律，或者司法人员的帮助教育后醒悟，推翻原供中的虚假供述，向法庭作出实事求是的有罪供述。二是被告人之前存在侥幸心理，试图在侦查讯问阶段避重就轻、推卸责任，在庭审中迫于强大的压力，放弃狡辩，不得不作如实的有罪陈述。

【特别提示】

适用本条需要注意的问题是，司法实践中，侦查人员对被告人进行讯问往往不只一次，对同一案件事实的陈述总是伴随着多份供述和辩解。在移送主要证据复印件时，公诉人往往只移送多份笔录中认罪的笔录，在法庭上宣读笔录也仅仅宣读对被告人不利的内容。如果被告人在庭审中推翻上述笔录，就不能以“当庭陈述与庭前供述不符”就不予采纳当庭陈述，而应当全面审查被告人的全部供述和辩解，并且与其他证据进行印证，判断庭前供述与当庭陈述的可靠性。既不要简单地以庭审供述为准，也不要武断地以侦查中供述的为准。

【相关立法例】

《江苏省高级人民法院关于刑事审判证据和定案的若干意见（试行）》第45条、第46条、第55条分别规定：“被告人供认其实施了犯罪行为，且没有其他证据能够直接证明该犯罪行为系被告人实施，但被告人供述稳定，供述的犯罪情节与现场勘验、法医鉴定等其他证据吻合，非被告人亲身经历，不能够作出如此供述的，且能够排除侦查机关有刑讯逼供、诱供可能的，可以认定被告人犯罪。如果被告人供述反复且有重大矛盾，或者发现侦查机关在证据收集过程中存在明显违法的，法庭不能认定被告人有罪。对于被告人庭前有多种不同供述的，法庭应当调取该被告人的全部供述。”“对于仅以言词证据定案的，被告人庭前多次供述稳定无矛盾，庭审中翻供的，经庭审，被告人不能合理说明翻供理由，或者翻供后的事实明显与全案证据不符，而庭前有罪供述与其他证据可以印证的，可采信庭前有罪供述；被告人庭前供述反复，庭审中供认的，可采信庭审供述；被告人庭前供述反复，庭审中又翻供，且证人证言亦不稳定，不可采信被告人庭前有罪供述；被告人庭前供述反复，庭审翻供，但证人证言稳定，且被告人有罪供述与证人证言吻合，排除刑讯逼供、诱供可能的，可采信被告人庭前有罪供述。被告人多次供述中虽有罪供述与证人证言一致，但该有罪供述与书证、物证等其他证据之间存有重大矛盾，不可采信该有罪供述。”“庭审中被告人、证人以侦查机关使用刑讯逼供和威胁、引诱、欺骗等其他非法手段取证为由翻供、翻证并提出具体事实的，对侦查活动负有法律监督职能的公诉机关应当对其指控证据的合法性进行说明，排除非法取证的可能性的存在。法庭认为确有必要的，也可以进行调查。公诉机关不能说明其指控证据的合法性的；经调查，被指证的侦查机关不能就被告人、证人提出的非法取证的具体事实作出合理解释的；因公诉机关拒绝说明而无法排除非法取证可能性的，被告人的庭前有罪供述、控方证人证言不能作为定案的依据，法庭应当结合被告人、证人的庭前、庭审的供述、证言和其他证据综合判断。”

湖北省高级人民法院、人民检察院、公安厅、国家安全厅、司法厅《关于刑事证据若干问题的规定（试行）》第33条规定：“……（二）对犯罪嫌疑人、被告人的供述、证人证言及被害人的陈述，应当综合案件的全部证据判别真伪。犯罪嫌疑人、被告人的多次供述之间、证人的多次证言之间以及被害人多次陈述之间存在矛盾的，在没有其他证据印证时，不能选择其中任何一种供述、证言或陈述作为定案证据。（三）被告人侦查、起诉阶段多次供述一致，庭审中翻供，如被告人不能合理说明翻供理由或者其辩解与全案证据不符，其供述能与其他证据相印证的，人民法院应予认定；被告人侦查、起诉阶段供述反复，但庭审中供认，如庭审中的供述与其他证据相印证，人民法院应予认定；被告人侦查、起诉阶段供述反复，庭审中翻供，如原供述中有其他证据相印证的部分，则可以与其他证据一起作为证据认定……”

5. 鉴定意见

第二十三条 ［鉴定意见的审查］ 对鉴定意见应当着重审查以下内容：

（一）鉴定人是否存在应当回避而未回避的情形。

（二）鉴定机构和鉴定人是否具有合法的资质。

（三）鉴定程序是否符合法律及有关规定。

（四）检材的来源、取得、保管、送检是否符合法律及有关规定，与相关提取笔录、扣押物品清单等记载的内容是否相符，检材是否充足、可靠。

（五）鉴定的程序、方法、分析过程是否符合本专业的检验鉴定规程和技术方法要求。

（六）鉴定意见的形式要件是否完备，是否注明提起鉴定的事由、鉴定委托人、鉴定机构、鉴定要求、鉴定过程、检验方法、鉴定文书的日期等相关内容，是否由鉴定机构加盖鉴定专用章并由鉴定人签名盖章。

（七）鉴定意见是否明确。

（八）鉴定意见与案件待证事实有无关联。

（九）鉴定意见与其他证据之间是否有矛盾；鉴定意见与检验笔录及相关照片是否有矛盾。

（十）鉴定意见是否依法及时告知相关人员；当事人对鉴定意见是否有异议。

【制定目的】

本条是有关鉴定意见证据能力或者资格审查规则的规定，旨在通过对鉴定意见内容的全面审查判断，进而确定其证据能力和证明力。

【释义】

本条吸收了全国人大常委会《关于司法鉴定管理问题的决定》

关于“鉴定结论”改为“鉴定意见”的规定，借鉴了最高人民法院《关于民事诉讼证据的若干规定》第29条，2008年10月16日《广东省高级人民法院关于办理刑事案件若干问题的指导意见》第33条，辽宁省高级人民法院、辽宁省人民检察院、辽宁省公安厅《关于规范死刑案件证据的意见》第60条以及司法部《司法鉴定程序通则》和《司法鉴定文书规范》第7条等相关规定，形成了有关鉴定人中立、鉴定主体合法、鉴定程序法定、鉴定文书规范以及鉴定意见关联性的审查判断规则。

本条对鉴定意见的审查判断包括以下几层含义：一是本条的十项内容是对鉴定意见审查的一般规定。这一规定既包括对鉴定意见证据能力的审查，也包括对鉴定意见证明力的审查。而实践中对于鉴定意见的审查不限于这十项内容。因不同类型的鉴定意见所要审查的内容各有侧重，但对本条内容的审查是不可缺少的，以至于本条强调“着重审查”。其中，有些审查内容尽管使用了“依法”或者“合法”等字眼，其中的“法”属于广泛意义上的法，不仅仅限于法律，还包括一些部门的技术性规范等。对本条有关鉴定意见的审查可作以下理解：

（一）鉴定人是否存在应该回避而没有回避的情况。根据《刑事诉讼法》第28条的规定，下列四类人员不能作为鉴定人：一是本案的当事人或当事人的近亲属；二是从事鉴定的人或其他近亲属与本案有利害关系的；三是担任过本案的证人、鉴定人、辩护人、诉讼代理人的；四是与本案当事人有其他关系，可能影响案件公正处理的。对于鉴定人的回避还需要参照公安机关、检察机关以及司法行政部门有关鉴定人特殊性要求。

在司法实践中，凡是鉴定人存在回避情形而没有依法回避的，即使其作出的鉴定意见是科学的、正确的，因违反回避的规定亦不具有证明能力，不能作为证据，更不能作为批捕、提起公诉以及定案的依据。鉴定人的回避是保障鉴定人中立性基本要求，也是保证鉴定人客观、公正地进行鉴定以及实事求是地作出意见的重要制度。特别需要注意的是，审判人员、检察人员、侦查人员担任鉴定人的也属于法定回避情形。由于我国侦查机关还存在鉴定机构，可能出现既是侦查人员又是鉴定人的身份重叠情况以及重新鉴定时有些鉴定人继续鉴定的情形。因此在审查时对此种情况应当格外谨慎。

（二）鉴定机构和鉴定人是否具有合法的资质。《关于司法鉴定管理问题的决定》第 3 条、第 4 条、第 5 条、第 7 条分别规定："国务院司法行政部门主管全国鉴定人和鉴定机构的登记管理工作。省级人民政府司法行政部门依照本决定的规定，负责对鉴定人和鉴定机构的登记、名册编制和公告。""具备下列条件之一的人员，可以申请登记从事司法鉴定业务：（一）具有与所申请从事的司法鉴定业务相关的高级专业技术职称；（二）具有与所申请从事的司法鉴定业务相关的专业执业资格或者高等院校相关专业本科以上学历，从事相关工作五年以上；（三）具有与所申请从事的司法鉴定业务相关工作十年以上经历，具有较强的专业技能。因故意犯罪或者职务过失犯罪受过刑事处罚的，受过开除公职处分的，以及被撤销鉴定人登记的人员，不得从事司法鉴定业务。""法人或者其他组织申请从事司法鉴定业务的，应当具备下列条件：（一）有明确的业务范围；（二）有在业务范围内进行司法鉴定所必需的仪器、设备；（三）有在业务范围内进行司法鉴定所必需的依法通过计量认证或者实验室认可的检测实验室；（四）每项司法鉴定业务有三名以上鉴定人。""……人民法院和司法行政部门不得设立鉴定机构。"对于从事法医类鉴定、物证类鉴定、声像资料鉴定以及根据诉讼需要由国务院司法行政部门商最高人民法院、最高人民检察院确定的其他应当对鉴定人和鉴定机构实行登记管理的鉴定事项的鉴定机构和鉴定人不符合上述规定的资格，以及没有经过司法行政部门审核登记或备案登记的，则属于不具有合法资质。

鉴定机构和鉴定人的资格是其最低的法定要求。鉴定机构和鉴定人的资格不同于他们的资质，其资质不仅包括其法定资格，还包括其实际鉴定能力与鉴定水平。目前，我国仅对鉴定机构的资质进行评定。2010 年全国遴选了十家国家级鉴定机构，而这十家鉴定机构的资质分别在不同的鉴定事项上，在没有被列入的鉴定事项上不存在所谓的“国家级”，即使在相同的鉴定事项上，各国家级鉴定机构之间的鉴定能力与水平也不完全相同，在审查中应当慎重。在鉴定人方面我国还没有进行相应的资质评定，其审查还没有相应的依据可供参考。对鉴定机构和鉴定人合法资质不仅限于《关于司法鉴定管理问题的决定》规定的条件，在特殊鉴定事项上还有特别的要求，如有关司法精神疾病的鉴定，其鉴定人应当由具有五年以上精神科临床经验，并具有司法精神病学知识的主治医师以上人员或具有司法精神病学知识、经验和工作能力的主检法医师以上人员方可担任。

需要注意的是，《刑事诉讼法》第 120 条第 2 款关于“对人身伤害的医学鉴定有争议需要重新鉴定或者对精神病的医学鉴定，由省级人民政府指定的医院进行……”的情况，也应当符合《关于司法鉴定管理问题的决定》规定的资格与条件。对于鉴定人的资质，在目前主要在审查其资格的基础上，重点审查其实际具有的鉴定能力。鉴定人即使具有某一鉴定事项的鉴定能力而没有依法登记，或者鉴定人违反规定跨鉴定机构进行鉴定，应视其为没有资质。

（三）鉴定程序是否符合法律及有关规定。鉴定程序，是指鉴定机构和鉴定人进行司法鉴定活动应当遵循的方式、方法、步骤以及相关的规则和标准。鉴定程序合法既包括委托和受理鉴定的主体和程序是否合法，也包括鉴定的实施程序是否合法。本项主要是指前者。对于本项内容的审查主要依据为《公安机关办理刑事案件程序规定》第 238 条、第 241 条和《人民检察院刑事诉讼规则》第 205 条。主要审查鉴定提起、委托以及鉴定后告知程序是否合法。

（四）检材的来源、取得、保管、送检是否符合法律及有关规定，与相关提取笔录、扣押物品清单等记载的内容是否相符，检材是否充足、可靠。对于本项内容主要审查检材的发现、提取、处理、固定、保管、送检是否符合要求；检材提取的部位是否准确，在储存、传递、保管过程中有无遭到损坏；检材有无变形、伪装；检材的性状、数量、质量是否符合要求。也就是说，样本必须来源真实、数量充足、具有可比性等，且上述方面均应当有相应的证据材料予以证明。对本款的理解应当注意几个方面：

1. 首先审查送检材料的来源、取得、保管、送检是否合法以及相关规定。送检的材料应当通过合法的手段按照法定程序取得，否则就会因程序违法，导致鉴定意见不能作为证据。送检材料不符合法定程序和有关技术性规范还会影响到检材本身的质量，从而影响鉴定质量。对此的审查主要从两个方面进行：一是检材在取得、保管、送检过程中的连续性，是否存在相关记录和证明；二是检材在取得、保管、送检过程中的安全性，是否采用科学方法来保证其不变质、不被损害和污染以及不“被调包”等。例如，对现场勘验、检查中发现的与犯罪有关的痕迹、物品，是否依规范予以固定、提取。提取现场痕迹、物品，是否分别提取，分开包装，统一编号及是否注明提取的地点、部位、日期，提取的数量、名称、方法和提取人。对特殊检材，是否采取相应的方法提取和包装，防止了损坏或者污染。对送检材料的来源、取得、保管、送检是否符合法律及相关规定，对比审查可参照2005年8月29日《公安机关刑事案件现场勘验检查规则》（公通字［2005］54号）的有关规定。

2. 对检材的来源、取得、保管、送检的审查应与相关提取笔录、扣押物品清单等记载的内容进行比对，审查其是否相符。为了保障检材的客观性、真实性，对现场状况以及提取数据、封存物品文件的过程、在线分析的关键步骤应当录像，录像带应当编号封存，并且在现场拍摄的照片应当统一编号制作《勘验检查照片记录表》；对应当扣押但不便提取的物品、文件，经拍照或者录像后，可以交被扣押物品、文件持有人保管或者封存，并明确告知物品持有人应当妥善保管，交被扣押物品、文件持有人保管或者封存的，应当开具《扣押物品、文件清单》，在清单上写明封存地点和保管责任人，注明已经拍照或者录像，由扣押经办人、见证人和持有人签名或者盖章。对检材的来源、取得、保管、送检应与其相关提取笔录、扣押物品清单等记载的内容认真进行比对，审查其是否相符、一致。对于不一致的，应当说明理由；其说明的理由仍存在疑问的，不能作为检材。例如，在“真凶”出现的被告人杜培武故意杀人被错判案中，公诉机关当庭向法院提供了警犬气味鉴定，以汽车中“刹车踏板”、“油门踏板”上的足迹遗留的泥土为溴源分别与被告人杜培武的鞋袜气味、身上的钞票气味、衣领上的泥土气味进行甄别，结果均为“警犬反映一致”，而其现场勘查笔录及现场照片仅记载“车内离合器踏板上附着有足迹遗留泥土”。现场勘查笔录根本没有“刹车踏板”、“油门踏板”附着足迹泥土的记载（记录）。在庭审过程中，如果公诉机关不能出示取材的有关笔录等证明来证实其获得的合法性，则会致使鉴定因存在取材时间和取材地点没有相应记录，不能作为证据使用。

对检材的来源、取得、保管、送检的审查还应结合有关规范性文件进行。这些规范性文件主要有中华人民共和国公共安全行业标准《法医学物证检材的提取、保存与送检》（GA/T 169—1997）、《法医病理学检材的提取、固定、包装及送检方法》（GA/T 148—1996），等等。

3. 检材是否充足、可靠。送检材料是鉴定的前提和对象，送检材料的多寡，直接决定着鉴定意见的质量，而检材是否充足，这又是得出鉴定意见的基础。在鉴定实践中，鉴定人在检材不充分的情况下所作出的鉴定结论是不充足、不可靠的。检材是否充足关系到有无鉴定条件。检材充足不仅仅在于送检材料的数量，还在于送检材料质量。在对送检材料进行充足性审查时，应当核对其名称、数量或者查阅与鉴定有关的资料，以判断送检材料是否充足。例如，公安司法机关委托司法精神疾病鉴定时，至少应当提供以下材料：被鉴定人及其家庭情况、案件的有关材料、单位提供的有关材料、知情人对被鉴定人精神状态的有关证言、医疗记录和其他有关检查结果。

特别注意审查的是，即使检材是真实的，鉴定人是否存在“定向选择”的问题，其选择的检材有无倾向性。

（五）鉴定的程序、方法、分析过程是否符合本专业的检验鉴定规程和技术方法要求。鉴定程序与鉴定方法有密切关系，但鉴定方法并不等同于鉴定程序。目前，我国有关鉴定程序审查依据主要有司法部的《司法鉴定程序通则》、公安部的《刑事技术鉴定规定》和最高人民检察院的《人民检察院鉴定规则（试行）》。鉴定程序是否符合法律及有关规定不仅仅是一个程序问题，在一定程度上还会影响到鉴定意见的科学性、可靠性和准确性，尤其是有无违反鉴定的先后顺序以及基本要求的情况。

一般来说，鉴定方法是决定鉴定意见可靠性的首要因素。鉴定方法科学，鉴定意见才能够可靠；鉴定方法不科学，鉴定意见就不可能可靠。审查鉴定方法、分析过程是否符合本专业的检验鉴定规程和技术方法因不同种类的鉴定，其方法有所区别。鉴定的方法主要有法医学鉴定技术方法、法化学鉴定技术方法、法物理学鉴定技术方法、法生物学鉴定技术方法、法遗传学鉴定技术方法、法人类学鉴定技术方法、法精神病学鉴定技术方法等。例如，对于血型鉴定，检验遗留时间长的血迹和检验刚提取的新鲜血迹的方法就不一样。对此的审查可参照2000年11月29日司法部《司法鉴定执业分类规定（试行）》（司发通［2000］159号）。同时，注意一些规范性文件以及解释对鉴定方法的限制规定。例如，1999年9月10日最高人民检察院《关于CPS多道心理测试鉴定结论能否作为诉讼证据使用问题的批复》（高检发研字［1999］12号）认为：“CPS多道心理测试（俗称测谎）鉴定结论与刑事诉讼法规定的鉴定结论不同，不属于刑事诉讼法规定的证据种类。人民检察院办理案件，可以使用CPS多道心理测试鉴定结论帮助审查、判断证据，但不能将 CPS 多道心理测试鉴定结论作为证据使用。”

鉴定的分析过程，是指根据鉴定材料和检验结果形成鉴定意见的分析、鉴别和判断的过程。鉴定的分析不仅包括是否符合科学的规律、符合人类的经验法则以及逻辑推理规则，而且还应当包括分析论证的过程是否严谨、论据是否充分、解释是否有依据以及论据和结论之间有无矛盾。

（六）鉴定意见的形式要件是否完备，是否注明提起鉴定的事由、鉴定委托人、鉴定机构、鉴定要求、鉴定过程、检验方法、鉴定文书的日期等相关内容，是否由鉴定机构加盖鉴定专用章并由鉴定人签名盖章。这些问题主要是对鉴定书是否符合规范性要求的审查。

鉴定文书的形式主要有鉴定意见书和鉴定检验报告书。鉴定意见书是司法鉴定机构和鉴定人对委托人提供的鉴定材料进行检验、鉴别后出具的，记录鉴定人专业判断意见的文书，一般包括标题、编号、基本情况、检案摘要、检验过程、分析说明、鉴定意见、落款、附件及附注等内容。鉴定检验报告书是司法鉴定机构和鉴定人对委托人提供的鉴定材料进行检验后出具的客观反映鉴定人的检验过程和检验结果的文书，一般包括标题、编号、基本情况、检案摘要、检验过程、检验结果、落款、附件及附注等内容。对此审查的规范性依据主要是司法部《司法鉴定文书规范》、公安部《刑事技术鉴定规则》第 11 条的规定等。

在审查鉴定书时要注意其基本内容是否完备、是否存在遗漏、偏颇。例如，精神疾病的鉴定意见应当以《精神病司法鉴定书》的形式作出，经鉴定人签字并加盖精神病司法鉴定组织的公章后生效，作出精神疾病鉴定意见时，参加鉴定的鉴定人应当签署鉴定意见，如有不同意见时应当分别记录在案。只有符合上述要求，才是内容完备、形式规范的鉴定意见。此外，在审查鉴定意见时，还须注意到鉴定书的结尾部分，如鉴定机构司法鉴定专用章、鉴定日期，以及多页鉴定书是否加盖了骑缝章等。

审查鉴定意见是由一人还是两人以上作出，抑或没有鉴定人签名问题。公安部《公安机关办理刑事案件程序规定》第238条规定：鉴定后，应当出具鉴定结论，由两名以上具有鉴定资格的鉴定人签名或者盖章。如果属于单独一个鉴定人所作出的鉴定意见是不能作为证据使用的。根据《刑事诉讼法》第120条的规定，鉴定人进行鉴定后，应当写出鉴定结论，并且签名。对精神病的医学鉴定，或者是因对人身伤害的医学鉴定有争议而进行的重新鉴定，医院还要加盖公章。据此，如果鉴定人在作出鉴定意见后，没有在鉴定书上签名而只是署名的，那么该鉴定意见因不符合法定形式不能作为定案的依据。

（七）鉴定意见是否明确。鉴定意见必须是明确，不能模棱两可，即必须是明确的鉴定结论。在实践中存在大量的不确定性鉴定结论。据统计，不确定性鉴定结论占鉴定结论总量的20%左右。尽管科学技术本身具有不确定性，科学仪器设备也远非能够达到理想的精确性，以至于不确定性鉴定结论的存在是不可避免的。但不能因此允许鉴定意见可以采用不明确的结果，以科学的不确定性来说明鉴定意见的不确定性。因为鉴定意见是证据，证据本身应当是确定的，不允许存在不确定的证据。例如，在死刑案件的复核中，DNA鉴定意见的表述存在“枕头上血迹与死者血样的Profiler Plus基因型相同，似然比（LR）为：4.677E+11”；“由死者所留的似然比率为763296889747.433398”；“血迹为×××所留的可能性均为99.9999999999%”；“DNA分型与×××的DNA分型一致”；“是×××所留的似然比率为7.51×10^{12}”，在有关鉴定意见是否明确或者能否仅仅以利用科学技术获得的检测结果作为鉴定意见问题上，学者们存在不同意见。有的学者认为，鉴定意见可以是倾向性或者不需要明确。这种观点混淆了鉴定意见本身的倾向性与鉴定意见证明案件事实的倾向性问题。后者反映的是鉴定意见作为证据与案件之间的密切程度，是指“确定性”的鉴定意见对证明特定案件事实证明上的倾向性，它属于证据的关联性问题及其与案件事实的密切程度的判断，其实质是其证明力的大小或者强弱，而不是鉴定意见本身的不确定性。因此，本条规定了鉴定意见应当明确的基本要求。鉴定意见一般来说要么是肯定的，要么是否定，不能出现不确定的意见。

在实践中经常发现有“被排除某某可能”、“有可能是某某”、“不否定有某某的可能”等鉴定结论。这些鉴定结论不宜作为证据，仅可作为判断其他证据的参考，可以增强其他证据的可信性。

（八）鉴定意见与案件待证事实有无关联主要表现在以下几个层面：一是鉴定意见是否按照委托的事项得出；二是鉴定意见对案件待证事实的有效性；三是鉴定意见证明案件待证事实存在与否的强度。一般来说，需注意审查鉴定意见针对的专门性问题与待证事实之间关联的形式是直接的还是间接的，关联的性质是必然的还是偶然的。如果鉴定意见与案件事实关联的形式是间接的，并且关联的性质是偶然的，其鉴定意见的证明价值就比较小，一般不宜作为证据。

（九）审查鉴定意见与其他证据之间是否有矛盾以及鉴定意见与检验笔录及相关照片是否存在矛盾，主要结合案内其他证据综合分析并进行对比研究。通过对鉴定意见与其他证据进行综合分析，能够发现鉴定意见自身存在的问题，也可以发现鉴定意见与其他证据之间存在的矛盾。一个案件的各个环节都是有机联系的，鉴定意见作为间接证据仅是其中的一个环节。如果发现鉴定意见与其他证据之间并不存在矛盾，而其他证据的可靠性又比较强，那么鉴定意见基本上就是可靠的。反之，如果鉴定意见与其他证据之间存在矛盾，且矛盾得不到合理排除，应当对鉴定意见进行认真的审查、推敲，以去伪存真。例如，在被告人李某故意杀人被错判一案中，一审法院经审查后发现，李某衬衫领口上的血迹，公安机关鉴定为擦拭血，但存在将“溅落”改为“喷溅”的情况；公安局法医根据死者胃内食物消化程度及尸斑、尸僵、尸温等观察、测定，推断被害人邢某的死亡时间为“应在饭后两小时以内，二十九日下午三时以前”，有人用墨水将“二十九日下午三时以前”的字迹涂抹，使被害人邢某的死亡时间提前了1个小时。而根据被告人李某的供述：下午下班回家“看我爱人邢某躺在地上门口处，地下有不少血。然后，我就把我爱人抱起来，一看脸上全是血，用手摸一下身上还有热乎气，我连喊两声‘邢某’，不见回音，我就把她放在地上，将房门锁上，我就往水泥厂跑”，“领口血迹是抱邢某时蹭上的”。如果将鉴定意见与被告人的供述联系起来分析，就会发现衬衣领口上的血迹，不能排除李某在抱邢某时所蹭上的可能性，也就得不出被告人衬衣领口上的血迹是被告人李某用菜刀切割被害人颈部时所喷溅而成的唯一结论。

再如，甘肃省某中级法院判处杨甲、杨乙死刑，张某死缓案。后因广西壮族自治区某市公安局在破获一起案件中，肖某等3名案犯供述出他们曾在武威市杀人抢劫的事实，才使重大冤案得到昭雪。该案的鉴定结论和其他证据存在以下问题：①由于法医尸检受现场遗留裁缝剪刀的影响，将死者唐某身上25处刺伤误断为剪刀形成，侦查人员即将仅有微量血迹的剪刀，在检测不出血型的情况下定为杀人凶器，而据真正罪犯肖某交代，实际杀人的凶器是游标卡尺改制的单刃刀和蒙古刀。②对被害人死亡时间的误断，把凌晨定为晚饭后半小时至一个半小时，依此侦查人员判定作案人是死者的熟人或近邻，因而排除了流窜作案的可能性。③在血型鉴定认证上，杨甲衣服上检出的血迹与死者的血迹在MN系统血型同类，在没有其他证据印证的情况下，其血型鉴定不能作为唯一的关键证据定案。然而，公安、检察院、法院在办案过程中竟无一例外地将此鉴定作为杨甲等3人实施杀人抢劫的铁证定案。而在尸检报告中明确写着两种不同凶器，“一是长刃而宽的；二是短刃比较窄的，如藏刀类”。但在实际审查过程中，无论是检察院的起诉书还是法院的判决书，均将它视为两把同样的锐器。

（十）鉴定意见是否依法及时告知相关人员以及当事人对鉴定意见是否有异议。根据《刑事诉讼法》第121条的规定，侦查机关应当将用作证据的鉴定结论告知犯罪嫌疑人、被害人。如果犯罪嫌疑人、被害人提出申请，可以补充鉴定或者重新鉴定。法律之所以如此规定，其原因在于提前将鉴定结论告知当事人，不仅可以减少审判时当事人之间的矛盾，确保审判的顺利进行，而且还可以通过当事人对鉴定结论的真实性和可靠性进行审视，从而增强鉴定意见的科学性和可靠性。司法实践中，如果侦查机关没有依法将鉴定结论告知犯罪嫌疑人、被害人，即说明该项取证在程序上是违法的，不能作为证据使用。在实践中，侦查机关制定固定格式的鉴定告知书，并要求被告人签字，被告人通常在法庭上辩解公安机关让其签的是空白的鉴定意见告知书，其并不知道内容。为了预防侦查机关确实出具了空白文书以及对被告人（犯罪嫌疑人）的辩解进行有力反驳，在侦查机关告知时，应当制作告知笔录，详细记录鉴定结果及时告知被告人及被害人的情况。但鉴定结论的告知书不是简单地告知鉴定的结果，还应该告知犯罪嫌疑人、被告人及被害人有书面申请补充鉴定或重新鉴定的法定权利，并记录犯罪嫌疑人、被告人及被害人的意见。

【特别提示】

适用本条需要注意的问题是，鉴定意见作为证据通常采用书面化的形式，但就其本身仍属于言词证据而非书证。审查鉴定意见主要围绕鉴定人和鉴定机构的中立性、鉴定机构的鉴定业务范围、鉴定人的资格以及送鉴材料是否真实充足、鉴定实验室是否达到标准、鉴定仪器设备是否适格、鉴定采用的方法和标准是否科学以及鉴定推论是否符合逻辑，尤其是与待证事实之间的证明关系等方面来进行，同时还应结合案中的其他证据进行综合审查。虽然有些鉴定携带较强的科学技术，即使是客观性较强的 DNA 鉴定，其鉴定意见仍属于鉴定人的判断性意见，带有一定的主观成分，其本身不具有必然的科学性、正确性，作为证据也不具有预先的证明效力，需要进行审查。

对鉴定意见本身进行审查，主要审查鉴定意见的论据是否充分、推论是否合理，论据与结论之间有无矛盾。如果在审查中发现鉴定意见本身存在疑点，且疑点得不到合理排除的，其鉴定意见不能作为证据。鉴定书中的分析说明部分需要重点审查，因为它是整个鉴定过程的高度浓缩和鉴定书的精华之所在。注意审查鉴定书，注意是否有增补、涂改现象，弄清鉴定书涂改或增补的原因，是笔误还是故意篡改，以及鉴定书被涂改或增补后内容有无发生实质性变化等。如果鉴定人在作出鉴定结论后，没有在鉴定书上签名而只是以打印方式署名，其鉴定意见也不能作为证据。

【相关立法例】

《刑事诉讼法》第 120 条、第 121 条分别规定："鉴定人进行鉴定后，应当写出鉴定结论，并且签名。对人身伤害的医学鉴定有争议需要重新鉴定或者对精神病的医学鉴定，由省级人民政府指定的医院进行。鉴定人进行鉴定后，应当写出鉴定结论，并且由鉴定人签名，医院加盖公章……""侦查机关应当将用作证据的鉴定结论告知犯罪嫌疑人、被害人。如果犯罪嫌疑人、被害人提出申请，可以补充鉴定或者重新鉴定。"

公安部《刑事技术鉴定规则》第 8 条、第 9 条、第 10 条、第 11 条、第 12 条分别规定："刑事技术鉴定，要按下列程序进行：预备检验、分别检验、比对检验、综合评断。每个程序都要作出详细、客观的记录。最后制作鉴定书。""对检材进行物理检验或化学检验，要标明取材部位，并作详细记录。消耗性的检材，要注意留存，以备复核检验；检材过少无法留存的，应事先征得送检单位同意，并在委托登记表中注明。""凡需做鉴定实验的，由主办的鉴定人组织实施。要严格选用与检材质量、形态相同或近似的材料，运用与发生案件时相同或近似的形成条件和方法进行实验。实验情况，要如实记录，并由参加实验的人签名。鉴定实验记录，是综合评断的依据，不能代替鉴定书。""鉴定书的内容，包括绪论、检验、论证、结论。‘绪论’：收检日期，送检单位，送检人，简要案情，检材名称、种类、数量、提取方法，载体及包装、运输情况，鉴定要求。‘检验’：检材和样本的形态、色质、大小，检验、实验的步骤、方法、手段、数据、特征图形。‘论证’：对检验发现的特征、数据进行综合评断，论述结论的科学依据。‘结论’：鉴定的结果。鉴定书（规格附后）要文字简练，描述确切。照片要真实清晰，特征要标划鲜明。尸体检验、物证分析，出具检验报告，不出鉴定书。确因检材不够鉴定条件，而无法作出肯定性结论的，可以出具分析意见。”“鉴定书由鉴定人签名，检验报告由检验人签名，注明技术职称，并加盖‘刑事技术鉴定专用章’（式样附后）。”

《人民检察院鉴定规则（试行）》第 20 条、第 21 条分别规定：“鉴定完成后，应当制作鉴定文书。鉴定文书包括鉴定书、检验报告等。”“鉴定文书应当语言规范，内容完整，描述准确，论证严谨，结论科学。鉴定文书应当由鉴定人签名，有专业技术职称的，应当注明，并加盖鉴定专用章。”

司法部《司法鉴定文书规范》第 7 条规定：“司法鉴定文书正文应当符合下列规范和要求：（一）标题：写明司法鉴定机构的名称和委托鉴定事项；（二）编号：写明司法鉴定机构缩略名、年份、专业缩略语、文书性质缩略语及序号；（三）基本情况：写明委托人、委托鉴定事项、受理日期、鉴定材料、鉴定日期、鉴定地点、在场人员、被鉴定人等内容。鉴定材料应当客观写明委托人提供的与委托鉴定事项有关的检材和鉴定资料的简要情况，并注明鉴定材料的出处；（四）检案摘要：写明委托鉴定事项涉及案件的简要情况；（五）检验过程：写明鉴定的实施过程和科学依据，包括检材处理、鉴定程序、所用技术方法、技术标准和技术规范等内容；（六）检验结果：写明对委托人提供的鉴定材料进行检验后得出的客观结果；（七）分析说明：写明根据鉴定材料和检验结果形成鉴定意见的分析、鉴别和判断的过程。引用的资料应当注明出处；（八）鉴定意见：应当明确、具体、规范，具有针对性和可适用性；（九）落款：由司法鉴定人签名或者盖章，并写明司法鉴定人的执业证号，同时加盖司法鉴定机构的司法鉴定专用章，并注明文书制作日期等；（十）附注：对司法鉴定文书中需要解释的内容，可以在附注中作出说明。司法鉴定文书正文可以根据不同鉴定类别和专业特点作相应调整。”

《广东省高级人民法院关于办理刑事案件若干问题的指导意见》第 33 条规定：“对鉴定意见着重审查以下方面：（一）鉴定机构和鉴定人员是否具有法定的资格和条件，即：是否属于被指派或者聘请的具有专门知识和专业技术职称的人员；对人身伤害进行重新鉴定和对精神病进行医学鉴定的机构是否是省级人民政府指定的医院；鉴定人是否具有法定的回避情形；（二）鉴定程序是否合法，是否有接受鉴定的委托书，是否经过复核；（三）检材的来源、取得、保管是否合法，与相关提取笔录、扣押物品清单等记载的内容是否相符，检材是否充足、可靠；（四）鉴定的方法是否科学，鉴定报告是否有分析论证的过程，论据是否充分，解释是否合理，论据和结论有无矛盾；鉴定意见是否明确、肯定、具有唯一性；（五）鉴定意见的形式要件是否完备，是否注明提起鉴定的事由、机构、时间和作出鉴定意见的时间，并由鉴定机构和鉴定人、复核人签名盖章；（六）鉴定是否及时进行；（七）鉴定意见与案内其他证据是否有矛盾；尸体检验鉴定意见与尸体检验笔录及照片是否存在矛盾；（八）鉴定人是否受到外界的干扰影响；（九）鉴定意见是否依法及时告知相关人员。”

第二十四条 ［鉴定意见的排除］鉴定意见具有下列情形之一的，不能作为定案的根据：

（一）鉴定机构不具备法定的资格和条件，或者鉴定事项超出本鉴定机构项目范围或者鉴定能力的；

（二）鉴定人不具备法定的资格和条件、鉴定人不具有相关专业技术或者职称、鉴定人违反回避规定的；

（三）鉴定程序、方法有错误的；

（四）鉴定意见与证明对象没有关联的；

（五）鉴定对象与送检材料、样本不一致的；

（六）送检材料、样本来源不明或者确实被污染且不具备鉴定条件的；

（七）违反有关鉴定特定标准的；

（八）鉴定文书缺少签名、盖章的；

（九）其他违反有关规定的情形。

对鉴定意见有疑问时，人民法院应当依法通知鉴定人出庭作证或者由其出具相关说明，也可以依法补充鉴定或者重新鉴定。

【制定目的】

本条是关于有瑕疵、有疑问鉴定意见的处理方法及其法律后果的规定，旨在排除不具有证据能力或者资格的鉴定意见。

【释义】

本条根据《刑事诉讼法》第120条、《关于司法鉴定管理问题的决定》第10条的规定以及吸收了《广东省高级人民法院关于办理刑事案件若干问题的指导意见》第34条规定，结合死刑案件鉴定意见判断经验，对审查后鉴定意见的情况如何处理作出了规定。本条主要包括三个方面的内容：一是对于符合上述情形之一的鉴定意见不具有证据能力，不能作为定案的根据。二是对不具有上述情形之一的鉴定意见，并非完全能够作为定案根据，对此不能采用非此即彼的理解，能否作为定案根据还需要根据其他证据进行综合判断。三是对鉴定意见有疑问时，应依法通过鉴定人出庭作证来解决；对不符出庭条件或者无出庭作证必要的，可由鉴定人出具相关说明予以解决；对应上述方法仍无法解决并有鉴定之必要的，可以依法采用补充鉴定或者重新鉴定来解决。对于补充鉴定意见或者重新鉴定意见仍需要审查，而不能不加审查，直接将其作为定案根据。对本条可从以下几个方面理解：

（一）鉴定机构不具备法定资格和条件，或者鉴定事项超出本机构鉴定项目范围或者鉴定能力的。对于不符合《关于司法鉴定管理问题的决定》第5条、司法部《司法鉴定机构登记管理办法》第14条、公安部《公安机关鉴定机构登记管理办法》第5条、最高人民检察院《人民检察院鉴定机构登记管理办法》第5条，同时未经过省级人民政府司法行政部门审核登记或者备案登记，编入鉴定机构名册并公告的鉴定机构，属于不具备法定资格和条件。如果鉴定机构是提供虚假证明文件或者采取其他欺诈手段骗取登记的，在省级人民政府司法行政部门未予以撤销登记，且查证属实的，也应视为不符合法定资格和条件。

根据中央政法委有关鉴定机构备案登记的政策，侦查机关的鉴定机构应当接受省级人民政府司法行政部门的备案登记，编入鉴定人和鉴定机构名册并公告，以便解决《关于司法鉴定管理问题的决定》第9条规定："在诉讼中，对本决定第二条所规定的鉴定事项发生争议，需要鉴定的，应当委托列入鉴定人名册的鉴定人进行鉴定……"的资格问题。对于未经过省级人民政府司法行政部门备案登记的侦查机关所属的鉴定机构，不具备进行重新鉴定的资格。

鉴定机构应当在鉴定人和鉴定机构名册注明的业务范围内从事司法鉴定业务。根据《司法鉴定程序通则》第16条的规定，司法鉴定机构对委托事项超出本机构司法鉴定业务范围的不得受理。鉴定机构对超出本鉴定机构项目范围的鉴定事项进行鉴定的，不仅属于违反规定的行为，而且在实际上不具有相应的鉴定能力，无法完成鉴定的事项，其鉴定机构作出的鉴定意见不具有法律效力，不能作为定案的根据。对鉴定机构登记范围内的鉴定事项，因该事项特殊或者复杂而超出其鉴定能力的，鉴定机构也应当终止鉴定。否则，其作出的鉴定意见也不具有证据能力。

对鉴定能力的判断除了以登记范围作为判断依据外，还要对其在实践中的实际鉴定能力、出现差错率以及投诉量等实际情况予以判断。

（二）鉴定人不具备法定的资格和条件、鉴定人不具有相关专业技术或者职称、鉴定人违反回避规定的。鉴定人从事鉴定活动应当具备基本法定的资格、相应的鉴定能力，并保持中立性。鉴定人的专业技术或者职称是判断其鉴定能力的标准之一。鉴定人的法定资格条件主要包括鉴定人的专业知识条件、鉴定实践能力条件和技术职务条件。对于不符合《关于司法鉴定管理问题的决定》第 5 条、司法部《司法鉴定人登记管理办法》第 12 条、公安部《公安机关鉴定人登记管理办法》第 9 条、最高人民检察院《人民检察院鉴定人登记管理办法》第 8 条规定，其作出的鉴定意见不具有证据能力。例如，研究鸟类进化的专家在鉴定中运用动物的群体遗传学规律进行人的 DNA 测试与解释，则属于不具有相关专业技术，其鉴定意见不具有证据能力。因为动物的群体遗传学原理和方法本身虽然可靠，但不适用于对人类的 DNA 分析。从事精神疾病鉴定的鉴定人，还应当是具有 5 年以上精神科临床经验并具有司法精神病学知识的主治医师以上的人员；具有司法精神病学知识、经验和工作能力的主检法医师以上的人员。

鉴定人应当保持中立性，不得违反有关部门的回避规定。对鉴定人是否回避问题的审查判断除按照《刑事诉讼法》第 28 条、第 31 条规定以及结合本规定第 33 条第（一）项的内容外，对于鉴定人存在下列情形的，也应当回避。鉴定人未经批准，私下会见本案一方当事人及其代理人、辩护人的；鉴定人为本案当事人推荐、介绍代理人、辩护人，或者为律师、其他人员介绍办理该案件的；鉴定人接受本案当事人及其委托的人的财物、其他利益，或者要求当事人及其委托的人报销费用的；鉴定人接受本案当事人及其委托的人的宴请，或者参加由其支付费用的各项活动的；鉴定人向本案当事人借款、借用交通工具、通信工具或者其他物品，或者接受当事人及其委托的人在购买商品、装修住房以及其他方面给予的好处的。对于鉴定人具有上述情形的，其作出的鉴定意见不具有证据能力。

（三）鉴定程序、方法是鉴定意见科学、准确与否的关键，如果有错误，其鉴定意见不具有证据能力。鉴定程序是鉴定获得可靠性的基础，有关鉴定的程序主要包括司法部《司法鉴定程序通则》、公安部《公安机关鉴定工作规则》、最高人民检察院《人民检察院鉴定规则（试行）》。在鉴定中除了应当遵循这些程序外，对于专项鉴定存在特殊程序规定的，还应遵循这些特殊的鉴定程序，如最高人民法院、最高人民检察院、公安部、司法部、卫生部《关于精神疾病司法鉴定暂行规定》、《公安机关电子数据鉴定规则》等。

应特别注意的是，由于有些司法鉴定的程序规定已经落后，需要参考现代鉴定技术规范的要求予以考虑，不可教条或者僵化。

鉴定人对不同鉴定对象进行鉴定不仅具有适应性，而且应当具有有效性，同时还应当具有可靠性。一般情况下，对鉴定方法的审查判断应当从两个层面考虑：一是鉴定程序中实施的方法，如对血痕证据先进行无损检验，再进行有损检验；先进行形态学上的检验，再进行血清学和DNA检验。二是实施鉴定的具体方法。这些方法应当符合鉴定事项领域应当遵循的基本方法，应特别注意现实中一些限制使用的方法。例如，最高人民法院认为，“由于检材与样本在纸张、墨水、保存环境等方面的不同都会对鉴定结果产生决定性影响，鉴定机构自备的样本不可能满足与报送检材在纸张的种类及颜色、油墨的色料及染料的主要成分，保存环境的温度、湿度等方面相同。因此，不能使用鉴定机构的自备样本进行文件制成时间鉴定。”在实践中，DNA鉴定应用的PCR聚丙烯酰胺凝胶电泳技术在验证时不通过率高达50%，以此作为司法鉴定技术方法所作出的鉴定意见一般不具有证据能力。对于上述问题需要有关部门对鉴定技术方法统一进行评定，以有利于审查判断并作出科学认定。

（四）鉴定意见与证明对象没有关联的。对本项规定的证明对象应当作狭义的理解。因为在诉讼活动中，证明对象既包括证明的接受者即证明活动要说服的对象，如法官；也包括证明的承受者即需要证明的案件事实。后者一般称为证明客体。这些证明对象就是指证明客体。证明客体主要包括《刑事诉讼法》第 43 条规定的审判人员、检察人员、侦查人员必须依照法定程序提供的能够证实犯罪嫌疑人、被告人有罪或者无罪、犯罪情节轻重的鉴定意见。具体来说，鉴定意见的关联性，是指鉴定意见作为证据与案件的证明对象之间存在着客观联系，这种客观联系是一种客观存在而不能由法律加以限制，可以凭借经验法则和逻辑规则来判断。

（五）鉴定对象与送检材料、样本不一致的。在实践中，一个案件的数个鉴定对象或一个鉴定对象的多种鉴定材料，鉴定结果对案件事实的证明作用各有不同。有的鉴定委托在选择鉴定对象或一个鉴定对象的多份材料时，存在选送鉴定条件差的检材与样本或者多份中不具备条件的某份材料的情况，在实践中最为严重的是采用“狸猫换太子”的方法将鉴定样本材料张冠李戴，致使鉴定意见出现错误。经过审查发现鉴定对象与送检材料、样本不一致的，其鉴定意见不具有证据能力。作为可能成为鉴定对象的送检材料、样本具有不可替换性，其一致是指“同一”，即自身的同一，而不是相同，更不是相似。

（六）送检材料、样本来源不明或者确实被污染且不具备鉴定条件的。鉴定意见可靠与否，检材是否可靠是基础，其可靠与否又与来源有关。如果来源不明，难以确定送检材料、样本本身的真实性，其鉴定意见就可能嫁接在来源不明的病枝上，导致所有的鉴定因其毁于一旦。例如，河北省唐山市李某案件。当时认定他杀人的主要证据有毛发、血液 DNA 鉴定、足迹鉴定等。但是，送给鉴定机构的毛发是何种毛发没有注明，其血样到底是何时提取，又是何时送检，没有任何记录说明。提交鉴定的这种检材是否为现场毛发无法确定，并且其阴毛和血液的来源亦不明确，因此其作出的鉴定意见不能作为定案的根据。

送检材料、样本在发现、固定、提取、检验过程中出现损坏、变形、污染等情况，导致检材因污染出现变化而达不到“同一”，也就不能作为送检材料、样本，鉴定结果也就不具有任何意义。如果送检材料、样本受到不应有的破坏、污染或损害，极有可能导致鉴定意见错误或者无法鉴定。例如，美国的辛普森案件因用以DNA鉴定的血迹被怀疑受到污染导致控诉失败。

（七）违反有关鉴定特定标准的。鉴定标准的内容主要有鉴定技术标准、鉴定方法标准、鉴定设备标准、鉴定对象标准、鉴定技术程序标准、鉴定结论标准等。鉴定标准的适用一般按国际标准或者国家标准执行；没有国家标准的，可适用行业标准；没有行业标准的，应适用本专业领域中的通用标准或者特定标准。对于鉴定有特殊要求的，应按照特殊标准进行。

（八）鉴定文书缺少签名、盖章的。司法鉴定文书的制作应当符合相关法律、法规统一规定的司法鉴定文书格式。根据《司法鉴定文书规范》对鉴定文书书写形式的规定，其内容包括：委托人姓名或者名称、委托鉴定的内容；委托鉴定的材料；鉴定的依据及使用的科学技术手段；对鉴定过程的说明；明确的鉴定结论；对鉴定人鉴定资格的说明；鉴定人员及鉴定机构签名盖章。对于鉴定文书缺少签名、盖章的，或者别人代替签名的，则不能作为定案的根据。

（九）其他违反有关规定的情形。本项属于开放性规定，对于一些没有囊括的或者现在还没有发现而将来可能发生的一些情况可以适用这一项规定。例如，鉴定使用的实验室不适格；鉴定使用的技术不可靠等。

根据本条第（二）项中对鉴定意见有疑问，可以参照《关于司法鉴定管理问题的决定》第11条规定的“在诉讼中，当事人对鉴定意见有异议的，经人民法院依法通知，鉴定人应当出庭作证”。控辩双方及法官均可对鉴定意见进行质疑。对鉴定意见有疑问时，人民法院应当依法通知鉴定人出庭作证。人民法院应当依法在案件开庭前向鉴定人送达出庭通知书。如果鉴定人由人民检察院和辩护人通知更为便利的，经人民法院同意后，也可以由人民检察院和辩护人代为通知鉴定人出庭作证。鉴定人出庭通知书应注明鉴定人到庭作证、陈述的时间、地点，案件当事人姓名、案由等，并附鉴定人的权利、义务及法律责任。具有下列情形之一的，鉴定人经人民法院同意可以不出庭作证：鉴定意见对案件的定罪量刑不起决定作用；两名以上鉴定人共同作出的鉴定意见，已有一名鉴定人出庭，并向法院提交了其他鉴定人的书面授权；鉴定人因突发疾病、重病或者行动极为不便的；鉴定人因自然灾害等不可抗力无法出庭的；因其他特殊客观原因确实无法出庭的。但是，其应当出具相关说明，书面答复控辩双方或者当事人的质询。

对具有下列情形之一的可以补充鉴定：鉴定内容有明显遗漏的；发现新的有鉴定意义物证的；鉴定结论不完善可能导致案件或者事件不公正处理的；对已鉴定物证有新的鉴定要求的。具有下列情形之一可以重新鉴定：鉴定机构、鉴定人不具备鉴定资格，或者超出登记范围鉴定的；鉴定程序严重违法的；鉴定人依法应当回避而未回避的；鉴定的检材确实被严重污染或者是虚假、失实的；鉴定意见与事实不符或者同其他证据有明显矛盾的；鉴定意见不准确的。

【特别提示】

适用本条需要注意的问题是：鉴定意见作为证据诞生于诉讼中，不是随着案件事实的发生而生成的，其内容是由其他证据的内容转化而来的，转化的每一个环节均存在否定转化内容真实性的可能，并且不表现为一种确定的客观化事实，只是一种带有权威性的主观性判断意见。这些特征决定了它与制度、程序、规则的关系最为密切，更需要法律、法规及其相关规范性文件予以规范。对于违反或者不符合法律、法规及其相关规范性要求的，可以采取不同的方式处理。一般来说，对于轻微违反法律、法规及其相关规范性程序但不影响鉴定意见的实质性问题的，可以采取补充鉴定；对于严重违反法律、法规及其相关规范性要求的，应认定其没有证据能力，其法律后果是排除适用；对有疑问的鉴定意见应澄清疑问，如不能澄清疑问的，需要且能够重新进行鉴定的，可以进行重新鉴定。在程序上，控辩双方或者一方对鉴定意见没有疑问时，鉴定人一般不需要出庭作证；一方对于鉴定意见有疑问的，其疑问不属于鉴定意见的实质性问题或者仅仅涉及程序性问题的，鉴定人可以不出庭作证，可通过出具相关说明来解决；对鉴定意见的疑问仅仅属于程序性问题的，或者涉及实体性问题、程序性严重违法、程序违法影响到实体问题的，应依法重新鉴定。

还应特别注意的是，鉴定技术自身的可靠性决定鉴定意见实质价值所在，技术本身的可靠性应当在该领域得到多数专家或科研人员的认同，且持有异议的专家无法以确切的技术或经验予以推翻。例如，对DNA的科学基础没有疑问，但是仍应考虑DNA检验使用设备的可靠性以及操作过程的科学性，这些也是影响意见可靠性的因素。例如，公安机关通报的湖南省滕某案件，鉴定人作出的“关于生物检体线粒体DNA—mtDNAHVI区序列相同”，通过尸骨和血样确认“母子关系”的成功率仅仅达到了37%。如果对于这些专业性问题不熟悉或者不具备一些科学常识性知识，排除一些不可靠的鉴定意见仍是困难的，尤其是被告人及其辩护人、控方以及法官对此均没有疑问或者疑问没有涉及实质性问题的时候。

【相关立法例】

《刑事诉讼法》第121条规定：“侦查机关应当将用作证据的鉴定结论告知犯罪嫌疑人、被害人。如果犯罪嫌疑人、被害人提出申请，可以补充鉴定或者重新鉴定。”

《人民检察院刑事诉讼规则》第205条、第206条、第207条、第208条规定：“用作证据的鉴定结论，人民检察院办案部门应当告知犯罪嫌疑人、被害人；被害人死亡或者没有诉讼行为能力的，应当告知其法定代理人、近亲属或诉讼代理人。如果犯罪嫌疑人、被害人或被害人的法定代理人、近亲属、诉讼代理人提出申请，经检察长批准，可以补充鉴定或者重新鉴定，但应由请求方承担鉴定费用。告知犯罪嫌疑人、被害人或被害人的法定代理人、近亲属、诉讼代理人鉴定结论，可以只告知其结论部分，不告知鉴定过程等其他内容。”“人民检察院决定重新鉴定的，应当另行指派或者聘请鉴定人。”“对人身伤害的医学鉴定有争议需要重新鉴定或者对精神病的医学鉴定，由省级人民政府指定的医院进行。鉴定人进行鉴定后，应当写出鉴定结论，并且由鉴定人签名，医院加盖公章。对人身伤害的医学鉴定有争议需要重新鉴定的情形包括：（一）对同一人身伤害已存在两个以上的不同鉴定结论，人民检察院与公安机关、犯罪嫌疑人、被害人之间或者被害人与犯罪嫌疑人之间不能形成一致认识，人民检察院认为需要重新鉴定的；（二）人民检察院认为公安机关的人身伤害医学鉴定不能作为定案依据，需要重新鉴定的；（三）人民检察院与公安机关、被害人、犯罪嫌疑人之间或者被害人与犯罪嫌疑人之间对同一人身伤害的医学鉴定有不同认识，人民检察院认为需要重新鉴定的。”“人民检察院认为省级人民政府指定的医院作出的鉴定结论不能作为定案依据的，应当另行委托省级人民政府指定的其他医院重新鉴定或者补充鉴定。”

《广东省高级人民法院关于办理刑事案件若干问题的指导意见》第34条规定：“鉴定意见具有下列情形之一的，不能作为定案根据，必要时可以进行补充鉴定、重新鉴定：（一）鉴定人不符合法定的资格和条件，鉴定人少于二人，鉴定人不具有法定的专业技术和职称，鉴定人违反回避规定的；（二）鉴定程序明显违反法规规定的，鉴定不在有效时间内进行的；（三）鉴定方法有错误的；（四）分析判断没有科学根据的；（五）违反有关鉴定标准的；（六）鉴定意见与证明对象没有关联的；（七）鉴定对象与送检材料、样本不一致的；（八）送检材料、样本来源不明的；（九）不是针对事实作出分析判断的；（十）鉴定意见与其他查证属实的证据之间存在矛盾的；（十一）其他情形。对鉴定意见有疑问时，应当通知鉴定人出庭作证或由其出具相关说明，也可以指派或者聘请有专门知识的人或者鉴定机构，对案件中的专门性问题进行补充鉴定或者重新鉴定。”

6. 勘验、检查笔录

第二十五条 ［勘验、检查笔录的审查判断］ 对勘验、检查笔录应当着重审查以下内容：

（一）勘验、检查是否依法进行，笔录的制作是否符合法律及有关规定的要求，勘验、检查人员和见证人是否签名或者盖章等。

（二）勘验、检查笔录的内容是否全面、详细、准确、规范：是否准确记录了提起勘验、检查的事由，勘验、检查的时间、地点，在场人员、现场方位、周围环境等情况；是否准确记载了现场、物品、人身、尸体等的位置、特征等详细情况以及勘验、检查、搜查的过程；文字记载与实物或者绘图、录像、照片是否相符；固定证据的形式、方法是否科学、规范；现象、物品、痕迹等是否被破坏或者伪造，是否是原始现场；人身特征、伤害情况、生理状况有无伪装或者变化等。

（三）补充进行勘验、检查的，前后勘验、检查的情况是否有矛盾，是否说明了再次勘验、检查的原由。

（四）勘验、检查笔录中记载的情况与被告人供述、被害人陈述、鉴定意见等其他证据能否印证，有无矛盾。

【制定目的】

本条是关于勘验、检查笔录审查判断规则的规定，旨在全面地对勘验、检查笔录进行审查，并能够正确地运用勘验、检查笔录。

【释义】

本条吸收了《人民检察院刑事诉讼规则》、《公安机关刑事案件现场勘验检查规则》等规定、解释以及地方法院的实际经验。主要包括勘验、检查笔录的合法性审查、客观性审查、连续性审查和一致性审查。勘验、检查笔录是公安司法人员对可能与犯罪有关的场所、物品、人身、尸体进行勘验、检查时所作的记录。根据《刑事诉讼法》的规定，主要有现场勘验笔录、尸体检验笔录、物证检验笔录、人身检查笔录和侦查实验笔录。对本条可以作出以下理解：

（一）勘验、检查笔录的合法性审查。勘验、检查笔录的合法性有三层要求：

1. 勘验、检查笔录所记载的勘验、检查是依法进行的。①主体是否合法。根据《刑事诉讼法》第101条的规定，勘验、检查应由侦查人员进行，必要的情况下，在侦查人员的主持下，可以指派或聘请具有专门知识的人。勘验、检查的侦查人员应有两人。还需要审查的是，勘验、检查的人员是否具有回避的事由。②程序是否合法。侦查人员执行勘验、检查，必须持有人民检察院或者公安机关的证明文件，如现场勘验应出示《现场勘验证》。侦查实验须经公安局局长批准，解剖尸体或开馆验尸要经县级以上公安机关负责人批准，所以进行侦查实验和尸体检验时要出示相应的批准文件。勘验、检查时，应邀请两名与案件无关的公民作见证人。下列人员一般情况下不能作为见证人：生理上、精神上有缺陷或者年幼，不能辨别是非、不能正确表达的人；与案件有利害关系，可能影响案件公正处理的人员；行使勘验、检查、搜查、扣押等相关刑事诉讼职权的司法机关工作人员或其聘用的辅警、保安人员等。③行为是否合法。检查妇女的身体，应当由女侦查人员或者医师进行。还应审查侦查人员是否存在伪造证据、毁灭证据或者变造证据的行为。

2. 勘验、检查笔录的制作是否符合法律及有关规定的要求。勘验、检查笔录的格式内容是否符合《公安机关刑事案件现场勘验检查规则》的要求；勘验、检查、搜查笔录是否为当场制作，是否为原始记录；如果是复印件，是否附有原始记录。

3. 勘验、检查人员和见证人是否签名或者盖章。勘验、检查人员、见证人的签名或盖章是勘验、检查笔录的必备组成部分。如见证人拒不签名的，应载明原因。勘验、审查笔录修改部分要审查其是否经过勘验检查人员和见证人共同确认。

解剖尸体应当通知死者家属到场，并让死者家属在《解剖尸体通知书》上签名或者盖章。死者家属无正当理由拒不到场或者拒绝签名、盖章的，也可以解剖尸体，但是应当在《解剖尸体通知书》上注明。对于身份不明的尸体，无法通知死者家属的，应当在笔录中注明。

解剖外国人尸体应当通知死者家属或者其所属国家驻华使、领馆有关官员到场，并请死者家属或者其所属国家驻华使、领馆有关官员在《解剖尸体通知书》上签名或者盖章。死者家属或者其所属国家驻华使、领馆有关官员无正当理由拒不到场或者拒绝签名、盖章的，也可以解剖尸体，但应当在《解剖尸体通知书》上注明。对于身份不明外国人的尸体，无法通知死者家属或者有关使、领馆的，应当在笔录中注明。

（二）勘验、检查笔录的客观性审查。该方面是对勘验、检查笔录内容的审查，也是对其真实性的审核，其主要从四个方面进行审查，即全面、详细、准确和规范。

1. 勘验、检查笔录是否全面应审查以下内容：①是否记载勘验、检查的事由；②是否记载勘验、检查的时间、地点，在场人员、现场方位、周围环境等情况；③笔录中文字记录部分、照相部分、绘图部分是否齐全；④是否反映了现场或其他勘验、检查对象的概貌，如果遗漏重要的勘验、检查内容，应要求说明情况并予以补正或进行重新勘验、检查。

2. 勘验、检查笔录是否详细应审查以下内容：①是否记载了现场、物品、人身、尸体等的位置、特征等详细情况；②是否记载了勘验、检查、搜查的方法和过程；③是否对死者衣服的裂口、尸体的皮肤表面、内脏器官、肌肉组织、创口大小和形态等是否进行了细致的解剖、检验。

3. 勘验、检查笔录是否准确应审查以下内容：①记载的物品、痕迹、书证等的特征与实物是否吻合；②照片、绘图、录像等是否清晰；文字记载与实物或者绘图、录像、照片是否相符；③文字、数字表述是否确切，有无含糊不清的字眼或主观推测的内容；④现场、物品、痕迹等是否被破坏或伪造，是否是原始现场；⑤人身的特征、伤害情况、生理状态有无伪装或变化；⑥笔录制作的时间与勘验、检查的时间是否一致，事后补救制作的，是否有相应的说明。

4. 勘验、检查笔录是否规范应审查以下内容：①固定证据的形式、方法是否科学、规范；②作案工具与被害人的创口、伤情有无进行比对；③内容是否限于勘验、检查人员自身或者借助仪器设备感知的事实，有无推测、臆断之嫌；④勘验、检查笔录的绘图、记录、照相、录像是否符合《公安机关刑事案件现场勘验检查规则》的要求。需特别注意的是，对于尸体检验报告、人身检查笔录，应当重点审查以下内容：①被害人死亡、损伤的原因，包括直接原因、间接原因或其他原因等；②被害人死亡、损伤形成的时间，致死、损伤的部位及其工具或手段；对于碎尸或者尸体组织严重缺失的案件，应审查同体认定的依据；③被告人供述的作案时间、手段、工具与上述证据是否吻合；④查获的作案工具能否形成上述损伤或者致人死亡；⑤被害人重伤、轻伤、轻微伤的情况及残疾等级的依据；⑥对被告人、被害人生理状态进行的人身检查情况，与案件事实和相关证据能否相互印证。

（三）勘验、检查笔录的连续性审查。对同一现场，可能会多次进行勘验、检查，而且根据《人民检察院刑事诉讼规则》第256条的规定，人民检察院审查案件的时候，对公安机关的勘验、检查，认为需要复验、复查的，应当要求公安机关复验、复查，人民检察院可以派员参加；也可以自行复验、复查，商请公安机关派员参加，必要时也可以聘请专门技术人员参加。对于多次勘验、检查的，要审查每一次勘验、检查是否都制作了勘验、检查笔录，是否说明再次勘验、检查的原由，前后勘验、检查的是否存在矛盾，如果后一个勘验、检查笔录推翻了前一个勘验、检查笔录的结论的，要严格审查推翻的理由是否充分确实。

（四）勘验、检查笔录的一致性审查。勘验、检查是一种独立的证据收集方法，其作用的对象涉及与犯罪有关的场所、物品、尸体、人身，虽然笔录记载的状况是犯罪行为的结果，但这些记录本身并不能直接证明案件的事实，审查勘验、检查笔录中记载的情况与被告人供述、被害人陈述、鉴定意见等其他证据能否印证，有无矛盾，不但是审查勘验、检查笔录的需要，也是发挥勘验、检查笔录证明作用的重要途径，更是法官发现案件真相，获得心证的必要过程。

通过勘验、检查笔录还能发现被告人陈述的真实与否，在张某抢劫杀人一案中，通过将被告人供述与勘验笔录和法医鉴定进行比较，发现了被告人供述与勘验笔录和法医鉴定的不同之处，由此得出被告人供述不真实的结论。例如，张某供述其大约在晚上十点钟去找俞某共同作案，而法医鉴定根据许氏“尸体胃内容饱满，内容物中仅土豆较圆滑”，推定死亡时间在饭后一小时之内。当时是冬季，许家只有祖孙二人，应当是吃两顿饭，晚饭时间通常是在四五点钟，案发时间应当是在晚六点左右。因此，张某所述的作案时间不真实。张某供述他和俞某进入现场时被害人正在炕上睡觉，被害人的衣服是死亡后由俞某给穿上的。而从现场勘查笔录反映，“院内鸡窝门未挡，尿桶置放在院西侧”，说明被害人被害时还没有做睡觉前的准备。从法医鉴定书反映，徐奶奶外穿罩衣，内穿毛衣、衬衣，外衣和衬衣的领上有切割口和混血的食物碎渣。由此可见，被害人被害时是穿着上述衣服的。因此，张某所述的被害人当时在炕上睡觉是不真实的。特别是，张某供述徐小小是被他掐死的，俞某到案后也一直称徐小小是被张某掐死的，而法医鉴定结论中徐小小是被刀砍死的。通过查阅了尸检记录，得到了被害人脖子上没有被掐过的痕迹结论，而后得出张某有罪供述不真实的结论。

【特别提示】

适用本条要注意的问题是，在审查勘验、检查笔录时，还应审查勘验、检查人员的业务能力和责任心。一般来说，业务能力差、责任心不强，是造成勘验、检查出现误差，导致笔录漏记和错记的重要原因。要特别注意审查勘验是否违反按照“先静后动，先下后上；先重点后一般，先固定后提取”的原则。

在某些情况下，勘验、检查笔录与被告人供述过分一致也需要仔细审查。1983 年 1 月 25 日下午五时左右，河南省巩县某镇发生一起拦路抢劫强奸案件。办案人员经过侦查，认为罪犯就是镇上甲村农民魏某。经郑州市中级人民法院审理和河南省高级人民法院核准判处死刑，于 1984 年 5 月 3 日交付执行枪决。1984 年 6 月，在魏某伏法后一个多月，洛阳市公安局抓获一名盗窃杀人惯犯田某。该局从预审中得知：田某是洛阳偃师县人，住巩县某镇乙村，和魏某住所甲村相邻。在 1984 年 11 月，河南省高级人民法院对田某盗窃杀人案件进行死刑复核期间，被告人田某于 11 月 29 日主动向洛阳市公安局交代：1983 年 1 月 25 日下午五时许，在巩县某镇发生的拦路抢劫强奸案系他所为。在这宗错判的死刑案件中，就出现了一个很奇怪的现象。魏某、田某二人所供作案时间和地点完全一致，所供述的作案手段几乎一样；二人叙述被害人的语言、相貌基本相同，只是魏某的供词比田某的供词在案件细节上更为清楚，甚至连现场鞋印的花纹都描述得完整无缺，并能准确地画出花纹，事后证明魏某关于鞋印的供述是按照侦查人员的勘验结果画的。所以，勘验、检查笔录与口供的印证审查不可不慎！

【相关立法例】

《刑事诉讼法》第 101 条、第 103 条、第 106 条分别规定：

"侦查人员对于与犯罪有关的场所、物品、人身、尸体应当进行勘验或者检查。在必要的时候，可以指派或者聘请具有专门知识的人，在侦查人员的主持下进行勘验、检查。""侦查人员执行勘验、检查，必须持有人民检察院或者公安机关的证明文件。""勘验、检查的情况应当写成笔录，由参加勘验、检查的人和见证人签名或者盖章。"

《公安机关刑事案件现场勘验检查规则》第5条、第28条、第35条、第46条、第48条分别规定："刑事案件现场勘验、检查的内容包括：现场保护、现场实地勘验检查、现场访问、现场搜索与追踪、现场实验、现场分析、现场处理、现场复验与复查等。""公安机关对刑事案件现场进行勘验、检查不得少于二人。勘验、检查现场时，应当邀请一至二名与案件无关的公民作见证人。""现场勘验、检查按照以下工作步骤进行：（一）巡视现场，划定勘验、检查范围；（二）按照"先静后动，先下后上；先重点后一般，先固定后提取"的原则，根据现场实际情况确定勘验、检查流程；（三）初步勘验、检查现场，固定和记录现场原始状况；（四）详细勘验、检查现场，发现、固定、记录和提取痕迹、物证；（五）记录现场勘验、检查情况。""现场勘验、检查结束后，应当及时制作现场勘验、检查工作记录。现场勘验、检查工作记录包括现场勘验检查笔录、现场图、现场照片、现场录像和现场录音。""现场勘验、检查笔录包括以下基本内容：（一）前言部分：笔录文号，接报案件时间和内容，现场地点，现场保护情况，勘验、检查的起止时间，天气情况，勘验、检查利用的光线，组织指挥人员，现场方位和周围环境等；（二）正文部分：与犯罪有关的痕迹和物品的名称、部位、数量、性状、分布等情况，尸体的位置、衣着、姿势、损伤、血迹分布、形状和数量等；（三）结尾部分：提取痕迹、物证情况，扣押物品情况，制图和照相的数量，录像、录音的时间。笔录人、制图人、照相人、录像人、录音人，执行现场勘验、检查任务人员的单位、职务及签名，见证人签名。"

江西省高级人民法院、江西省人民检察院、江西省公安厅《关于规范故意杀人死刑案件证据工作的意见（试行）》第8条、第9条、第11条、第22条分别规定："对于与犯罪有关的场所、物品、人身、尸体等，应当进行勘验或者检查，及时提取与案件有关的物证、书证等，并通过现场拍照、摄像、石膏固定等方法，采用全景、概貌、特写、细节特征对应等形式，对需要提取的物证及其环境关系进行固定。应当注意查明现场有无伪造、变动或破坏；现场尸体、遗留物品、痕迹（包括指纹、足迹、血迹、毛发、体液、人体组织等）的位置和特征。并制作现场勘验、检查笔录。应当注意收集、提取现场遗留的被害人血迹和其他可疑血迹、可疑毛发、体液、指纹、足迹、现场可疑痕迹、遗忘物、遗留物等以及可能与被害人损伤有关联的现场工具。同时，应当收集、提取犯罪嫌疑人身体及抓获时所穿服装上的可疑血迹、痕迹，抓获现场存放的可疑工具、可疑毒物及容器等。还应当注意检查被害人指甲中是否存留犯罪嫌疑人的表皮等人体组织。对所收集、提取现场遗留的与犯罪有关的血迹、精斑、毛发、体液、指纹、足迹、人体组织等生物物证、痕迹、物品，应当及时进行鉴定，并与犯罪嫌疑人的相应生物检材、生物特征、物品等作同一性认定。""在尸检工作中，除对明显伤痕进行检查外，还应当进行全面检查，对死因不明的尸体应当进行系统解剖。特殊情况没有进行系统剖检的，应当说明理由。对共同犯罪造成多种创伤痕迹的尸体，应当进行损伤痕迹的系列固定，包括死者衣服裂口、皮肤表面、内脏器官、组织等，创口大小、形态要逐一详细记录。对于解剖时剁开的创口，还应并拢还原后，附比例尺进行拍照。同时，应当将致命凶器与被害人伤口进行比对，以查明被害人的死亡原因。对于女性尸体进行尸检时，应注意收集、提取犯罪嫌疑人残留在女性被害人口唇、乳房等处的唾液、咬痕，女性被害人的阴道分泌物、遗留物，女性被害人的内裤等，并及时进行鉴定。根据案件侦破情况，多次进行勘验、检查的，或根据犯罪嫌疑人供述进行补充勘验、检查的，应当予以具体说明。”“证明被害人死亡原因的证据，包括尸体检验报告、作案工具等物证及犯罪嫌疑人供述等。尸体检验报告应当全面、具体地描述尸体损伤情况，正确记载损伤部位和损伤程度，客观推断死亡原因、死亡时间。特别注意查明犯罪嫌疑人供述的杀人情况与尸体检验报告、作案工具能否吻合。确认被害人身份的证据，包括被害人身份证件及户籍证明，被害人亲属、犯罪嫌疑人证明被害人身份的证言和供述，被害人亲属对被害人尸体及衣物等的辨认笔录；现场勘验笔录、尸体检验报告。被害人尸体高度腐败或死后被肢解、毁容导致无法辨认的，侦查机关应当进行法医学 DNA 鉴定，以确认死者的身份。被害人身份无法确认的，侦查机关应当作出书面说明。”“对于毁尸灭迹案件，应当查明原始现场、抛尸现场，并提取原始现场、抛尸现场、运尸工具上遗留的痕迹等物证；及时寻找并提取尸体各部分残骸、毁尸工具、运送尸体残骸的包装物等。查明毁尸工具、毁尸手段与尸体残骸上的断痕是否相符以及抛尸地点与犯罪嫌疑人供述是否一致；运送尸体残骸的包装物的来源能否反映系犯罪嫌疑人所有。”

第二十六条 ［勘验、检查笔录的排除］勘验、检查笔录存在明显不符合法律及有关规定的情形，并且不能作出合理解释或者说明的，不能作为证据使用。

勘验、检查笔录存在勘验、检查没有见证人的，勘验、检查人员和见证人没有签名、盖章的，勘验、检查人员违反回避规定的等情形，应当结合案件其他证据，审查其真实性和关联性。

【制定目的】

本条是关于非法勘验、检查笔录认定规则的规定，旨在规范勘验、检查笔录的认定，解决司法实践中瑕疵勘验、检查笔录难以认定的问题。

【释义】

本条吸收了《最高人民法院关于执行〈中华人民共和国刑事诉讼法〉若干问题的解释》、最高人民检察院《人民检察院刑事诉讼规则》等规定、解释以及地方法院的实际经验和相关规范。主要包括违法勘验、检查的认定规则和瑕疵勘验、检查笔录的认定规则。本条和第 25 条共同构成了勘验、检查笔录的审查规则体系，第 25 条主要规定的是审查的要点，本条规定的则是审查时发现非法的勘验、检查笔录的处理方式。本条将非法的勘验、检查笔录包括两个层次，一是指不符合法定来源和形式或者违反诉讼程序制作的勘验、检查笔录，主要包括：①勘验、检查主体在进行勘验、检查时，没有出示公安机关、人民检察院证明文件；②对妇女的人身检查，不是由妇女或者医师进行；③尸体解剖或者开棺验尸，没有经过县级以上公安机关负责人批准或者没有履行通知家属到场的义务。二是指形成过程和外部形式不符合法律规定的勘验、检查笔录，也可称之为瑕疵的勘验、检查笔录，主要包括：①勘验、检查笔录存在勘验、检查没有见证人的；②勘验、检查人员和见证人没有签名、盖章的；③勘验、检查人员违反回避规定的等情形。对本条可作以下理解：

（一）对非法的勘验、检查笔录采用原则性排除的方法，但对有瑕疵的勘验、检查笔录，由法官结合案件其他证据进行审查裁量。

（二）对违法的勘验、检查笔录，应要求制作人员作出解释或说明理由，必要时可要求其出庭作证，如果理由不能成立或者其拒不提供解释或者说明的，则笔录不能作为证据使用。

（三）对瑕疵勘验、检查笔录要结合案件其他证据审查其真实性和关联性，如果具备真实性和关联性的，即使存在非法情形，也可作为证据使用。对此类证据，也应要求勘验、检查人员提供没有见证人，勘验、检查人员和见证人没有签名、盖章，勘验、检查人员没有依法回避的解释和理由。对没有依法回避的勘验、检查笔录予以结合审查同最高人民检察院《人民检察院刑事诉讼规则》第30条的规定也是一致的。

【特别提示】

适用本条要注意的问题是，应充分尊重辩方对勘验、检查笔录存在非法问题的异议权。在法庭调查中，勘验、检查笔录应当当庭宣读，听取检察人员、当事人及其辩护人、诉讼代理人的意见。当事人及其辩护人、诉讼代理人对勘验、检查笔录有异议的，可以询问负责勘验、检查活动的侦查人员及其见证人，或听取他们对勘验、检查过程的证言与意见。在法庭审理过程中，合议庭对勘验、检查笔录有疑问的，可以宣布休庭，进行勘验、检查，必要时可以由控辩双方共同参加。

【相关立法例】

《人民检察院刑事诉讼规则》第343条规定："公诉人对于搜查、勘验、检查等侦查活动中形成的笔录存在争议，需要负责侦查的人员以及搜查、勘验、检查等活动的见证人出庭陈述有关情况的，可以建议合议庭通知其出庭。"

《最高人民法院关于执行〈中华人民共和国刑事诉讼法〉若干问题的解释》第138条规定："对指控的每一起案件事实，经审判长准许，公诉人可以提请审判长传唤证人、鉴定人和勘验、检查笔录制作人出庭作证，或者出示证据，宣读未到庭的被害人、证人、鉴定人和勘验、检查笔录制作人的书面陈述、证言、鉴定结论及勘验、检查笔录；被害人及其诉讼代理人和附带民事诉讼的原告人及其诉讼代理人经审判长准许，也可以分别提请传唤尚未出庭作证的证人、鉴定人和勘验、检查笔录制作人出庭作证，或者出示公诉人未出示的证据，宣读未宣读的书面证人证言、鉴定结论及勘验、检查笔录。"

江西省高级人民法院、江西省人民检察院、江西省公安厅《关于规范故意杀人死刑案件证据工作的意见（试行）》第41条规定：物证、书证一般应为原物、原件，且应当通过合法、规范的勘验、检查、搜查、调取等方式取得。原物、原件未随案移送，只有物证照片、录像和书证复制件的，应注意审查其客观真实性和有效性。物证的照片、录像和书证的复制件，经与原物、原件核实无误或者经鉴定证明为真实的，具有同等的证明力。具有下列情形之一的物证和书证，不能作为定案的根据：（一）对物证、书证的来源及取证活动合法性有异议，公诉机关未作出合理解释或提供必要证明的；（二）经勘验、检查、搜查取得的物证、书证，未附有搜查笔录、勘验笔录和检查笔录，或者笔录记载的内容与物证、书证不一致的；（三）书证被更改或有更改迹象，公诉机关未作出合理解释或提供必要证明的；（四）原物的照片、录像不能反映原物的外形和特征，书证复制件不能反映书证原件内容的。

7. 视听资料

第二十七条 ［视听资料的审查判断］对视听资料应当着重审查以下内容：

（一）视听资料的来源是否合法，制作过程中当事人有无受到威胁、引诱等违反法律及有关规定的情形；

（二）是否载明制作人或者持有人的身份，制作的时间、地点和条件以及制作方法；

（三）是否为原件，有无复制及复制份数；调取的视听资料是复制件的，是否附有无法调取原件的原因、制作过程和原件存放地点的说明，是否有制作人和原视听资料持有人签名或者盖章；

（四）内容和制作过程是否真实，有无经过剪辑、增加、删改、编辑等伪造、变造情形；

（五）内容与案件事实有无关联性。

对视听资料有疑问的，应当进行鉴定。

对视听资料，应当结合案件其他证据，审查其真实性和关联性。

【制定目的】

本条是关于视听资料认定规则的规定，旨在规范视听资料的审查判断，保证正确发挥视听资料的证明作用。

【释义】

本条吸收了《关于检察机关侦查工作贯彻刑诉法若干问题的意见》、《人民检察院刑事诉讼规则》等规定、解释以及地方司法机关审查判断视听资料的实践经验。主要包括视听资料的审查要点、视听资料的鉴定规则和视听资料的综合审查规则。

视听资料，是指以图像和声音形式证明案件真实情况的证据，包括录音、录像及其他技术设备提供的信息资料。有些法规如北京市高级人民法院证据规定把电子数据交换、电子邮件、电子数据等电脑储存资料纳入视听资料的范畴，但根据本规定此类证据被归入电子证据的范畴。目前，司法实践中录音录像证据普遍存在，但以下证据不能视为视听资料：①单一的照片，作为书证；②在讯问犯罪嫌疑人或被告人时同步制作的录音、录像资料，作为犯罪嫌疑人、被告人的供述和辩解；③在询问证人时同步制作的录音、录像资料，作为证人证言；④在询问被害人时同步制作的录音、录像资料，作为被害人陈述；⑤在现场勘查、检查时同步制作的录音、录像资料，作为现场勘查、检查笔录。

对本条可作以下理解：

（一）视听资料的来源是否合法，制作过程中当事人有无受到威胁、引诱等违反法律及有关规定的情形。

本项规定了视听资料合法性的审查规则。其依据是《刑事诉讼法》第43条规定的“严禁刑讯逼供和以威胁、引诱、欺骗以及其他非法的方法收集证据”。如果视听资料制作过程中当事人受到威胁或者引诱，很容易影响到视听资料的真实性，所以应予以重点审查。根据我国《刑事诉讼法》的规定，收集证据的主体主要是人民法院、人民检察院、公安机关和辩护律师。并且，《刑事诉讼法》第43条、第37条对这些主体收集证据的程序都作了具体规定。刑事视听资料属于刑事证据的一种，刑事视听资料的收集也应由法律规定的主体依照法律规定的程序收集。由非法主体收集的或没有按照合法程序收集的刑事视听资料不具有合法性。此外，对于视听资料的合法性，分不同的获取主体和地点，还应注重审查以下内容：

对侦查机关制作的视听资料，要审查是否履行了相应的批准手续。《国家安全法》第10条规定："国家安全机关因侦察危害国家安全行为的需要，根据国家有关规定，经过严格的批准手续，可以采取技术侦察措施。"1995年颁布的《人民警察法》第16条规定："公安机关因侦查犯罪的需要，根据国家有关规定，经过严格的批准手续，可以采取技术侦察措施。"这里的技术侦察方法，是指刑事侦查人员采取的电子侦听、电子监控、秘密拍照或录像、电话监听等手段，这些侦察措施实施的结果往往形成视听资料，我国目前没有规定监听等技术侦察措施实施的具体程序，所以其合法性审查的依据只能审查是否获得授权，是否有相应的批准手续。

对侦查机关以外的其他单位制作的视听资料，如公开场所设立的监控设备偶然录下的案件全部或部分内容，这一录制是出于维护社会公共秩序的目的，出现在公共场合的人也是对录制的默许，所以应认可其合法性。

对案件当事人或者第三人制作的视听资料，可借鉴最高人民法院《关于民事诉讼证据的若干规定》第68条的规定，审查是否侵犯他人的合法权益，是否违反法律的禁止性规定。

对从域外获取的视听资料证据，需要审查是否履行了相关的证明手续。

（二）是否载明制作人或者持有人的身份，制作的时间、地点和条件以及制作的方法。

本项规定的是视听资料的形式性审查。审查视听资料制作人或者持有人的身份，制作的时间、地点和条件以及制作的方法是相关法律规定的要求，根据《关于检察机关侦查工作贯彻刑诉法若干问题的意见》，秘密获取视听资料证据的，获取人应将获取该视听资料证据的时间、地点、经过，获取人的姓名等制作成笔录附卷。检察人员或检察人员指派的其他人获取视听资料证据的，获取人应将获取时间、地点、获取人姓名记载入视听资料中。视听技术设备达不到这种要求，或不便在视听资料中反映的，获取人应将获取该视听资料的起止时间、地点、姓名及制作经过作成笔录附卷。之所以审查该项内容，是因为根据视听资料的形成时间、地点、制作人、制作方法等情况，可以明确视听资料反映的情况是否真实可靠，有无伪造或篡改的可能。

不同主体的不同动机可能会对视听资料有不同的影响。同是当事人，被告人制作的视听资料往往可能出于教唆或者炫耀，则可信性较大，而对被害人制作的视听资料，则要审查被告人的陈述或行为是否被引诱而为。诉讼之前制作的视听资料的可信度要高于诉讼后制作的，制作的时间还可同视听资料的内容相互印证。

制作地点周围的环境、地形，空气的干湿程度，嘈杂程度都会影响视听资料的准确性。此外，制作地点是属于公共场所还是私人领域对视听资料的可信性影响也较大。就制作条件而言，由于视听资料的收集、保存、重现都有赖于技术设备与软件，其真实性与这些技术设备和软件的质量、性能密切相关。因此，应审查这些设备的灵敏度、准确性是否符合设计要求，有无发生故障的经历，是否超过了使用期限，工作性能和适用范围；审查软件是否成熟，是否具有很强的安全保障，是否容易受到意外攻击、病毒感染等，这些都直接影响视听资料的准确性。如果制作的设备或软件不合格的话，则据其制作的视听资料不得作为证据使用。就制作方法而言，法庭应当审查用于制作、存储、传递该视听资料的方法及其原理，审查制作时是否遵守了相应的技术要求，是否出现过异常情况及如何处理异常情况。这些审查很多属于专业审查，必要时可以听取相关专家的意见。

（三）是否为原件，有无复制及复制份数；调取的视听资料是复制件的，是否附有无法调取原件的原因、制作过程和原件存放地点的说明，是否有制作人和原视听资料持有人签名或者盖章。

本项规定是视听资料的最佳证据规则的体现。所谓视听资料的原始载体，即本项规定中的原件，是指直接来源于案件事实的视听资料，如交通事故发生时的现场录像，双方谈话的现场录音。复制件则是指通过翻录、复制、拷贝等方式取得的视听资料。

在提交原始载体存在客观困难的情况下，当事人可以选择提供复制件，这些客观原因通常包括：①视听资料的载体因外在原因发生意外而毁损灭失的；②视听资料的载体不能移动或不易移动的；③视听资料的原始载体为第三人持有，而该第三人依法有权拒绝提出的；④所需提出的视听资料是国家档案等特殊文书，依法提出复制件的。

由于视听资料比较容易复制，且复制件往往与原件很难区分，因此，如果该视听资料为复制件，须审查无法调取原件的原因、复制件制作的过程和原件存放地点的说明，以此来佐证复制件的可靠性。此外，对于复制件还要有制作人和原视听资料持有人的签名或者盖章，以备法院调查核实，如果没有制作人和原视听资料持有人的签名或者盖章，则应要求复制件提供者说明理由，理由不能成立的，该复制件不予采信。

需要注意的是，对复制件的审查应当更为审慎，要认真审查是否有被裁剪、拼凑、篡改等情形。必要时可借助现代科学技术或专家的力量，一旦发现有被裁剪、拼凑、篡改等情况，应取消其证据资格。

（四）内容和制作过程是否真实，有无经过剪辑、增加、删改、编辑等伪造、变造情形。

本项规定是视听资料的真实性规则。视听资料中反映犯罪的信息是以声、光、电、磁等媒介形式存在的，必须通过现代仪器设备和技术手段固定或储存在录音带、录像带等物质载体里，在其形成、制作、转换的过程中，有些人为逃避处罚会想尽办法对其进行伪造或者变造。例如，通过剪辑、删改等方法将视听资料中证明有罪的内容予以删除；通过编辑、删改的方法将视听资料中对其不利的内容变更为对自己有利的内容；通过消磁的方式损害视听资料。所以，对视听资料真实性的审查必要而且重要。

对视听资料真实性的审查，主要从其内容和制作过程两个方面进行。

对视听资料内容的审查主要看视听资料的声音、图像是否足够清晰、流畅，涉案当事人的谈话内容是否具有严密的逻辑性和完整性，有无失真、剪辑的痕迹，有无和正常情理矛盾的情节。例如，审查录音带原声，可以根据录下的颤音、哑音、嘶音、回音以及笑声、哭声、叹息声、咳嗽声，分析说话人当时的情绪、所处的环境、同录音设备的距离，判断说话人当时的心理活动、身体状况、意思表示的真实程度，是否有被威胁、胁迫的情形。如果发现有内容不完整、情节不连贯、情形不合理等问题，需进一步采用其他方法审查辨别，以确认其证明力。特别需要注意的是，对视听资料内容的审查更要关注背景音像。犯罪行为人可以对视听资料所涉及的主体进行模仿、伪装、变造，但不可能或者忽略对视听资料中所反映的建筑物、天气情况、地形地貌进行伪装和变造，如果发现视听资料中的建筑物、天气情况等背景音像与现场的情形不一致的，则需要对视听资料的证明力进一步审查判断。

对视听资料制作过程的审查主要审查制作该视听资料的技术设备和软件，制作、存储、传递、播放该视听资料的方法，制作、保管该视听资料的过程有无影响其失真的情形，具体可见对本条第二项的解释。

（五）内容与案件事实有无关联性。

本项规定是视听资料的关联性规则。关联性是视听资料作为证据应有的基本属性。审查判断视听资料的关联性，一是要找出视听资料与反映事实内在的、必然的联系；二是要找出视听资料与待证事实之间的关联方式和性质。如果视听资料与本案案情没有任何联系，即使其是客观真实的，也不能作为本案的证据。视听资料与案件事实的关联性，也需要进行细致的工作，仔细耐心地寻找。

对视听资料有疑问的，应当进行鉴定。该款来源于《人民检察院刑事诉讼规则》第258条："人民检察院对物证、书证、视听资料、勘验、检查笔录存在疑问的，可以要求侦查人员提供物证、书证、视听资料、勘验、检查笔录获取、制作的有关情况。必要时也可以询问提供物证、书证、视听资料的人员并制作笔录，对物证、书证、视听资料进行技术鉴定。"如果视听资料经过法庭的出示、质证后，控辩双方和法庭对视听资料的真伪或其记载的内容存在怀疑时，法庭可依职权或依申请决定鉴定。由于视听资料的高科技性，人们借用一定的高科技手段极易对其进行伪造和篡改，加上被伪造、篡改后，仅凭人的感官又难以发现，因此，对视听资料的审查判断必须借助高科技手段进行鉴定，才能辨别真伪。比如通过音频频谱分析仪进行声纹鉴别，可知录音带中的声响是否为模仿、伪造的；通过分辨仪检验，可知录像带中的图像是否是剪辑、拼凑而成的。

对视听资料，应当结合案件其他证据，审查其真实性和关联性。该款要求把视听资料与案内其他证据进行对比研究，相互印证。例如，审查视听资料所反映的事实同相关书证、物证、证人证言等是否吻合，有无矛盾之处。如果相互一致，则该视听资料就真实可靠，可以作为证据使用，如果发现可疑之处或者相互矛盾，就应当进一步分析研究，找出原因，加以解决。结合案件其他证据进行审查视听资料，也是保证视听资料真实性和关联性的必要途径。因为视听资料一般不能全面反映犯罪行为发生的全过程，对于预备、逃匿等情况有可能遗漏。在这种情况下，将视听资料与犯罪嫌疑人和刑事被告人的陈述、被害人陈述和证人证言以及其他物证、书证联系起来分析，就可能发现问题。司法实践中，视听资料与其他证据发生冲突是常有的，对此不能采取回避的态度，视听资料须和其他证据相佐证。

【特别提示】

适用本条需要注意的问题是视听资料不但以所表达的内容证明案件情况，而且以原声、原貌再现案件事实，它望之有形，闻之有声，查之有据，给人以生动感性的认识，起着“眼见为实”的效果，但不能因此盲目地确认视听资料的证据效力，应根据本条的规定细致地审核。

此外，还应关注视听资料的完整性问题。视听资料的完整性同视听资料的原始性（即原件）乃一体两面的关系，视听资料如果是原件，那肯定是完整的，没有经过删减。反之，经过删减的视听资料，当然也不是原件。出示视听资料的一方负有释明其完整性的义务。例如，当一方当事人出示一份书面或者录音证词或者其中一部分时，对方当事人可以请求同时出示书面或者录音证词的另一部分，或者出于公正立场考虑应予同时出示的任何其他录音或者书面证词。

【相关立法例】

《公安机关办理刑事案件程序规定》第 58 条规定：“书证的副本、复制件，视听资料的复制件，物证的照片、录像，应当附有关制作过程的文字说明及原件、原物存放处的说明，并由制作人签名或者盖章。”

《人民检察院刑事诉讼规则》第 188 条、第 258 条分别规定：“调取书证、视听资料应当调取原件。取得原件确有困难或者因保密需要不能调取原件的，可以调取副本或者复制件。调取物证应当调取原物。原物不便搬运、保存，或者依法应当返还被害人，或者因保密工作需要不能调取原物的，可以将原物拍照、录像。对原物拍照或者录像应当足以反映原物的外形、内容。调取书证、视听资料的副本、复制件和物证的照片、录像的，应当附有不能调取原件、原物的原因、制作过程和原件、原物存放地点的说明，并由制作人员和原书证、视听资料、物证持有人签名或者盖章。”“人民检察院对物证、书证、视听资料、勘验、检查笔录存在疑问的，可以要求侦查人员提供物证、书证、视听资料、勘验、检查笔录获取、制作的有关情况。必要时也可以询问提供物证、书证、视听资料的人员并制作笔录，对物证、书证、视听资料进行技术鉴定。”

《关于检察机关侦查工作贯彻刑诉法若干问题的意见》规定：“三、关于依法收集和运用视听资料证据

1. 视听资料是指以图像和声音形式证明案件真实情况的证据。包括与案件事实、犯罪嫌疑人以及犯罪嫌疑人实施反侦查行为有关的录音、录像，照片、胶片、声卡、视盘、电子计算机内存信息资料等。

2. 视听资料证据的收集方式：

①向有关单位和个人调取；

②犯罪嫌疑人、同案人交出；

③有关知情人、证人提供；

④犯罪嫌疑人家属或其聘请的律师提供；

⑤搜查、扣押；

⑥勘验检查中提取；

⑦侦查过程中检察人员直接制作；

⑧侦查过程中检察机关指派有关人员制作。

3. 收集视听资料证据的程序。

①收集视听资料证据必须依法进行。遵守刑事诉讼法第一编第五章的有关规定。

②检察人员向有关单位和个人收集、调取视听资料证据必须出具《人民检察院调取证据通知书》和《调取证据清单》一式二份。一份交被调取单位和个人保存，一份存卷备案。

涉及国家秘密和被调取单位商业、管理秘密的视听资料证据，应当保密。

③人民检察院接受和收集、调取视听资料证据应制作接受、收集、调取视听资料证据笔录，让交出或提供视听资料证据的单位和个人详细说明该视听资料证据的形成过程、发现经过、保存地点、原保存人、是否原始资料等。接受和收集、调取视听资料的检察人员、交出或提供人均应在笔录上签署姓名和日期。

④检察人员在勘验、检查和搜查中发现视听资料证据的应予扣押。

扣押视听资料证据，应当制作扣押笔录和清单，一式二份，一份交被扣押人保存，一份留卷备查。扣押笔录应当记明被扣押的视听资料发现经过、原存放地点、数量、特征、主要内容，并责令被扣押物品持有人详细说明该视听资料的来源和获取过程、动机、目的。执行勘验、检查和搜查任务的检察人员及被扣押物品持有人应在扣押笔录上签名。

⑤检察人员或检察人员指派的其他人员采取秘密方式获取的视听资料，不能直接作为证据提交法庭，需要提交法庭的，检察人员可以通过讯问或其他方式将其转化为能够公开使用的证据。秘密获取视听资料证据的，获取人应将获取该视听资料证据的时间、地点、经过，获取人的姓名等制作成笔录附卷。

检察人员或检察人员指派的其他人获取视听资料证据的，获取人应将获取时间、地点、获取人姓名记载入视听资料中。视听技术设备达不到这种要求，或不便在视听资料中反映的，获取人应将获取该视听资料的起止时间、地点、姓名及制作经过作成笔录附卷。

⑥检察人员需要到外地执行获取视听资料任务的，承办案件的检察院必须向执行任务所在地的检察院通报情况。需要所在地检察院配合的，所在地检察院必须配合，不得以任何理由推诿或阻挠。

4. 严格区分视听技术实验与技侦手段的界限。运用现代视听技术，依照法律规定的取证程序，公开或秘密地获取视听资料证据与依照专门的程序，运用专有技术，由技术侦查专门人员秘密进行的技术侦察是不同的。对个别案件，需要使用技侦手段的，要严格按规定审批，并商有关部门实施。

5. 视听资料证据的审查和采信。

对接受和调取的视听资料，必须经过审查核实才能作为定案的依据。

审查视听资料证据，必须坚持全面、细致、协调、科学原则。对接受和调取的视听资料要认真审查来源是否清楚；获取时间和过程是否符合客观实际；获取人是否具备获取视听资料的条件和技术，获取该视听资料的动机、目的；视听资料的内容是否连贯，有无剪辑，所反映的犯罪事实与背景是否一致，口形与声音是否同步；视听资料所反映的内容与其他物证、书证、现场勘验是否协调一致，与犯罪嫌疑人供述和证人证言是否存在矛盾。对通过审查尚不能判定真伪的视听资料，要及时聘请有关视听技术专家进行鉴定。

6. 侦查终结需要移送审查起诉的案件，移送视听资料证据应同时在卷中附加获取该视听资料证据的情况说明。录音、录像、胶片、声卡、软盘等视听资料不能直观说明其证明内容的，检察人员在移送该视听资料证据时应附文字笔录入卷。为防止内容发生变异、消失，侦查部门在移送视听资料证据时还应制作预留备份。根据法律规定，人民检察院应向法院提交主要视听资料证据的复制件，原件由检察机关保存和在法庭上出示。

7. 对视听资料证据在接受、提取、扣押、制作、复制、移送等各环节都应严格保管，安全保管，实行保管和移交责任制，由经手人制作送达式移送回证并签名。防止视听资料证据在保管、制作、复制、移送环节出现损毁、丢失、感染病毒等影响诉讼活动进行的问题。”

第二十八条 ［视听资料的排除］ 具有下列情形之一的视听资

料，不能作为定案的根据：

（一）视听资料经审查或者鉴定无法确定真伪的；

（二）对视听资料的制作和取得的时间、地点、方式等有异议，不能作出合理解释或者提供必要证明的。

【制定目的】

本条是有关视听资料存疑认定规则的规定，旨在明确视听资料存在疑问或无法确定真伪时的证据效力。

【释义】

本条吸收了地方法院的一些规定和实际经验。主要包括视听资料内容真伪不明的排除规则和视听资料制作过程异议难以澄清的排除规则。本规定第 27 条和本条分别从正反两个方面构建了视听资料的审查规则。第 27 条规定的是视听资料审查的内容和方法，本条则是对审查结果的处理。对本条可以作以下理解：

（一）视听资料内容无法确定真伪的，不得作为定案的根据。

我国刑事诉讼法律和司法解释对于如何辨别视听资料的真伪，虽然没有提供具体的方式、方法，但是做了比较原则的要求。例如，《最高人民法院关于执行〈中华人民共和国刑事诉讼法〉若干问题的解释》第 150 条规定："当庭出示的物证、书证、视听资料等证据，应当先由出示证据的一方就所出示的证据的来源、特征等作必要的说明，然后由另一方进行辨认并发表意见。控辩双方可以互相质问、辩论。"《人民检察院刑事诉讼规则》第 258 条规定："人民检察院对物证、书证、视听资料、勘验、检查笔录存在疑问的，可以要求侦查人员提供物证、书证、视听资料、勘验、检查笔录获取、制作的有关情况，必要时也可以询问提供物证、书证、视听资料的人员并制作笔录，对物证、书证、视听资料进行技术鉴定。"根据本规定第 27 条对视听资料及其所载内容存在怀疑时，应当进行鉴定。

内容无法确定真伪不得作为定案根据的视听资料有两方面的要求：一方面是程序上的，视听资料要经过程序上的出示、说明、质证过程，控辩双方如果认为视听资料可能经过人为的剪辑或变造，允许其提出证据予以推翻。如果该方不能提出证据予以证明，可以申请人民法院委托专业鉴定机构进行鉴定。让控辩双方穷尽证明手段，如果未经过这些程序而直接作出内容真伪不明的排除是不合理的，也是不合法的；另一方面是实体上的，即对控辩双方对视听资料的异议，经审查或鉴定仍无法准确判断视听资料的真实性，使法官不能形成内心确信，并产生合理怀疑。在满足上述两方面要求的情况下，可以作出该视听资料不得作为定案根据的结论。

（二）对视听资料的制作和取得的时间、地点、方式等有异议，不能作出合理解释或者提供必要证明的，不得作为定案的根据。

在通过前一条文释义了解视听资料制作过程的基础上，我们还应考虑视听资料取得的时间、地点、方式对视听资料真实性、客观性、准确性的影响，所以，如果对视听资料的制作，取得的时间、地点、方式等有异议，不能作出合理解释或者提供必要证明的，该视听资料不得作为定案的根据。负有解释或证明义务的应该是提出视听资料的一方，解释或证明的方式包括提供情况说明、出庭作证，由法官裁量决断异议是否成立，解释是否合理，证明是否充分。

【特别提示】

适用本条需注意的问题是，本条第二项仅对控辩双方的异议作出回应，如果司法人员对视听资料的制作乃至取得的时间、地点、方式有疑问的如何处理？司法人员也可以要求视听资料的提供方给出合理解释或提供必要证明，亦可通过庭外调查的方式核实视听资料的制作及取得过程，如果仍有疑问的，则该视听资料不能作为定案的根据。

【相关立法例】

《最高人民法院关于执行〈中华人民共和国刑事诉讼法〉若干问题的解释》第139条、第150条分别规定：“控辩双方要求证人出庭作证，向法庭出示物证、书证、视听资料等证据，应当向审判长说明拟证明的事实，审判长同意的，即传唤证人或者准许出示证据；审判长认为与案件无关或者明显重复、不必要的证据，可以不予准许。”“当庭出示的物证、书证、视听资料等证据，应当先由出示证据的一方就所出示的证据的来源、特征等作必要的说明，然后由另一方进行辨认并发表意见。控辩双方可以互相质问、辩论。”

《江苏省高级人民法院关于刑事审判证据和定案的若干意见（试行）》第54条规定：“作为定案根据的视听资料必须经过查证。对视听资料的审查判断，应当着重审查以下内容：（一）视听资料是如何获得的、在哪里获得的；（二）视听资料是否伪造或经过拼接，是原件还是复制件；（三）视听资料形成的时间、地点和周围环境；（四）视听资料的保管过程中，有无影响信息真实性的不当情形；（五）有关制作设备和制作技术是否正常、科学；（六）视听资料的内容，有无矛盾。在对视听资料进行审查时，应尽可能询问视听资料的制作人、见证人，了解视听资料的制作过程。经审查，有其他证据佐证并以合法手段取得的、无疑点的视听资料或者与视听资料核对无误的复制件可以确定其证明力。”

8. 其他规定

第二十九条 ［电子证据的审查判断规则］对于电子邮件、电子数据交换、网上聊天记录、网络博客、手机短信、电子签名、域名等电子证据，应当主要审查以下内容：

（一）该电子证据存储磁盘、存储光盘等可移动存储介质是否与打印件一并提交；

（二）是否载明该电子证据形成的时间、地点、对象、制作人、制作过程及设备情况等；

（三）制作、存储、传递、获得、收集、出示等程序和环节是否合法，取证人、制作人、持有人、见证人等是否签名或者盖章；

（四）内容是否真实，有无剪裁、拼凑、篡改、添加等伪造、变造情形；

（五）该电子证据与案件事实有无关联性。

对电子证据有疑问的，应当进行鉴定。

对电子证据，应当结合案件其他证据，审查其真实性和关联性。

【制定目的】

本条是关于电子证据认定规则的规定，旨在规范电子证据的审查判断活动，从而保障电子证据的客观性。

【释义】

本条吸收了《电子签名法》、《公安机关办理刑事案件程序规定》等规定、解释以及地方法院的实际经验。主要包括电子证据的范围、电子证据的审查内容、电子证据的鉴定规则以及电子证据的综合审查规则。

电子证据，是指借助现代信息技术或电子设备而形成的一切证据，或者以电子形式表现出来的能够证明案件事实的一切证据。本规定将电子邮件、电子数据交互、网上聊天记录、网络博客、手机短信、电子签名、域名等与计算机有关的证据都纳入电子证据的范畴。对本条可作以下理解：

（一）在电子证据的提交上，要审查该电子证据存储磁盘、存储光盘等可移动存储介质是否与打印件一并提交。

电子证据是以数字或模拟信号的形式存储在各种电子介质如芯片、软盘、硬盘、光盘、磁带、移动存储设备等载体之上的，需要相应的设备将其显示出来。司法实践中，很多人以提交电子证据打印件的形式代替提交电子证据的存储设备，在没有相应介质的情况下，很难验证电子证据的真假。因此，在刑事诉讼中，只提交电子证据的打印件不能认定为定案根据。

此外，还应注意的是，在审查电子证据时也应贯彻最佳证据规则即原件规则。电子证据极易被改动而不留痕迹，面对实践中电子证据被伪造的极大可能性，要求电子证据的原件对其真实性的证明无疑具有重大意义。对于电子证据的原件确认，《电子签名法》第5条规定："符合下列条件的数据电文，视为满足法律、法规规定的原件形式要求：（一）能够有效地表现所载内容并可供随时调取查用；（二）能够可靠地保证自最终形成时起，内容保持完整、未被更改。但是，在数据电文上增加背书以及数据交换、储存和显示过程中发生的形式变化不影响数据电文的完整性。"这里提出了一个电子证据完整性的概念，完整性指的是电子证据信息保持完整、未被修改，在交流、保存、演示的正常程序中引起的改变除外。实践中完整性的认定往往采用推定的方式，而非直接认定的方式，如加拿大《统一电子证据法》规定，电子证据的完整性的认证是通过电子记录系统的完整性来实现的，即只需验证电子记录系统的安全性（security）、可靠性（reliability）和准确性（accuracy），输入电脑的程序足以证明当事人的真实身份，这种鉴定即为有效。对通过数据恢复技术获得的电子证据应视为原件。

（二）在电子证据的形式上，要审查是否载明该电子证据形成的时间、地点、对象、制作人、制作过程及设备情况等。

本项规定的是对电子证据的形式性审查。同视听资料一样，电子证据的可靠性也容易受到形成的时间、地点、对象、制作人、制作过程及设备情况的影响，审查是否载明前列情形，是确认电子证据所反映的内容是否真实可靠，有无伪造和删改的可能的必要。

（三）在电子证据的合法性上，要审查制作、存储、传递、获得、收集、出示等程序和环节是否合法，取证人、制作人、持有人、见证人等是否签名或者盖章。

本项规定的是对电子证据的合法性审查。电子证据合法性的审查包括两个层次，一是制作、存储、传递、获得、收集、出示等程序和环节是否合法，此为程序合法的审查；二是取证人、制作人、持有人、见证人等是否签名或者盖章，此为形式要件的审查。

电子证据的制作、存储、传递、获得、收集、出示都应按照法律规定的程序进行，履行法律及相关规定要求的手续，如秘密侦查手段获得的电子证据要求秘密侦查已履行相应的审批手续，域外获取的电子证据要履行相关的证明手续，未经合法授权侵入他人计算机系统获得的电子证据应通过衡量决定是否排除，侦查机关电子证据的收集提取应符合公安部颁发的《计算机犯罪现场勘验和电子证据检查规则》的要求。

提取、复制电子证据的制作人、电子证据的持有人和能够证明提取、复制过程的见证人应当在文字说明材料上签名或者盖章。如果没有签名盖章的，应审查侦查人员是否有说明情况或通过将提取、复制有关电子证据的过程拍照或者录像的方式来证明。电子证据提取、制作的见证人一般应具备计算机的相关知识，以备发生争议时出庭质证。

（四）在电子证据的可靠性上，要审查电子证据的内容是否真实，有无剪裁、拼凑、篡改、添加等伪造、变造情形。

本项规定的是对电子证据的可靠性审查。审查判断电子证据的方式，有直接认定和间接认定两种。

1. 直接认定的方式。

（1）电子证据的生成，即要考虑作为证据的数据电文是怎样形成的。例如，数据电文是在正常业务中按常规程序自动生成的还是人工录入的，自动生成数据电文的程序是否可靠，有没有非法干扰；由人工录入数据电文时，录入者是否按照严格的操作规程，采用可靠的操作方法合法录入。另外，该电子证据所依赖的计算机系统或其他类似设备，在所有关键时刻是否处于正常运行状态，如果关键时刻未处于正常运行状态，该事实是否影响电子记录的真实性；该电子证据是在正常业务中制作的还是为诉讼目的制作的，前者的可靠性要高于后者。

（2）电子证据的传送与接收。数据电文通常要经过网络的传递、输送，所以要考虑传递、接收数据电文时所用的技术手段或方法是否科学、可靠，传递数据电文的“中间人”如网络运营商等是否公正、独立，数据电文在传递过程中有无加密措施，数据电文的内容是否被改变等。

（3）电子证据的存储，即要考虑作为证据的数据电文是怎样存储的。例如，存储数据电文的方法是否科学；存储数据电文的介质是否可靠；存储数据电文者是否公正、独立；数据电文是由不利方储存的还是由有利方储存的或是由中立的第三方储存的，不利方储存的数据电文的可靠性最高，第三方储存的数据电文的可靠性次之，有利方储存的数据电文的可靠性最低；存储数据电文时是否加密，所存储的数据电文是否被改动，等等。

（4）电子证据的收集，即要考虑作为证据的数据电文是由谁来收集的，收集者与本案有无利害关系，如果收集者与本案有利害关系，那么其收集的电子证据的可靠性就低。另外，该数据电文是否为经公证机关获得的电子证据，经公证机关获得的电子证据的可靠性较高；司法机关在收集电子证据的过程中是否遵守了法律的有关规定；司法机关以秘密方式收集电子证据时是否经过授权，是否符合法定的秘密取证程序；收集电子证据的方法（如备份、打印输出等）是否科学、可靠；收集者在决定对数据电文进行重组、取舍时，所依据的标准是什么，所采用的方法是否科学、可靠，等等。

2. 间接认定的方式。

间接认定的方式是指将对电子证据可靠性的认定转移为对其他因素可靠性的认定，通过对其他因素可靠性的认定来推定电子证据具有可靠性的做法。

间接认定电子证据可靠性的方法主要包括：通过认定提供某一电子证据的计算机系统具有可靠性，而推定该电子证据具有可靠性。有些地方性规定认为，电子数据证据的审查判断，应当着重审查以下内容："（一）计算机系统硬件是否完好；（二）计算机软件是否可靠；（三）计算机运行是否正常，是否受到过病毒侵袭；（四）是否具有被人为改动的可能。"通过认定某一电子证据是对其不利的一方当事人保存或提供的，而推定该电子证据具有可靠性。如果某一电子证据是在正常的业务活动中生成并保管的，也可以推定该电子证据具有可靠性。

人类无法简单凭借鉴定等方式来判断数据电文的真实性，这绝非偶然因素，而是因为数据电文的授权改动与"非法篡改"无论是从技术上还是从结果上，通常并无二致。数据电文在其生成、存储、传送与收集等各个阶段都有可能出现人眼（或人耳）不能察觉的差错，故直接辨真的方式发挥作用的空间很小，甚至干脆没有用武之地。所以本项规定在实践中能否直接运用是值得怀疑的，应多考虑间接认定电子证据可靠性的规则。

（五）在电子证据的可采性上，要审查该电子证据与案件事实有无关联性。

本项规定的是对电子证据的关联性审查。判断电子证据是否具有关联性，应从三个方面着手，即电子证据是否能够证明案件的某方面问题，该问题是否为案件事实争议的问题，该电子证据对争议问题的解决是否有实质性的意义。由于黑客技术和计算机远程控制技术等的出现，审查刑事电子证据的关联性具有一定的难度。例如，犯罪行为人可以盗用他人的上网账号，或者留下虚假的 IP 地址或者邮箱地址进行犯罪活动，因此，在认定有争议的刑事电子证据的关联性时必须坚持综合印证原则，结合犯罪嫌疑人的电子技术水平等，确认电子证据与案件事实的关联性。

对电子证据审查判断应当由表及里、由外及内，在审查判断电子证据时可依次进行。对有疑问的电子证据，必要时应当对其真伪进行鉴定。鉴定既可以由控辩双方提出，也可以由法官视案件情况决定，但应由具备电子证据鉴定资质的机构进行。对此，公安部 2005 年颁布了《公安机关电子证据鉴定规则》。

【特别提示】

适用本条要注意的问题是，对电子证据，应当结合案件其他证据，审查其真实性和关联性。由于电子证据大量存在于网络犯罪案件，被告人网上活动的匿名性决定了在电子证据的关联性审查时要重点解决一个问题：如何确定电子证据为被告人所留下的活动痕迹。所以在审查判断电子证据时，要结合案件其他证据审查其真实性和关联性。具体来讲，可以考虑从以下几个方面判断核实：通过将网上获取的电子证据与被告人口供相互印证来判定；通过将网上获取的电子证据与被告人所使用电脑中的电子证据相互印证来判定；通过将网上获取的电子证据与搜查、调查中所获取的其他证据相互印证来判定；通过网上行为人上网进行犯罪活动时所使用的 IP 地址来判定；通过网上行为人登录网站进行犯罪活动时所使用的用户名和密码来判定；结合行为人在网上的其他行为来判定。

【相关立法例】

《公安机关办理刑事案件程序规定》第 215 条、第 216 条、第 217 条分别规定：“扣押犯罪嫌疑人的邮件、电子邮件、电报，应当经县级以上公安机关负责人批准，签发扣押通知书，通知邮电部门或者网络服务单位检交扣押。”“不需要继续扣押的时候，应当经县级以上公安机关负责人批准，签发解除扣押通知书，立即通知邮电部门或者网络服务单位。”“对于扣押的物品、文件、邮件、电子邮件、电报，应当指派专人妥善保管，不得使用、调换、损毁或者自行处理。经查明确实与案件无关的，应当在三日以内解除扣押，退还原主或者原邮电部门、网络服务单位。”

《人民检察院刑事诉讼规则》第 192 条规定：“扣押犯罪嫌疑

人的邮件、电报或者电子邮件，应当经检察长批准，通知邮电机关或者网络服务机构将有关的邮件、电报或者电子邮件检交扣押。不需要继续扣押的时候，应当立即通知邮电机关或者网络服务机构。”

《广东省高级人民法院关于办理刑事案件若干问题的指导意见》第 42 条、第 43 条分别规定：“对于电子邮件、电子数据交换、网上聊天记录、网络博客、手机短信、电子签名、域名等电子证据，应当主要审查以下内容：（一）该电子证据的磁盘、光盘等载体是否与打印件一并提交；（二）是否载明该电子证据形成的时间、地点、对象、制作人、制作过程及设备情况等；（三）制作、储存、传递、获得、收集、出示等程序和环节是否合法，取证人、制作人、持有人、见证人等是否签名或盖章；（四）内容是否真实，有无剪裁、拼凑、篡改、添加等伪造、变造情形。”“对有疑问的电子证据，必要时应当对其真伪进行鉴定。”

《计算机犯罪现场勘验与电子证据检查规则》第 26 条、第 27 条分别规定：“办案人员将电子证据移交给检查人员时应同时提供《固定电子证据清单》和《封存电子证据清单》的复印件，检查人员应当依照以下原则检查电子证据的完整性：（一）对于以完整性校验方式保护的电子数据，检查人员应当核对其完整性校验值是否正确；（二）对于以封存方式保护的电子设备或存储媒介，检查人员应当比对封存的照片与当前封存的状态是否一致；（三）存储媒介完整性校验值不正确、封存状态不一致或未封存的，检查人员应当在《电子证据检查笔录》中注明，并由送检人签名。”“电子证据检查包括：（一）检查、分析电子证据中包含的电子数据，提取与案件相关的电子证据。（二）检查、分析电子证据中包含的电子数据，制作《电子证据检查笔录》描述检查结论。”

第三十条 ［辨认笔录的审查判断］侦查机关组织的辨认，存在下列情形之一的，应当严格审查，不能确定其真实性的，辨认结果不能作为定案的根据：

（一）辨认不是在侦查人员主持下进行的；

（二）辨认前使辨认人见到辨认对象的；

（三）辨认人的辨认活动没有个别进行的；

（四）辨认对象没有混杂在具有类似特征的其他对象中，或者供辨认的对象数量不符合规定的；尸体、场所等特定辨认对象除外；

（五）辨认中给辨认人明显暗示或者明显有指认嫌疑的。

有下列情形之一的，通过有关办案人员的补正或者作出合理解释的，辨认结果可以作为证据使用：

（一）主持辨认的侦查人员少于二人的；

（二）没有向辨认人详细询问辨认对象的具体特征的；

（三）对辨认经过和结果没有制作专门的规范的辨认笔录，或者辨认笔录没有侦查人员、辨认人、见证人的签名或者盖章的；

（四）辨认记录过于简单，只有结果没有过程的；

（五）案卷中只有辨认笔录，没有被辨认对象的照片、录像等资料，无法获悉辨认的真实情况的。

【制定目的】

本条是关于辨认笔录审查判断规则的规定，旨在规范辨认笔录发挥其证明案件事实的作用。

【释义】

本条吸收了《公安机关办理刑事案件程序规定》第九章第九节、《人民检察院刑事诉讼规则》第七章第八节的规定以及地方法院的相关实践经验。其内容主要包括辨认笔录的排除规则和辨认笔录的补正规则两项规则。

辨认对案件的侦破和认定有时起着非常关键的作用。然而，目击辨认的结果似乎并不可靠，甚至有证据表明，目击者错误辨认造成的错误判决比因其他情况造成的错误判决的总和还多。佘祥林案中被害人亲属的尸体辨认笔录、聂树斌案中路人的辨认笔录对两件错案的造成有着极为重要的影响。据统计，无罪误判有罪的案件中，大多归因于证人的指证错误。所以，对辨认笔录应严格审查判断，防止出现误判错判。本条根据违反相关规定的严重性不同把辨认笔录的审判判断分为两个层次：第一个层次是辨认笔录的排除规则，如出现所列五种情形，应排除其作为定案的根据；第二个层次是辨认笔录的补正规则，如出现所列五种情形，通过办案人员的补正或者作出合理解释的，可以把辨认笔录作为证据。对本条可作以下理解：

（一）辨认笔录的排除规则。

侦查机关组织的辨认，存在下列情形之一的，应当严格审查，不能确定其真实性的，辨认结果不得作为定案的根据：

1. 辨认不是在侦查人员主持下进行的。本项规定的是辨认主体的适格性。辨认的重要性和可错性前面已述，所以无论《公安机关办理刑事案件程序规定》还是《人民检察院刑事诉讼规则》都规定辨认应在侦查人员主持下进行。主持辨认的人不是侦查人员将直接导致辨认结果被排除。需要注意的是，这里的侦查人员是指具备侦查人员身份的人，并不一定是负责该案的侦查人员。例如，在辨认犯罪嫌疑人时，因为负责该案的侦查人员往往已经知道哪一个是犯罪嫌疑人，会在不经意间流露出暗示，有条件的情况下要排除负责本案侦查的侦查人员主持辨认，所以本项侦查人员的要求是一种资质的要求。

2. 辨认前使辨认人见到辨认对象的。本项吸收了《公安机关办理刑事案件程序规定》第 247 条和《人民检察院刑事诉讼规则》第 211 条的规定，禁止辨认人在辨认前见到辨认对象。辨认就是一个选择确认的过程，在辨认前见到辨认对象，会使辨认的进行没有意义，当然由此产生的辨认结果不具有可采性。

3. 辨认人的辨认活动没有个别进行的。本项是分别辨认规则的体现。根据《公安机关办理刑事案件程序规定》第 248 条和

《人民检察院刑事诉讼规则》第212条的规定，几名辨认人对同一辨认对象进行辨认时，应当由辨认人个别进行。辨认的个别进行，主要是为了防止辨认人之间的相互接触、相互影响，损害辨认结果的真实性，使不同辨认人的辨认结果不能够相互印证。数名辨认人集中辨认的，由此产生的辨认结果不具有可采性。

4. 辨认对象没有混杂在具有类似特征的其他对象中，或者供辨认的对象数量不符合规定的；尸体、场所等特定辨认对象除外。本项是混杂辨认规则的体现。为了保证辨认结果的客观性，辨认程序往往采用混杂辨认规则，增加辨认样本的份数可以避免单一辨认的暗示性，避免辨认人担心报复对辨认结果的影响，增强辨认结果的可信性。混杂辨认主要有照片辨认、列队辨认及物品的混杂辨认。《人民检察院刑事诉讼规则》第213条规定：辨认时，应当将辨认对象混杂在其他人员或者物品之中，不得给予辨认人任何暗示。辨认犯罪嫌疑人时，受辨认的人数不得少于5人，照片不得少于5张。辨认物品时，同类物品不得少于5件，照片不得少于5张。《公安机关办理刑事案件程序规定》第249条规定：辨认时，应当将辨认对象混杂在其他对象中，不得给辨认人任何暗示。辨认犯罪嫌疑人时，被辨认的人数不得少于7人，对犯罪嫌疑人照片进行辨认的，不得少于10人的照片。所以，对于犯罪嫌疑人的列队辨认、照片辨认还有物品辨认，要符合上述数量的规定，否则由此产生的辨认结果不具有可采性。

对于尸体、场所等特定物的辨认不适用混杂辨认规则。

5. 辨认中给辨认人明显暗示或者明显有指认嫌疑的。本项是禁止诱导规则的体现。如果辨认主持者对被辨认人有偏见，或者给予暗示或明显的指认，毫无疑问会损害辨认的客观性和准确性。心理学家以实证研究证明：若在辨认前先告诉辨认人，犯罪嫌疑人可能不在待指认的行列中，辨认人错误的比例为33%，若事先未作如是警告，辨认人出错的比例高达78%。《人民检察院刑事诉讼规则》第213条第1款规定：辨认时，应当将辨认对象混杂在其他人员或者物品之中，不得给予辨认人任何暗示。《公安机关办理刑事案件程序规定》第 249 条第 1 款规定：辨认时，应当将辨认对象混杂在其他对象中，不得给予辨认人任何暗示。

对于什么样的情况是明显暗示或明显有指认嫌疑，相关司法解释未作规定，参照国外相关规定，以下情形可视为明显暗示或明显有指认嫌疑：①在辨认前告诉实际罪犯在列队或照片中；②迫使证人作出辨认的结果；③向证人询问某个被辨认对象的详细情况，对其他对象关注较少；④侦查人员在辨认中流露出的情感让辨认人容易得知哪一个是犯罪嫌疑人；⑤在列队或照片中突出；⑥在辨认人作出选择后，侦查人员告诉辨认人，他的辨认是正确的。

（二）辨认笔录的补正规则。

对存在下列瑕疵的辨认笔录，尽管违反了法律法规的相关规定，但是如果通过有关办案人员的补正或者作出合理解释的，可以将辨认笔录作为证据使用。

1. 主持辨认的侦查人员少于二人的。《公安机关办理刑事案件程序规定》第 247 条规定，主持辨认的侦查人员不得少于二人。检察机关对主持辨认的侦查人员的人数未作规定。根据《死刑案件证据规定》，发现辨认笔录中主持辨认的侦查人员少于二人，如果侦查人员能够作出如情况紧急等合理解释的，辨认笔录就可以作为证据使用。

2. 没有向辨认人详细询问辨认对象的具体特征的。本项是预先询问规则的体现。所谓预先询问规则，是指在辨认程序实施之前，预先对辨认人进行询问以获知关于被辨认对象的相关情况。预先询问不仅可以获知被辨认对象的情况，使组织辨认的主体能预先准备相应的样本，还可以获知辨认者事先曾否在其他程序中接触过被辨认对象，更可以由此存留一组待辨认结束之后能与辨认结论相比对的数据。还能了解辨认人是否对辨认对象有过感知，感知的信息是否储存在大脑中，以避免辨认人作假辨认或在辨认时进行猜测或者无意识迁移现象的发生。所以《人民检察院刑事诉讼规则》

第 211 条规定："……在辨认前，应当向辨认人详细询问被辨认人或者被辨认物的具体特征，禁止辨认人见到被辨认人或者被辨认物，并应当告知辨认人有意作假辨认应负的法律责任。"《公安机关办理刑事案件程序规定》第 247 条规定："……组织辨认前，应当向辨认人详细询问辨认对象的具体特征，避免辨认人见到辨认对象。"辨认单一物证时，应在辨认前由组织辨认的机关要求辨认人描述该物的特征、规格，并制作笔录。对作案工具的辨认，应先由辨认人描述工具特征并制作笔录。如果发现辨认笔录中没有向辨认人详细询问辨认对象的具体特征，但办案人员作出了合理的解释，而且辨认的后续进行没有受到这个瑕疵的影响，辨认笔录的证据作用可以认定。

3. 对辨认经过和结果没有制作专门的规范的辨认笔录，或者辨认笔录没有侦查人员、辨认人、见证人的签名或者盖章的。《人民检察院刑事诉讼规则》第 214 条规定："辨认的情况，应当制作笔录，由参加辨认的有关人员签名或者盖章。"《公安机关办理刑事案件程序规定》第 251 条规定："辨认经过和结果，应当制作《辨认笔录》，由侦查人员签名，辨认人、见证人签字或者盖章。"辨认主持人应当对辨认过程和辨认的结果作及时、准确的记录。制作笔录是为了及时地保持辨认的结果，发现辨认过程中的问题，以提高辨认的准确性。对于何为规范的辨认笔录，一般认为，规范的辨认笔录至少应包括：辨认的时间、地点，辨认场所的基本条件，辨认人员的基本情况，包括对辨认人智力水平、利害关系、精神状态的审查，辨认对象的基本情况，辨认结果及辨认的依据，辨认人员及组织者、见证人签名盖章，其他有必要说明的情况。如果对辨认经过和结果没有制作专门的规范的辨认笔录，或者辨认笔录没有侦查人员、辨认人、见证人的签名或者盖章的，并不一概否认其证据能力，法官应要求办案人员说明理由，如果理由成立，允许其补正，可将辨认结果作为证据；如果理由不能成立，则不可将辨认结果作为证据。

4. 辨认记录过于简单，只有结果没有过程的。对辨认记录过于简单，只有结果没有过程的，应要求办案人员说明理由，如果理由成立，允许其补正，可将辨认结果作为证据；如果理由不能成立，则不可将辨认结果作为证据。

5. 案卷中只有辨认笔录，没有被辨认对象的照片、录像等资料，无法获悉辨认的真实情况的。如果案卷中只有辨认笔录，没有被辨认对象的照片、录像等资料，无法获悉辨认的真实情况的，将难以对辨认笔录的可信性作出认定，根据本规定，在此情况下，并不能一概排除辨认笔录的证据能力，应要求办案人员说明理由，如果理由成立，允许其补正，可将辨认结果作为证据；如果理由不能成立或不能补正，则不可将辨认结果作为证据。

对辨认笔录存在瑕疵所作的合理解释，可以根据本规定第31条的规定提供情况说明材料，如果仍有疑问的，应让办案人员出庭作证。

【特别提示】

适用本条需注意的问题是，本条仅是对辨认笔录证据能力的规定，是对辨认笔录正确性的判断即辨认笔录的证明力审查判断规则。美国、德国两国最高法院对辨认笔录正确性的审查标准可供我们参考。美国联邦最高法院关于证人辨认的正确性的评估规则：①证人目击被告的机会为何；②证人当时的注意程度为何；③证人对被告描述的精确性为何；④证人确信的程度为何；⑤犯罪时间与指证时间相隔的时日为何。德国最高法院关于辨认正确性的评估标准：知觉阶段的因素（目击阶段）：①目击的机会；②观察持续的时间（犯罪行为持续或暴露的时间）；③犯罪实施者的特征（与众不同的特征）。保持阶段的因素：①保持的间隔（多于5年的保持时间）；②犯罪实施者的媒体报道情况；③重复辨认的尝试。辨认程序中的因素：①对犯罪实施者出现在列队中的期待；②是否是单一辨认（一人列队的辨认）；③列队中陪衬者的数量；④是列队辨认还是照片辨认；⑤有否不一致的辨认结果；⑥是否再进行法庭辨认。陈述或目击的综合因素：①证人描述与证人辨认的一致性；②关于犯罪情形详细陈述的质量；③辨认结果的确信程度。证人因素：①证人的知觉缺陷与认知能力状况；②儿童证人的辨认状况；③侦查人员的辨认（成功压力）。

适用本条尤其需要注意的是辨认与指认的区分。辨认是一种调查取证措施，可以起到收集、审查判断证据的作用。指认则是确定侦破方向，提供查证线索，起到进一步收集证据或认定犯罪嫌疑人的作用。辨认的对象为物品、文件、尸体、场所或犯罪嫌疑人，指认的对象则限于场所和犯罪嫌疑人。指认和辨认对于事物的认识程度也不相同，辨认的要求低，而指认要求能够确认，因此在适用方法上也不相同，辨认既可采用直接辨认的方法（直接辨认辨认对象），也可采用间接辨认的方法（辨认相关照片），指认则只能采用直接辨认的方法。对于现场指认，应详细审查是否记录指认过程，指认前犯罪嫌疑人是否将现场方位、附近标志物、进入现场路线等进行过详细描述，指认过程中是否进行了拍照、录像，指认笔录中是否体现了指认经由路线、指认时间等内容。

【相关立法例】

《公安机关办理刑事案件程序规定》第 247 条、第 248 条、第 249 条、第 250 条、第 251 条分别规定：“辨认应当在侦查人员的主持下进行。主持辨认的侦查人员不得少于二人。组织辨认前，应当向辨认人详细询问辨认对象的具体特征，避免辨认人见到辨认对象。”“几名辨认人对同一辨认对象进行辨认时，应当由辨认人个别进行。”“辨认时，应当将辨认对象混杂在其他对象中，不得给辨认人任何暗示。辨认犯罪嫌疑人时，被辨认的人数不得少于七人；对犯罪嫌疑人照片进行辨认的，不得少于十人的照片。”“对犯罪嫌疑人的辨认，辨认人不愿意公开进行时，可以在不暴露辨认人的情况下进行，侦查人员应当为其保守秘密。”“辨认经过和结果，应当制作《辨认笔录》，由侦查人员签名，辨认人、见证人签字或者盖章。”

《人民检察院刑事诉讼规则》第211条、第212条、第213条、第214条、第215条分别规定：“辨认应当在检察人员的主持下进行。在辨认前，应当向辨认人详细询问被辨认人或者被辨认物的具体特征，禁止辨认人见到被辨认人或者被辨认物，并应当告知辨认人有意作假辨认应负的法律责任。”“几名辨认人对同一被辨认人或者同一物品进行辨认时，应当由每名辨认人单独进行。必要的时候，可以有见证人在场。”“辨认时，应当将辨认对象混杂在其他人员或者物品之中，不得给予辨认人任何暗示。辨认犯罪嫌疑人时，受辨认人的人数不得少于五人，照片不得少于五张。辨认物品时，同类物品不得少于五件，照片不得少于五张。”“辨认的情况，应当制作笔录，由参加辨认的有关人员签名或者盖章。”“人民检察院主持进行辨认，可以商请公安机关参加或者协助。”

《广东省高级人民法院关于办理刑事案件若干问题的指导意见》第44条、第45条分别规定：“辨认存在下列情形之一的，应当结合其他证据严格审查，不能排除虚假可能的，辨认结果不得作为定案的依据：（一）辨认不是在侦查人员主持下进行或主持辨认的侦查人员少于二人的；（二）辨认前使辨认人见到辨认对象，或没有向辨认人详细询问辨认对象的具体特征的；（三）辨认没有个别进行的；（四）辨认对象没有混杂在其他对象中，或辨认对象数量不合法的；（五）辨认中给辨认人明显暗示或明显有指认嫌疑的；（六）对辨认经过和结果没有制作专门的规范的辨认笔录，或辨认笔录没有侦查人员、辨认人、见证人的签名或盖章的。”“辨认存在下列情形之一的，应当要求侦查机关补查或作出说明：（一）应当组织辨认而未组织的；（二）辨认记录过于简单，只有结果没有过程，不能指出辨认对象区别于其他对象的特征的；（三）案卷中没有被辨认对象的照片，无法获悉辨认的真实情况的。”

第三十一条　[情况说明类材料的审查判断] 对侦查机关出具的破案经过等材料，应当审查是否有出具该说明材料的办案人、办案机关的签字或者盖章。

对破案经过有疑问，或者对确定被告人有重大嫌疑的根据有疑问的，应当要求侦查机关补充说明。

【制定目的】

本条是有关办案情况说明等材料认定规则的规定，旨在规范司法实践中大量存在的情况说明类案件材料的审查认定。

【释义】

我国刑事诉讼法中并无关于“情况说明”的法律规定，相关的司法解释也未见“情况说明”的直接规定。《最高人民法院关于执行〈中华人民共和国刑事诉讼法〉若干问题的解释》第53条第4款规定：“制作书证的副本、复制件，拍摄物证的照片、录像以及对有关证据录音时，制作人不得少于二人。提供证据的副本、复制件及照片、音像制品应当附有关于制作过程的文字说明及原件、原物存放何处的说明，并由制作人签名或者盖章。”该解释是目前唯一涉及“情况说明”的一个规定。但“情况说明”类材料在司法实践中大量存在并广泛运用，如有关未刑讯逼供的、查找未果的、案件来源的、抓获经过的、不能鉴定比对指认辨认原因的、证明主体身份的、通话记录的、自首立功的等情况的说明。针对这种情况，本条吸收了地方法院审查情况说明类材料的实际经验，规定了对情况说明类材料的审查要点及异议处理规则。对本条可作以下理解：

（一）破案经过等办案情况说明材料并非都是证据。

本规定把办案情况说明类材料提供的主体限定为侦查机关，检察机关的公诉部门、法院一般不提供刑事诉讼中的“情况说明”，被告人的辩护人一般也不提供“情况说明”。对于被告人、被害人、证人、鉴定人等，可以作为提供其他证据材料如犯罪嫌疑人、被告人供述，被害人陈述，证人证言，鉴定结论的主体，不能成为提供“情况说明”的主体。

本规定并没有把破案经过等案件情况说明一概地认定为证据，而是称之为“材料”，这是恰当的。有些情况说明材料只是普通的说明，在于帮助法官明确案情，了解案件的侦查情况，对案件事实没有证明作用，如在共同犯罪案件中，部分同案犯在逃，只起诉了抓获在案的犯罪嫌疑人，法庭为了了解全部案情，就需要侦查机关提供“同案犯在逃情况说明”，此类情况说明对正在审理的犯罪嫌疑人的罪行的证明没有证据意义。起证据作用的“办案情况说明”材料可以分为程序性的“办案情况说明”和实体性的“办案情况说明”。程序性的“办案情况说明”包括证明侦查行为合法性的“办案情况说明”，如讯问情况的说明、搜查说明、扣押说明、采取技术侦察措施的说明，以及补足性的“办案情况说明”，如前述勘验、检查笔录存在瑕疵的说明材料是为了弥补勘验、检查笔录的瑕疵，如破案经过是为了印证侦查机关是否履行职责以及与犯罪嫌疑人相关的犯罪事实。实体性的“办案情况说明”主要是指犯罪嫌疑人自首立功、认罪态度等影响量刑的情况说明。

并非所有的“办案情况说明”都是证据，这就要求我们对此类材料要区别对待，注意区分不同的“办案情况说明”，明确它们不同的作用以及对案件审理的意义。

（二）对情况说明类材料应审查是否有出具该说明材料的办案人、办案机关的签字或盖章。

本项规定的是情况说明类材料的程序性审查要点。司法实践中，很多情况说明类材料往往只是加盖公章了事，并没有具体人员的签名和盖章，这样很难落实具体的提供人，从而导致很难对材料的真实性进行审查，所以必须要求案件说明类材料有出具该说明材料的办案人、办案机关的签字或盖章。如果缺乏相关签名或盖章，应排除其证明作用。

此外，还需要注意审查的是，说明材料和出具人要和作出具体侦查行为的侦查人员具有一致性。例如，破案经过的出具者应是案件的负责人，抓获经过的出具者应是实施抓捕行为的侦查人员，对勘验、检查笔录等的补充说明应是从事现场勘验、检查的人。因为实施原侦查行为的侦查人员对证据情况比较了解，由他人对该证据补充说明的话，容易出现偏差，影响说明材料的证明力。

（三）对有疑问的情况说明类材料，应要求侦查机关补充说明。

本项规定的是情况说明类材料的实体性审查。

破案经过材料是查明案件来源的重要依据，对于审查判断案件的真实性、客观性具有重要意义。应当着重审查破案经过材料的下列内容：①案件的来源；②侦查措施；③确定犯罪嫌疑人的根据；④有无卧底参与破案；⑤犯罪嫌疑人藏匿处的线索来源；⑥抓获犯罪嫌疑人的时间、地点；⑦如果属于共同犯罪的，犯罪嫌疑人是否有协助抓获同案人的情形；⑧其他构成自首、立功的情形。破案经过材料的审查判断应结合其他证据材料一并进行，注重审查相互之间是否可以印证，是否存在矛盾。在主要依靠间接证据定案的案件中，更要仔细审查破案经过是否详细地说明了案件过程。

对破案经过有疑问的，或者对确定被告人有重大嫌疑的根据有疑问的，应要求侦查机关补充说明。本项在适用中很容易带来的一个问题就是以“说明材料”来说明“说明材料”。尤其是采用技术侦察或秘密侦查等封闭性较强的侦查措施时，我们认为，应明确补充说明的一般方式，让相关侦查人员或负责人出庭作证，接受控辩双方和法庭的询问。只有在涉及国家秘密的情形和确实无法出庭的情况下才可采用出具情况说明的方式。

【特别提示】

适用本条需注意的问题是，破案经过等证明案情的情况说明材料要及时向辩方出示。司法实践中，很多机关常把情况说明材料当作内部情况掌握，使其游离于案件证据之外，使辩方掌握不到相关材料，辩方因此失去了印证相关证据、质疑其内容的机会，不利于辩护人提供有效的辩护，不利于审判的公正进行。

破案经过等证明案情的情况说明材料要经过法庭质证。证据必须经过当庭出示、辨认、质证等法庭调查程序查证属实，否则不能作为定案的根据。如前所述，实践中把情况说明材料当做内部情况时也往往省略了质证环节，如把破案经过等材料作为证据，不经质证而予以采信，这实际上是违法的。

对于破案经过等情况说明材料要审查其内容是否与其他证据相互佐证。例如，在赃物去向不明的办案情况说明中，载明电脑被销赃至某电脑专卖店，后被转手卖出，去向不明，但是办案机关并未提供电脑专卖店相关人员的证言。由于这一赃物去向不明的办案情况说明没有其他证据相印证，其证明力应当被排除。

【相关立法例】

《广东省高级人民法院关于办理刑事案件若干问题的指导意见》第6条、第7条分别规定："案件的侦破、揭发材料是查明案件来源的重要依据，对于审查判断案件的真实性、客观性具有重要意义。应当着重审查破案报告的下列内容：（一）案件的来源；（二）侦查措施；（三）确定犯罪嫌疑人的根据……""对破案经过有疑问的，应当要求侦查机关补充说明。对侦查机关、检察机关补充的说明材料，经审查认为符合案情或有其他证据相印证的，可以采用。"

江西省高级人民法院、江西省人民检察院、江西省公安厅《关于规范故意杀人死刑案件证据工作的意见（试行）》第38条规定：具有下列情形之一的，人民法院应当通过与侦查人员沟通、座谈，由侦查机关及侦查人员出具相关证明、说明书面材料等方式，对相关证据进行核实，必要时通知负责抓获犯罪嫌疑人的侦查人员，负责检查、搜查、勘验、扣押的侦查人员，负责询问、讯问的侦查人员出庭作证：（一）控、辩双方或一方对侦查人员制作的抓获经过说明材料有重大疑问的；（二）控、辩双方或一方对侦查人员制作的检查、勘验笔录，搜查、提取、扣押笔录有重大疑问，导致某一物证、书证来源不明，且该证据对定罪量刑有重大影响的；（三）被告人及其辩护人、证人提出侦查人员存在刑讯逼供、暴力取证并提供了刑讯逼供、暴力取证的人员、时间、地点的，人民法院经审查不能排除刑讯逼供、暴力取证可能的。经人民法院依法通知，上述侦查人员非因法定事由及其他正当理由，不得拒绝出庭作证。

三、证据的综合审查和运用

第三十二条 ［证据证明力综合审查判断］对证据的证明力，应当结合案件的具体情况，从各证据与待证事实的关联程序、各证据之间的联系等方面进行审查判断。

证据之间具有内在的联系，共同指向同一待证事实，且能合理排除矛盾的，才能作为定案的根据。

【制定目的】

本条是针对证据证明力的审查判断规则及其作为定案根据的判断规则，旨在保证每个作为定案根据的证据均已被查证属实。

【释义】

本条主要吸收了司法解释、《广东省高级人民法院关于办理刑事案件若干问题的指导意见》第46条规定的有关内容以及借鉴了司法实践与学界有关证据证明力审查判断的理论与基本经验，形成了证据证明力的审查判断规则及其作为定案根据的确认规则。本条包含三个方面的主要内容：一是证据的证明力含义与基本内容：二是证据证明力的审查判断规则；三是证据作为定案根据的运用规则。

（一）证据的证明力。证据的证明力又称为证据的效力或者证据价值，是指证据对案件事实证明是否有作用以及作用力大小的程度。证明力是证据本身固有的属性，体现了证据对案件事实具有的证明效力。由于证据类型的不同以及证明待证事实的角度有异，其证明案件事实效力的大小或者强弱就存在差异。同时，证据证明力的客观存在形式不是单一的，在其证明具体的待证事实时存在着多种多样的情形。一般来说，证据对案件事实有无证明力以及证明力的大小取决于证据与案件事实有无联系以及联系的紧密程度。证据的证明力与证据的关联性有着密切的联系。但是，关联性与证明力两者之间不能完全等同。关联性强调的是证据与案件事实的联系，证据的证明力强调的是证据对案件事实的证明作用。证据的证明力仅仅涉及证据的事实范畴，体现的是具有证据能力的证据对案件事实的反映程度与证明程度，说明的是证据对待证事实证明的一种可能，至于证据最终是否能够发挥证明作用以及证明作用的大小，在案件事实未被认定前一般不具有绝对性。

（二）证据证明力的审查判断规则。证据证明力的审查判断应当遵循以下规则：

一是对证据证明力的审查判断要结合案件情况进行。因为证据在不同的案件中所表现出的证明力是各不相同的。有时目击犯罪事实的证人证言的证明力较强，有时物证的证明力较强，有时鉴定意见的证明力较强。在有些情况下，看似证明力弱的证据，在案件的审理过程中也可能发挥重要作用。在审查判断时应当特别注意，不宜单独判断，也不能脱离案件情况对其进行孤立的审查。

二是对证据证明力的审查判断要与待证事实结合起来考虑，特别注意其与待证事实的关系或者联系。在判断证据与案件事实之间的联系时，应注意证据与待证事实之间存在的联系。由于证据与案件事实的联系形式具有多样性，证据与待证事实一般存在着时间上的联系、空间上的联系、条件上的联系、必然性联系、偶然性联系，等等。有的证据反映犯罪发生的原因；有的证据反映犯罪造成的后果。一般来说，如果证据与待证事实之间的联系紧密，该证据的证明力较强，在诉讼证明中所起的作用也较大。

三是对证据证明力的审查判断要与其他证据联系起来综合分析。证据的证明力大小不是绝对的，不同案件中同一种类的证据所表现出的证明力也是不尽相同的。证明案件事实的各个证据必须环环相扣，相互印证，形成紧密联系的证据链条，才能达到查清事实、认定犯罪的证明要求，单一的证据即使证明力强也不能直接用于定案，还需要其他证据予以印证。一般来说，判断数个证据对同一事实的证明力，通常可遵循以下审查判断规则：（1）物证的照片、录像，书证的副本、复制件，视听资料的复制件，只有经与原物、原件核实无误或者经鉴定证明真实的才具有与原物、原件同等的证明力。在原件、原物与复制件有矛盾时，前者的证明力大于后者。（2）经庭审以言词方式质证确认的证据，证明力大于书面材料；当事人对原物、原件、被告人本人的辨认结论，证明力大于照片辨认的结论；现场目睹证人的证言，证明力大于基于传闻所作的证言；侦查机关制作的现场勘验笔录，证明力大于证人凭记忆提供的证言。（3）在同等条件下，与案件无利害关系的证人对案件事实所作的证言，证明力大于与案件有利害关系的证人所作的证言。（4）在同等条件下，多名证人的证言证明力大于单一证人就同一事实的证言；共同犯罪中多数被告人的供述证明力大于少数被告人就同一事实的供述。（5）在同等条件下，专家、职业工作者在其所熟悉的领域所作的具有专业内容的证言，证明力大于普通人就同一内容所作的证言。（6）内容稳定、前后一致的言词证据证明力大于内容不稳定的言词证据。（7）国家机关、社会团体依职权制作的公文书证的证明力大于其他书证。（8）物证、档案、鉴定结论、勘验笔录或者经过公证、登记的书证的证明力大于其他书证。但是，这仅仅是一般规律，不能对此绝对化，也不应当忽视其可能存在的特殊情况。

（三）证据作为定案根据的运用规则。对于证据能否作为定案根据需要从三个层次来理解：

一是案件发生的过程中所产生的多个证据之间存在着特定的内在联系，它通过不同证据个体特征甚至带有差异性的一致关系共同指向同一待证事实。这就需要对多个证据之间的时空、因果、先后顺序等逻辑关系进行综合分析，特别是对案件中具有可比性（证明对象具有同一性）的证据（如共同实行犯的供述）进行其证明方向对比，看其是否具有同一性。具有同一性的且指向同一待证事实的无疑具有较高的可信度及证明力。

二是对存在矛盾或者冲突的证据只有排除了矛盾或者解决了冲突，才能作为定案的根据。这是证据作为定案根据的限定性规则，也是从相反的方面对证据作为定案根据的基本要求。一般来说，对案件中证明同一案件事实的数个证据进行比较和对照，看其内容和反映的情况是否一致，看其能否合理地共同证明待证事实。经对比研究发现相互一致的证据往往比较可靠，而相互矛盾的证据材料则可能部分有问题或都有问题。对于相互一致的证据材料也不能盲目轻信，因为串供、伪证、刑讯逼供等因素也可能造成虚假的一致；而对于相互矛盾或有差异的证据材料也不能一概否定，还应认真分析矛盾或差异形成的原因和性质。因为不同的证据材料之间有所差异是难免的，尤其是言词证据。对比审查的关键不在于找出证据材料之间的相同点和差异点，而在于分析这些相同点和差异点，看其是否合理，是否符合客观规律以及经验法则。对此进行审查既可以采用纵向对比审查，如对被害人就同一案件事实提供的多次陈述做前后对比，看其陈述的内容是否前后一致，有无冲突之处；也可以采用横向对比审查，对证明同一案件事实的不同证据或不同主体提供的证据进行并列对比，看其内容是否协调一致，有无冲突之处。对有矛盾的证据要对其进行分析，从相反的方向对其作出判断。切忌简单地将有矛盾的证据予以排除，从而造成虚假地一致。如在杜培武案件中，虽然有些证据共同指向杜培武，但在作案情节、作案工具等事实上的证据仍存在矛盾并没有得到合理解释。而真正的凶犯杨天勇等人供述该案的作案事实，并在杨天勇的保险柜中所发现的杜培武案的杀人凶器，使本有的矛盾得以排除。

【特别提示】

适用本条需要注意的问题是，审查判断证据证明力时，应根据不同证据在不同案件中的证明力，对案件进行科学、合理的推理和判断。既要重视对证明力强的证据进行审查，又不能忽视对证明力弱的证据进行判断，要在查清证据与待证事实之间联系的基础上，排除合理的矛盾后，才能对证据的证明力作出确认。尽管证据有矛盾是正常的，完全没有矛盾反而是不正常的，但在容忍证据中存在一定程度的矛盾时，仍需要得到合理的解释。一般来说，证据能够相互印证基本事实，但仅就证明具体情节的证据之间存在一定的差异，而这种差异一般不会损害主要证据的证明力。证据能够相互印证基本事实，虽有相反证据，但其形成原因能够获得合理解释，可以确认其证明力。当相反证据而形成的原因可能存在多种解释时，其证明基本事实的证据是确实充分的，并达到了很高的证明程度，可以予以确认其证明力。

【相关立法例】

《广东省高级人民法院关于办理刑事案件若干问题的指导意见》第46条规定："审判人员应当结合案件的具体情况，从各证据与待证事实的关联程度、各证据之间的联系等方面，对证据的证明力进行审查判断。证据之间具有内在联系，共同指向同一待证事实，且能合理排除证据之间矛盾的，才能作为定案根据。"

第三十三条　［间接证据的定案规则］没有直接证据证明犯罪行为系被告人实施，但同时符合下列条件的可以认定被告人有罪：

（一）据以定案的间接证据已经查证属实；

（二）据以定案的间接证据之间相互印证，不存在无法排除的矛盾和无法解释的疑问；

（三）据以定案的间接证据已经形成完整的证明体系；

（四）依据间接证据认定的案件事实，结论是唯一的，足以排除一切合理怀疑；

（五）运用间接证据进行的推理符合逻辑和经验判断。

根据间接证据定案的，判处死刑应当特别慎重。

【制定目的】

本条是关于间接证据的定案规则以及死刑案件根据间接证据的判处原则，旨在避免没有直接证据不敢或者盲目定罪现象的发生。

【释义】

本条吸收了诉讼法学和证据法学有关间接证据审查与运用的研究成果。在司法实践中，多数案件均不存在直接证据的案件相对较少，但直接证据不能查证属实，或者部分刑事案件因为各种原因没有收集到或者无法收集到直接证据，而仅存在间接证据的情况确实存在。由于间接证据与案件主要事实没有直接关系，运用起来不如直接证据方便，致使实践中不敢定案从而在上下级法院之间不断发回或者反复退案补侦。如果把案件事实比做一堵墙，间接证据则是构筑这堵墙的每一块砖。只有每一块砖的质量和数量均达到标准，其砌垒的墙才有可能挺立起来，否则会因一块砖的质量问题影响墙的质量甚至造成整堵墙倒塌。如果全案的间接证据符合本条的要求，可以认定被告人有罪。只有达到上述五个方面的基本要求才可以判处被告人死刑，但仍需要格外慎重。对本条可作以下理解：

（一）间接证据又称为情况证据，是指不能单独证明案件的主要事实，必须与其他证据结合才能证明案件主要事实的证据。在诉讼中，多数证据为间接证据，如物证、书证、勘验笔录和鉴定意见等。这些证据因与案件主要事实不具有直接的关系，仅仅能够证明案件事实的某些片段或者情节，不能单独证明案件的主要事实，其证明案件事实需要借助于推理过程，必须与其他证据结合起来才能发挥其证明案件主要事实的作用。

（二）据以定案的每个间接证据都是依法取得且已查证属实，这是对每个间接证据本身的要求。证据是认定案件事实的依据，必须审查间接证据的来源和表现形式是否符合法律规定。对每个间接证据必须经过庭上质证，查证核实。未经查证核实的应予排除，不能纳入证据体系。在运用间接证据判定案件时，作为推论的案件主要事实基础的每一个间接证据必须具有确实性，并有其他证据予以佐证。

（三）据以定案的间接证据之间相互印证，具有同向性关系，不存在无法排除的矛盾和无法解释的疑问。这是通过间接证据之间的关系来对间接证据的审查判断。间接证据之间的印证性关系、同向性关系均可表现为一致性关系。印证关系要求印证间接证据间具有高度一致性，即达到共同性或吻合性。同向性关系则要求间接证据的证明方向的一致性，即如果某一项间接证据的出现使其他间接证据证明的结果成为可能，那么这项间接证据就与其他间接证据具有一致性关系。

间接证据之间没有矛盾是指各个证据间不具有相互不支持性，在各个间接证据中每一项证据的存在并不会使其他证据证明的结果更为不可能。由间接证据组成证据体系来证明案件主要事实，要求组成证据体系的各个间接证据之间的关系要达到指向目标的一致性。用间接证据组成证据体系判定案件，不允许证据间存在矛盾或冲突，即使存在矛盾，也应当得到合理解决。

间接证据作为证据应当具有排他性，排除了各种可能性和合理怀疑。如果间接证据与间接证据之间存在着多种可能性或合理怀疑，这些间接证据就不能作为定案的证据。如果间接证据证明的是一些相互不能结合的事实，这样的间接证据即使再多也不能认定被告人有罪。

（四）据以定案的间接证据已经形成完整的证明体系是指间接证据必须有足够的数量，并已经形成一个完整的、严密的体系结构。单一证据不能定案，单个间接证据更是如此。证据只有形成了一个完整的证明体系才能作为定案的根据。间接证据必须形成一个完整的证明体系，即案件事实中的每一事实环节或情节都需要相应的间接证据予以证明，包括犯罪时间、地点、过程、手段、工具、后果、目的、动机、被告人的个人情况等环节。这些事实环节的结合就如同锁链一样，一环扣一环，环环相扣，结成一个间接证据的整体，形成“证据锁链”。这个证明体系究竟需要多少间接证据才算完整，需要具体案件具体分析。凡是作为对被告人定罪量刑根据的事实，包括犯罪构成要件诸方面的事实，以及应予从重或者从轻、减轻，或者免除处罚等事实，都应有相应的间接证据予以证明。由于刑事案件多种多样，各不相同，取决于具体案件的证明对象的范围。但是，至少应当完全证明“七何要素”存在。

（五）根据间接证据认定的案件事实，结论是唯一的，足以排除一切合理怀疑。间接证据形成“证据锁链”应当与所证明的案件事实之间协调一致。只有这样，作出认定的案件事实才有可靠的依据，才具有无懈可击的说服力。足以排除一切合理怀疑是指应当排除以下怀疑：(1) 现有的间接证据不能完全涵盖案件事实。(2) 有现象表明某种影响案件真实性的情况可能存在，且不能排除。(3) 存在人们常识中很可能发生影响案件真实性的情况。间接证据的证明体系必须足以排除这些可能性，能得出被告人有罪的唯一结论。这种唯一性是指只有一种可能性而不存在多种解释。

（六）运用间接证据进行的推理符合逻辑和经验判断。用间接证据证明案件事实，就必须借助逻辑推理。因为每个间接证据只能反映出案件事实的某个片段、某个侧面，不可能反映出案件事实的全貌，只有通过推理，才能认识间接证据与间接证据之间、间接证据与案件事实之间的联系，从而联结事实的各个片段，从已知的间接证据证明事实中推出未知的案件事实。同时，还要正确把握逻辑推理与主观臆断之间的界限。由于推理具有的逻辑性并不等同于推理结论是真实的、客观的、必然的，而是指推理的前提与结论之间的联系是有效的，而结论的真实则依赖前提的真实性；在一个有效的逻辑推理中，前提真则结论是必然的，前提假则结论不具有必然性。在进行逻辑推理中，特别应注意以下三个因素的影响：所依据的前提内容是真是假、推理是否具有逻辑性和前提本身的可靠程度。

在符合逻辑的基础上还应当重视经验的作用。经验反映的是一般情况下、通常情况下事物的性质或事物间关系的一种可能性。将经验适用于具体事实的判断时，还需要考虑案件中的证据是否有什么特殊情况。例如，根据“某甲曾出入于某乙被杀现场”的证言只能推论出“某甲杀害某乙”这一主要事实较低的可能性，而“某甲身上大量血迹为某乙的鲜血所留”的检测鉴定相对于前一证言，就会使“某甲杀害某乙”主要事实存在的可能性增大。实践中“杀妻”案件多怀疑丈夫所造成的错案不是经验出现了问题，而是经验主义在作怪。

根据各个单个间接证据推论案件主要事实，就推理的逻辑性质来说，只是程度高低不同的或然性结论，不可能得出必然性结论。但是，当由各个单个间接证据组合成一个有机整体后，完全具备这些间接证据反映的作案人的特征，除被告人外，不可能有其他对象完全具备时，作案人与被告人的同一性概率就会上升，案件主要事实的或然性程度就会相应提高。当这种概率达到一定高度，对案件主要事实又提不出合理疑问时，概率就会转化为确定，可以对案件事实作出认定，但不得违背经验法则。

【特别提示】

本条适用需要注意的问题是，对间接证据的关联性主要从两个方面判断：一是将待证事实假设为成立的情况下，来考虑该间接证据出现的可能性。二是该间接证据使案件事实的存在或不存在更为可能还是更不可能以及可能性有多少的衡量。对以上两种情况首先应有足够的理解力与判断力。在没有直接证据的情况下，同时具备上述要件的间接证据就“可以”作为认定案件事实的依据，并非“应当”认定，还必须排除他种情况存在的合理疑问，考虑例外情形，这也是慎重的必然要求。

本条之所以采用“可以”认定被告人有罪而不是“应当”，是因为对于只有数个间接证据而没有收集到直接证据的案件来说，除非若干间接证据都为真，有足够的数量使之形成一个完整的、严密的证据锁链，并且该证据锁链得出的结论是唯一的，才能认定案件事实。即使如此，在利用间接证据判处死刑时，没有直接证据，而被告人始终不承认自己实施了犯罪，即使承认又出现时供时翻而无法认定，对其判处死刑仍应当特别慎重。

【相关立法例】

《广东省高级人民法院关于办理刑事案件若干问题的指导意见》第50条规定：“没有直接证据证明犯罪行为系被告人实施，但如果间接证据符合下列条件的，可以认定被告人有罪：（一）据以定案的间接证据已经查证属实；（二）据以定案的间接证据已经形成完整的证明体系；（三）据在定案的间接证据之间相互印证，不存在无法排除的矛盾和无法解释的疑问；（四）依据间接证据得出的结论是唯一的，足以排除其他可能性；（五）运用间接证据进行的推理符合逻辑。根据间接证据定案的，判处死刑立即执行应当特别慎重。”

第三十四条 ［供述、指认的印证］根据被告人的供述、指认提取到了隐蔽性很强的物证、书证，且与其他证明犯罪事实发生的证据互相印证，并排除串供、逼供、诱供等可能性的，可以认定有罪。

【制定目的】

本条是有关被告人供述、指认以及基于供述线索产生证据进行审查判断的规定，旨在避免因证据虚假一致性影响死刑案件的质量。

【释义】

本条是对审判实践经验的总结，也是对实践中出现错案规律的发现。对本条可作以下理解：

（一）被告人的供述、指认与相互印证的物证、书证的获得存在着先后顺序。这种顺序是被告人的供述、指认在前，其物证、书证是以被告人的供述、指认为线索获取的，即存在“先供后证”。被告人供述在前，侦查机关根据被告人的供述找到了物证、书证。例如，在故意杀人案件中，根据被告人的指认找到秘密掩藏尸体的现场。在侦查机关根据被告人供述找到其他证据的情况下，不可能存在侦查机关不掌握某一事实而主动诱导或者侦查人员能够写出案件情况的可能性，其获得的隐蔽性很强的物证、书证印证了原有供述，可以认定有罪。

（二）根据被告人的供述、指认的线索获得的物证、书证具有隐蔽性。这种隐蔽性在理论上被称为“隐蔽性知识”。“隐蔽性知识”是指那些在犯罪案件中只有犯罪人自己清楚而别人无法获知的细节，而不是侦查人员“教诲”或者在讯问中暗中提示的产物。审查判断供述、指认中的“隐蔽性知识”是一种被普遍接受的方法。尽管具体犯罪构成要件是确定不变的，但在现实生活中，每一个犯罪案件均具有自身的特殊性，这些特殊之处不仅是一个案件区别于其他案件的重要标志，也决定了只有犯罪人才可能知晓犯罪过程的大量“隐蔽性知识”，别人即使知道也不可能完全了解得如此清楚，尤其是一些细节问题。据此，“隐蔽性知识”利用供述、指认与特定案件密切联系，从而将犯罪案件与犯罪人密切地联系在一起。在杀人案件中，有些证据只有被告人一个人知道。如被告人供述的故意杀人现场的具体细节，这些细节只有实施过此种活动或者到过现场的人清楚，其他人无从知道。如强奸案件中被告人供述的不熟悉被害人身上隐私部位特殊的胎记、当天内衣的颜色等。这些只有与被害人极其熟悉的人才可能掌握的知识，一般的陌生人不可能知道，有些连侦查人员都无从知晓。被告人在这些问题上作出了详细的供述，且供述稳定，在不同的诉讼环节均作过此供述的，且有隐蔽性很强的物证、书证转过来能够佐证其供述，一般是可以认定有罪的。例如，2006 年 4 月 18 日浙江省温州市原平阳县公安局刑侦大队副大队长郑思维杀人案件。郑思维曾经是破案能手，有很强的反侦查能力，他一直不作有罪供述，仅辩解“给了小杨七八千块钱，让小杨去车上看看。若王祥森没死，就送去医院抢救；如果死了，就帮忙把尸体掩埋。事后，小杨回来说，已把尸体埋到鳌江，并带我去看了埋尸地点。”警方查询了平阳所有外地司机的资料，以及郑楼派出所辖区内的所有暂住人口，把符合“小杨”特征的 192 人的照片全部调出让郑思维辨认，但始终未能找出小杨。警方组织了大量警力寻找尸体，在鳌江镇一处山上，搜索了很长时间，没找到；为寻找作案工具，警方甚至把附近的小河截流，抽干了河水，也未发现。7 月 4 日，在郑思维的指认下，警方在原先搜寻的山上找到了尸体。挖掘尸体时，民警问郑思维，尸体是怎么埋的。郑思维用手比划了一下，示意是横着埋的。尸体挖出来后，果然是横着摆放的。尸体找到后，温州市公安局、省公安厅及公安部，先后对死因作出鉴定。鉴定意见认为，死者有 4 处损伤，分布在头部、胸部的左右两侧，形态比较零散。头部两处伤为圆弧性金属钝器所伤，胸部为单面刃锐器刺伤。从损伤程度上看，头部伤势不重，符合因空间受限形成的损伤。胸部的伤口应该是他人近距离所伤。结论是死者的死是他人所为，一人所致，排除了死者自杀的可能性。由于一系列间接证据均指向郑思维涉嫌故意杀人，法院据此认定郑思维犯故意杀人罪。该案件中的“郑思维用手比划了一下，示意是横着埋的，而尸体挖出来后，果然是横着摆放的，”则可以认定为“根据被告人的指认提取到了隐蔽性很强的物证”。但是，对“郑思维用手比划了一下”应当有录像或者其他证人证明。

（三）被告人的供述、指认与物证、书证之间能够相互印证。被告人供述、指认是否包含以及在多大程度上包含犯罪实施过程的细节真相；供述、指认中所包含的细节是否与已经掌握的案件事实吻合一致；供述、指认所包含的细节知识是否属于犯罪人才可能知道的隐蔽性知识等。以上问题应当有相关材料证明。例如，最高人民法院死刑复核中的黄孔朋故意杀人案。被告人黄孔朋将3岁的被害人诱骗到果园内奸淫，致被害人当场死亡。这个案件被告人对犯罪事实供认不讳，他讲了是怎么诱骗被害人的，被害人面对奸淫不断喊叫，被告人怕罪行败露就用手捂被害人的口鼻，导致被害人死亡。把被害人移到附近的草丛，将被害人的衣服脱光，自己也脱光衣服进行奸尸。后来当他发现有人经过的时候，他赤身裸体地从果园里跑出来了，当天晚上就被公安机关抓获了。公安机关获得了他本人的供述以及两个目击证人证明看到一个人赤裸裸地逃离现场，两名目击证人在辨认中指认了他。侦查机关在犯罪现场提取了蓝色男士内裤，内裤交给被告人辨认，他承认内裤是自己遗留在犯罪现场的。从内裤上取材进行DAN鉴定。因为他供述的时候是用自己的内裤擦拭了幼女的血迹，在他内裤上反映出被害人的DNA。在内裤的裤腰处取材还检出了被告人的DNA，这两个DNA的鉴定固定了确系被告人作案。从这个内裤上检查出来被害人的血迹和被告人的DNA，这个物证与案件事实有关联，且物证能够与供述印证。

（四）通过这种隐蔽性很强的物证、书证来印证被告人供述的真实性。在实践中，每个犯罪案件都有其自身的特殊之处，这决定了犯罪过程的大量细节只有犯罪分子自己才有可能知晓。因此，对犯罪细节知识掌握与否尤其是一些鲜为人知的细节，可以作为印证被告人供述是否自愿、真实的一个标准。同时也是审查判断被告人翻供的一种重要方法。

（五）需要排除串供、逼供、诱供等可能性。侦查人员在勘察现场和侦查过程中已经知道相关案情，以侦查人员已经知道的内容验证后来获得的供述，显然无法保证这些细节知识是被告人亲身所知的“隐蔽性知识”。在实践中被告人会被告知这些细节，并按要求作出包含细节知识的“供述、指认”。而对于被告人推翻供述的情形，运用此种方法却必须以侦查讯问完全依法进行为前提，否则通过诱供、逼供，在任何案件中都可以“制造”出供述细节内容的被告人。同时，在确认是虚假的印证还是真实的印证外，还需要排除串供、逼供、诱供的可能性。

【特别提示】

本条适用需要注意的问题是，利用被告人供述直接进行案件事实认定可以采用以下三种基本的方法：一是被告人供述、指认在其他证据之前的，可以采用被告人供述、指认与其他证据印证的案件事实认定方法。适用此方法应当保证其他证据的客观性、可靠性和真实性，保障案件事实的认定不因被告人供述、指认的介入而切断其他证据与案件事实之间的必然联系。二是被告人供述、指认在其他证据之后的，可以采用被告人供述、指认补强证据的案件事实认定方法。适用此方法应当从程序上保证被告人供述、指认的任意性、自愿性，保障其客观性、真实性和可靠性，确保被告人供述、指认与其他证据之间的本质联系。三是被告人供述、指认与其他证据存在交叉的情况，根据被告人供述、指认在其他证据存在的先后顺序不同来确定采用的是印证的方法还是补强的方法。必要的情况下，特别是重大、疑难、复杂和特殊的案件，应当采用先补强后印证的方法。

另外，对于共同犯罪案件中多个被告人的供述如何审查问题，因理论研究和实践运用不太成熟，本条对此问题没有作出规定。并对原来的“征求意见稿”有关共同犯罪中多个被告人供述的审查判断规定予以删除。但是被删除的规定仍可以作为共同犯罪中多个被告人供述审查判断的参考。在共同犯罪案件中，只有共同犯罪被告人的供述相互印证，没有其他证据的，口供的采信应当慎重；共同犯罪被告人的供述相互印证，并排除串供、逼供、诱供、推卸责任等可能性的，可以采信。例如，胡某、蒋某到蔡某家盗窃，被蔡某发现后，胡某用菜刀砍死蔡某，蒋某用铁锤砸死蔡某的女儿。作案后，胡某被公安机关抓获，蒋某却潜逃不知去向。在公安机关侦查阶段，胡某对自己的罪行供认不讳，口供交代与现场勘察吻合。但是，检察院提起公诉后，胡某即全盘翻供，称砍死蔡某和砸死蔡某女儿都是蒋某干的，自己只是抱着蔡某的腰，摔倒蔡某。杀人凶器菜刀、铁锤在胡某、蒋某逃跑时被抛入大海，侦查人员无法搜集归案。在蔡某家中的衣柜门上提取了胡某右手中指和无名指的指纹。一审法院审理后认为，胡某曾作有罪供述的口供与现场勘察一致，作案现场留有胡某的指纹，胡某虽然翻供否认杀人，但仍然承认自己动过手，在蒋某尚未被缉捕归案，分不清罪责的情况下，应认定为共同杀人。两名犯罪分子在抢劫中杀害两人，罪行属极其严重，故一审法院判处胡某死刑。2003 年 8 月，曾有四人作案的同案人梁某被追捕归案，梁某在诉讼的各个阶段一直供述杀害刘某是他一人所为，与他人无关。一审法院判决其死刑，他也表示认罪服判，没有上诉。复核审法院审查后认为，在本案中，丁某、梁某都分别坚持供认是自己杀害的刘某，与他人无关，同案犯尚有两人在逃，已归案的两人难以认定谁才是真正直接致人死亡的凶手，故此改判梁某死刑缓期二年执行。复核审法院先后两次改变一审法院判决，丁某、梁某分别从死刑改判为死刑缓期二年执行。这种留有余地的判处死刑缓期二年执行也需要慎重判处。

【相关立法例】

上海市高级人民法院、上海市人民检察院、上海市公安局、上海市司法局《关于重大故意杀人、故意伤害、抢劫和毒品犯罪案件基本证据及其规格的意见》第 4 项第 11 条规定："案件事实反映作案行为人使用特殊工具和手段作案的，应当收集证明犯罪嫌疑人具有与特殊工具或手段相适应的技能，以及工具来源的证据。”

第三十五条 ［特殊侦查获得证据的效力］ 侦查机关依照有关规定采用特殊侦查措施所收集的物证、书证及其他证据材料，经法庭查证属实，可以作为定案的根据。

法庭依法不公开特殊侦查措施的过程及方法。

【制定目的】

本条是有关通过特殊侦查措施获得证据的地位以及法庭查证方式的规定，旨在解决通过特殊侦查措施获取证据的合法性问题。

【释义】

本条依据我国《宪法》第40条规定了公安机关和检察机关“因国家安全或者追查刑事犯罪的需要”，有权“依照法律规定的程序对通信进行检查”，根据我国《人民警察法》第16条规定的公安机关因侦查犯罪的需要，根据国家有关规定，经过严格的批准手续，可以采取技术侦察措施以及《国家安全法》第10条规定的国家安全机关因侦查危害国家安全行为的需要，根据国家有关规定，经过严格的批准手续，可以采取技术侦察措施，吸收了《联合国反腐败公约》第50条第1款规定的“……允许法庭采信由这些手段产生的证据”，基于打击现代化犯罪的需要，形成了本条的内容。特殊侦查既是一种有效的侦查措施，也是一种易于侵犯公民权利的侦查手段，其使用必须受到法律的严格限制。本条从特殊侦查获得证据的地位以及法庭查证方式两个方面作出规定。对本条可作以下理解：

（一）由于我国刑事诉讼法未将特殊侦查措施纳入其中，造成特殊侦查措施在刑事诉讼中使用的合法性备受质疑，取得的证据效力因灰暗不明而陷入困境。按照目前我国刑事诉讼法的相关规定，特殊侦查措施所获取的证据资料不能直接作为证据使用，也不能在法庭上出示。只有通过适用刑事诉讼法规定的侦查措施将其转化为法定的证据形式，才能作为证据使用。因采用特殊侦查措施取得的证据的适用案件范围较窄，目前仅适用于特定的刑事案件，且适用程序必须经过严格的批准程序与手续。

（二）采用特殊侦查措施所收集的物证、书证及其他证据材料是依照“有关规定”进行的而不是依法进行。这些有关规定既包括法律的规定，如国家安全法、人民警察法；也包括侦查机关及其他机关依照法律以及法律规定的精神制定的一些规定，如最高人民检察院、公安部《关于公安机关协助人民检察院对重大经济案件使用技侦手段有关问题的通知》，甚至还包括我国签署并对我国生效的国际公约，如《联合国反腐败公约》等。采用特殊侦查措施所收集的物证、书证及其他证据材料的合法性的“法”不再仅仅限制在法律的层次。然而，特殊侦查措施具有较强的秘密性，其实施是在措施适用对象不知情或不被告知的情况下进行的，对适用对象具有一定的侵犯性。因此，特殊侦查措施即使可以根据“有关规定”，也只能适用于重大复杂的案件，或者是采用常规手段难以侦破的案件。

（三）这些证据材料必须提供给法庭，由法庭在庭审中查证。在实践中，这些证据材料一般通过情况说明的形式向法院出示或者由法官听取、观看所获取的材料，并不在法庭上出示和质证。这种做法常常遭到被告人和辩护人的质疑。本条规定法庭在庭审中查证，而非是庭下调查或者听取意见。例如，某省张某等人贩卖毒品一案。张在电话中指使他人到云南购买毒品（电话中使用暗语，说是买卖水泥，没有提出买海洛因），被指使的人也供述是受张某的指使购买海洛因。通过技侦手段获取了张某的该段通话录音，该段录音也是张某是否贩卖毒品的关键证据。法院提出应该播放通过技侦手段获取的录音材料，公安技侦部门经请示领导后，提供了录音带，并在法庭上予以播放。法院采纳了该录音作为证据。但因考虑到其他证据薄弱，而且录音中有暗语，最后仅对张某判了死缓。

（四）法庭不公开特殊侦查措施的过程及方法。由于特殊侦查对公众的隐私权构成了威胁，如果公开其实施过程有可能造成对公众隐私权的二次伤害。随着犯罪组织越来越集团化、秘密化，反侦查能力也在不断提高，卧底侦查就显得更为有效。基于对卧底的安全及侦查工作的保密性考虑，法庭不公开特殊侦查措施的过程及方法以有效解决这些问题。

【特别提示】

适用本条需要注意的问题是，我国刑事诉讼法并未规定禁止采用特殊侦查手段，特殊取证不等于非法取证，此类证据不属于"非法证据"。只有当在此类证据的收集过程中有其他违法行为时，才能作此判断。同时，特殊侦查只能适用于重大复杂的案件，且必须是在采用常规手段难以查清案件事实真相时才能采用。同时，应当注意审查审批程序和审批手续，使用特殊侦查措施是否有审批表，有关负责人签字，是否装卷备查。表中有无规定或限定的内容，如收集的时间、地点、参加人，针对使用对象，资料的保管人、使用人，使用的时间、地点、使用次数，是否由三级人员签字存档。这些问题是审查的重点。

【相关立法例】

《国家安全法》第 10 条规定："国家安全机关因侦察危害国家安全行为的需要，根据国家有关规定，经过严格的批准手续，可以采取技术侦察措施。"

《人民警察法》第 16 条规定："公安机关因侦查犯罪的需要，根据国家有关规定，经过严格的批准手续，可以采取技术侦察措施。"

最高人民检察院、公安部《关于公安机关协助人民检察院对重大经济案件使用技侦手段有关问题的通知》规定：对经济犯罪案件，一般地不要使用技术侦查手段。对于极少数重大经济犯罪案件，主要是贪污贿赂案件和重大的经济犯罪嫌疑分子必须使用技术侦查手段的，要十分慎重地经过严格审批手续后，由公安机关协助使用。

《联合国反腐败公约》第 50 条第 1 款规定："为有效地打击腐败，各缔约国均应当在其本国法律制度基本原则许可的范围内并根据本国法律规定的条件在其力所能及的情况下采取必要措施，允许其主管机关在其领域内酌情使用控制下交付和在其认为适当时使用诸如电子或者其他监视形式和特工行动等其他特殊侦查手段，并允许法庭采信由这些手段产生的证据。"

第三十六条　［酌定量刑情节的审查］ **在对被告人作出有罪认定后，人民法院认定被告人的量刑事实，除审查法定情节外，还应审查以下影响量刑的情节：**

（一）案件起因；

（二）被害人有无过错及过错程度，是否对矛盾激化负有责任及责任大小；

（三）被告人的近亲属是否协助抓获被告人；

（四）被告人平时表现及有无悔罪态度；

（五）被害人附带民事诉讼赔偿情况，被告人是否取得被害人或者被害人近亲属谅解；

（六）其他影响量刑的情节。

既有从轻、减轻处罚等情节，又有从重处罚等情节的，应当依法综合相关情节予以考虑。

不能排除被告人具有从轻、减轻处罚等量刑情节的，判处死刑应当特别慎重。

【制定目的】

本条是对酌定量刑情节以及混合情节认定的规定，旨在保障死刑案件量刑更趋于合理性以及严格执行“少杀”、“慎杀”的刑事政策。

【释义】

本条吸收了最高人民法院《关于贯彻宽严相济刑事政策的若干意见》等司法解释规定、地方法院有关死刑案件证据适用的规定以及刑事诉讼制度有关定罪与量刑程序分离改革的试验经验。由于我国刑事诉讼中没有独立的量刑程序，有关此方面的规定仅有最高人民法院《关于审理未成年人刑事案件的若干规定》的被告人人格调查制度。死刑案件量刑的基础是查明犯罪事实与认定犯罪性质后的行为，与定罪存在先后的顺序，即只能先定罪后量刑，绝不能先量刑后定罪。量刑情节尽管不具有犯罪构成事实的认定犯罪意义，但因与犯罪构成主、客观要件具有密切联系，对于死刑案件来说具有特别重要的意义。影响量刑的情节除了法定的量刑情节外，还有酌定的量刑情节。酌定的量刑情节主要包括表明社会危害性的酌定量刑情节，其中包括犯罪的对象、手段、时间地点以及结果；表明犯罪分子人身危险性的酌定量刑情节，其中包括犯罪动机、犯罪分子的一贯表现和犯罪后的态度等。对于本条内容可从以下几个方面来理解：

（一）本条针对对被告人作出有罪认定后适用，体现了先定罪后量刑的诉讼规则。在司法实践中，需要注意审判经验的总结，把量刑纳入法庭审理程序，增强量刑的公开性和透明度，充分实现量刑的公正和均衡，因此对被告人作出有罪认定后才能启动酌情情节审查。如果在定罪问题存在疑问无法定性时，不宜启动该程序。

（二）法定情节应当优先于酌定情节审查判断规则。在量刑过程中，如果多个情节混合不能简单地采用折抵或叠加的方法，应坚持法定情节优先于酌定情节，应当情节优先于可以情节，而被告人同时具有的从严和从宽情节不能简单地互相冲抵或折中，应考虑在犯罪中不同情节的地位和作用，分别适用各种量罚情节，同时禁止情节适用上的重复评价。

（三）需要审查的量刑情节需要有相应的证据材料予以证明，对此判断可以采用类似于未成年人的人格调查的方式进行。这些内容主要包括：

1. 案件起因。在案件起因问题上，如被害人有明显过错，被告人犯罪动机不很恶劣、主观恶性和人身危险性不大的，一般可以酌情从宽处罚，案件起因是是否判处死刑需要考虑的因素之一。尽管案件起因不是量刑从轻、减轻或者从重的必然因素，但在死刑量刑中仍需要考虑，特别是对其所处的地位及在犯罪行为发生过程中所起到的作用。例如，在杨佳案件中，尽管不能排除警方在2007年10月5日晚的盘查中曾殴打过杨佳，而警方之后对杨佳投诉的处置不当可能是引发本案的重要因素，但从杨佳的案件中查明的事实来分析，案件起因尽管在量刑时需要考虑，但对死刑的判处不再产生影响，即不能因起因问题对杨佳从宽处罚。

2. 被害人有无过错及过错程度，是否对矛盾激化负有责任及责任大小。在司法实践中，因犯故意杀人罪、抢劫罪、故意伤害罪和强奸罪等被判处死刑的罪犯占所有死刑罪犯的85%以上，绝大多数死刑案件中都存在着具体的被害人。根据被害人在犯罪过程中所起的作用，一般可将被害人分为两种类型：一是无责性被害人，即对于自己被害的加害行为之发生没有任何道义上的或者法律上的责任而被害的人。二是有责性被害人，即那些本身实施了违法犯罪行为或者违背道德或其他社会规范行为或过失行为，从而与加害行为的发生之间具有一定直接关系的人。有责性被害人因为其自身的过错对案件发生或多或少负有一定的责任。有责性过错可分负完全责任的被害过错、严重的被害过错、明显的被害过错、激化矛盾的被害过错、较小的被害过错。严重的被害过错是指被害人积极实施严重违法犯罪活动，主动制造冲突或有意放任冲突的升级，其过错对于加害行为的发生有积极的诱发作用，与加害结果有直接的因果关系。明显的被害过错是指被害人主动实施严重不道德或者轻微的违法活动，有意或过失地引起加害行为的发生，被害人的过错行为与加害结果的发生具有因果关系。激化矛盾的被害过错，是指在存有矛盾引起和矛盾升级，并因矛盾升级而造成严重后果的犯罪中，被害人的过错与矛盾升级或者矛盾激化具有因果关系。较小的被害过错是指被害人所实施的不道德或不妥当的行为，不自觉或无意识地诱发加害行为发生，被害人的过错行为与加害结果之间具有因果关系。在以暴力犯罪为特征的死刑罪名中，被害人有过错的案件比例较高。被害人过错的外在形式主要包括被害人实施的刺激、挑衅、迫害、威逼、侮辱、谩骂、失态等行为。被害人过错在暴力犯罪案件中主要有以下几种类型：一是挑衅型过错，即被害人向守法者进行攻击而使之受到刺激。被害人的故意挑衅行为，在一定的情境之下激发了被告人的犯罪意识及犯罪行为，被害人在犯罪的起因上存在着过错。二是激将型过错，即在一般纠纷或争吵斗殴中因被害人使用激将语言或行为诱发犯罪人犯罪意识导致犯罪侵害。三是暴力型过错，即被害人过错主要发生在婚姻家庭生活矛盾引发的暴力犯罪案件中，被告人原也属于受害人，但正是案件中被害人的种种恶劣行为导致了被告人的报复心理，使被告人实施了犯罪。因而被害人的行为对案件的发生具有直接的因果关系。四是贪欲型过错，即被害人的贪欲常常表现为勒索行为。正确区分被害人过错的性质和程度，准确判断其对死刑适用的影响力。在死刑案件中不同类型的被害人过错对死刑适用的影响力度不同，在刑罚裁量过程中，通过对被害人过错进行分类考察，有利于判断被害人过错对被告人量刑有无影响以及影响力的大小。

在司法实践中，在死刑案件中，侦查机关通常把重点放在犯罪证据的收集上，经常忽略对有利于犯罪嫌疑人的证据的收集，被害人过错证据的收集更加容易被淡化，以至于使得因相关证据欠缺而无法确认是否存在被害人过错的事实证据。被害人过错在我国刑法中是从轻处罚的酌定情节，但是在司法实践中，各地法院的做法有很大差异，特别是因被害人过错引发的暴力致人死亡等恶性案件，往往存在着重“法定情节”、“轻酌定情节”的倾向。有的法院常常对被害人过错情节不予考虑。由于绝大多数情况下被害人过错不是法定从宽情节，所以在司法实践中对被害人过错情节的把握有很大的随意性。1999 年 10 月，最高人民法院在《全国法院维护农村稳定刑事审判工作座谈纪要》中规定：对于因婚姻家庭、邻里纠纷等民间矛盾激化引发的故意杀人犯罪，如果“被害人一方有明显过错或对矛盾激化负有直接责任，或者被告人有法定从轻处罚情节的，一般不应判处死刑立即执行。”最高人民法院于 2007 年 1 月《关于为构建社会主义和谐社会提供司法保障的若干意见》也明确指出：“对于因婚姻家庭、邻里纠纷等民间矛盾激化引发的案件，因被害方的过错行为引发的案件，案发后真诚悔罪并积极赔偿被害人损失的案件，应慎用死刑立即执行。”

在司法实践中，人民法院对“对矛盾激化负有直接责任”曾做了实地调研。从调研情况来看，主要有以下情形：①被害人在感情受挫后采取争吵、纠缠等不当行为的；②被害人与第三者有暧昧关系，且多次殴打并逼迫被告人离婚的；③被害人长期对与被告人所生的子女未尽抚养义务的；④被害人在发生纠纷经由有关部门处理调解后，仍多次逼迫被告人为其看病赔钱，致使被告人积怨加深并忍无可忍的；⑤被害人为继续独自霸占被告人，多次对被告人本人以及与其关系密切者予以威胁的；⑥被害人擅自将被告人借其使用的网络虚拟物品予以出卖的。

3. 被告人的近亲属是否协助抓获被告人。被告人的亲属协助公安机关抓获被告人，告诉公安机关被告人藏匿地点的，积极帮助公安机关稳住被告人并防止其逃跑的，尤其是“送子归案”的，在适用死刑的时候要充分考虑，体现从宽的政策。对亲属送被告人归案或协助抓获被告人的，应视为自首，原则上应当从宽处罚。有的虽然不能认定为自首，但考虑到被告人亲属支持公安司法机关工作，能够促使被告人到案、认罪、悔罪，在决定对被告人适用具体处罚时，也应当予以充分考虑。从减少司法资源、减少司法成本的角度出发，特别是从被告人亲属的情感方面考虑，一般不予判处死刑，也不核准被告人死刑。但是，极个别案件被告人罪行极其严重，综合考虑上述情节还不足以对其从轻处罚的，也可以判处死刑。

4. 被告人平时表现及有无悔罪态度。被告人平时表现及有无悔罪态度主要可从被告人人身危险性考虑，可从被告人有无前科、平时表现及悔罪情况等方面综合判断。如累犯中前罪系暴力犯罪，或者曾因暴力犯罪被判重刑后又犯故意杀人、故意伤害致人死亡的；平时横行乡里，寻衅滋事杀人、伤害致人死亡的，应依法从重判处。对人身危险性小的被告人，应依法体现从宽精神。如被告人平时表现较好，激情犯罪，系初犯、偶犯的；被告人杀人或伤人后有抢救被害人行为的，在量刑时应该酌情予以从宽处罚。

5. 被害人附带民事诉讼赔偿情况，被告人是否取得被害人或者被害人近亲属谅解。被害人在诉讼中具有诉讼主体地位，被害人也应该有权提出量刑意见。同时，被告方及其亲属赔偿到位，从经济上使被害方得到赔偿，在一定程度上安慰了其心灵的创伤以及弥补了受害方的肉体和精神折磨。这些情形主要限定在因婚姻家庭、邻里纠纷等民间矛盾激化引发的、事出有因、侵害对象特定的案件。对于这类犯罪如果被告人积极履行赔偿义务，取得被害方的谅解，可作为酌定情节考虑。对被告人可能判处死刑的案件，没有法定减轻情节，附带民事部分已经调解，受害方坚决要求不判处死刑的，判处死刑应当考虑这一因素，在不超越法律规定的量刑幅度内对被告人可以降格处理，体现宽严相济的刑事政策。一般的死刑案件，民事部分调解之后，也可以作为一种酌定量刑情节。

6. 其他影响量刑的情节。犯罪情节包括犯罪的动机、手段、对象、场所及造成的后果等。不同的犯罪情节反映不同的社会危害性，多属酌定量刑情节，法律往往未作明确的规定。有的案件犯罪动机特别卑劣，如被告人为了铲除政治对手而雇凶杀人的，也有一些人犯罪出于义愤的“大义灭亲”、“为民除害”。有的案件犯罪手段特别残忍，如采取放火、泼硫酸等方法把人活活烧死的故意杀人行为。本项采用了开放性条款或者兜底性规定。这种规定有利于在不同案件考虑上述没有规定的影响量刑的情节，但其他影响量刑的情节作为酌定情节应当具有与上述情节相同的性质。

另外，混合情节的量刑规则。适用法定量刑情节时，如果某一法定量刑情节具有从轻、减轻或者免除处罚等两种以上情节，应当优先选择排列在前的情节。只有当前列情节与具体量刑情节的实际作用力明显不相匹配时，才能依次考虑适用后列情节。

当一起案件中具有多个同向法定量刑情节时，一般遵循每个量刑情节均应得到实际评价，分别对每个量刑情节进行评价与适用。在评价与适用多个量刑情节存在的情形时注意其先后顺序。当从轻与减轻处罚情节并存时，一般按照“先减后轻”的顺序予以适用。如果适用其中一个量刑情节已被其他量刑情节的作用力完全所包容，则其他量刑情节则无须独立适用。

当一起案件中具有多个逆向法定量刑情节时，评价与适用各个量刑情节的先后顺序，应先以逐一评价每个量刑情节的实际需要为转移。如当从重与减轻处罚情节并存时，一般按照“先减后重”的顺序予以适用。如对依法可以判处死刑的案件，是否判处死刑，要结合被告人的犯罪原因、犯罪情节、危害后果、有无前科、认罪悔罪态度等法定、酌定量刑情节综合判定。具有法定从宽情节的，应当最大限度地体现刑事政策；有酌定从宽情节的，也应当充分体现刑事政策。但是，对于不能排除被告人具有从轻、减轻处罚等量刑情节的，应当采取从轻的原则，具有从轻、减轻处罚情节的，一般不判处死刑。

【特别提示】

适用本条需要注意的问题是，本条的规定充分体现了“少杀、慎杀，严格控制死刑”的刑事政策。对于一些罪行极其严重、论罪应判处死刑的犯罪分子，鉴于其具有自首、立功等法定从轻处罚情节，或者具有全部退缴赃款、因民间矛盾引发且取得被害人谅解等酌定从宽处罚情节，依法不判处其死刑立即执行，体现死刑政策“严中有宽”的精神，保证宽严相济刑事政策的实现。对于具有自首、立功等法定从宽处罚情节的被告人，必须尽可能地兑现政策，依法从宽。对于共同犯罪、同时可能判处2人甚至多人死刑的案件，应当仔细区分、综合判定各被告人在共同犯罪中的地位、作用及其人身危险性，实行区别对待。特定的犯罪对象和场所也可以反映社会危害性的不同，如针对妇女、儿童等弱势群体或在公共场所实施的杀人、伤害，就具有较大的社会危害性。这些犯罪动机卑劣，或者犯罪手段残忍，或者犯罪后果严重，或者针对妇女、儿童等弱势群体作案等情节恶劣的，又无其他法定或酌定从轻情节的应当依法从重判处。如果犯罪情节一般，被告人真诚悔罪，或有立功、自首等法定从轻情节的，一般应考虑从宽处罚。对于罪行极其严重，但只要有法定、酌定从轻情节，就不应当判处死刑立即执行。在改变过去那种“杀人偿命”报应观念的同时，又要避免“花钱买命”或者“花钱买刑”现象的出现。

【相关立法例】

《最高人民法院关于审理未成年人刑事案件的若干规定》第21条规定：“开庭审理前，控辩双方可以分别就未成年被告人性格特点、家庭情况、社会交往、成长经历以及实施被指控的犯罪前后的表现等情况进行调查，并制作书面材料提交合议庭。必要时，人民法院也可以委托有关社会团体组织就上述情况进行调查或者自行进行调查。”

第三十七条　［特殊证据的采信］对于有下列情形的证据应当慎重使用，有其他证据印证的，可以采信：

（一）生理上、精神上有缺陷的被害人、证人和被告人，在对案件事实的认知和表达上存在一定困难，但尚未丧失正确认知、正

确表达能力而作的陈述、证言和供述；

（二）与被告人有亲属关系或者其他密切关系的证人所作的对该被告人有利的证言，或者与被告人有利害冲突的证人所作的对该被告人不利的证言。

【制定目的】

本条是关于特殊主体证言审查与采信规则的规定，旨在防止其证据存在瑕疵而影响其证明力。

【释义】

本条吸收了湖北省高级人民法院、湖北省人民检察院、湖北省公安厅、湖北省国家安全厅、湖北省司法厅《关于刑事证据若干问题的规定（试行）》第33条的规定，结合了司法实践的经验。对本条可作以下理解：

（一）生理上、精神上有缺陷的被害人、证人和被告人，在对案件事实的认知和表达上存在一定困难，但尚未丧失正确认知、正确表达能力而作的陈述、证言和供述，有其他证据印证的，可以采信，否则应当慎重使用。被害人、证人和被告人的言词证据的准确性取决于三个因素：（1）生理因素，如有无口吃或者其他语言障碍；（2）证人的逻辑思维能力，能否抓住关键词；（3）语言文字能力，能否形象、生动地再现案件事实。

生理上、精神上有缺陷或者年幼，不能辨别是非，不能正确表达的人，不能向公安司法机关作证。虽然生理上、精神上有缺陷或者年幼，但能辨别是非，并且能够将自己所了解的案情准确表达，应认为有作证能力，可以作证。对控辩双方提供的证人能否辨别是非，能否正确表达，或者尚未丧失正确认知、正确表达能力而作的陈述、证言和供述对方提出异议的，人民法院经审查认为存在疑问的，可以通过其他证据对证人能否辨别是非或者尚未丧失正确认知、正确表达能力予以审查，必要时，可以进行鉴定。即使通过鉴定而证明尚未丧失正确认识、正确表达能力，其作的陈述、证言和供述仍应有其他证据印证。

（二）与被告人有亲属关系或者其他密切关系的证人所作的对被告人有利的证言，或者与被告人有利害冲突的证人所作的对该被告人不利的证言，有其他证据印证的，可以采信，否则应当慎重使用。如果证人与当事人无任何恩怨关系，其提供的证言真实性、客观性就强，反之则可能带有倾向性。对于证人与本案当事人有利害关系能否作证问题，1957 年 6 月 22 日颁布的《最高人民法院关于与案件有直接利害关系的人能否当证人等问题的复函》（法研字第 12573 号）认为："……除法律有特别规定外，一般公民不论他与案件有无直接利害关系都可以作为证人出庭作证。但在衡量他的证言时，应当对他与案件有直接利害关系一点，加以斟酌，采纳他的证言时需要慎重，真实可靠的证言仍可采用。"在现实生活中，人们对利害关系的判断限于证人的家族关系、人际关系和社会关系，尤其是同事、同乡、邻居、朋友、同学、亲戚或利害关系人。从本质上讲，这只不过是一个表面现象，这种表面现象有时与其本质是密切联系的，有时不尽其然。证人证言的真假与证人本身的人格品德紧密联系，证人的品德高尚，即使存在利害关系，他的陈述也可能是客观真实的。对这类证人证言，应采取直接言词原则，通过当庭质证来辨析，无论是与被告人有亲属关系或者其他密切关系的证人所作的对被告人有利的证言，还是与被告人有利害冲突的证人所作的对该被告人不利的证言。如果其陈述没有情理上的矛盾，又无对方对证人所叙情节的反证，有其他证据印证的，可以采信。

由于证人与被告人有亲属关系或者其他密切关系，或者有利害冲突致使证言内容趋于复杂。特别是证人是被告人的亲属、近邻、朋友、仇人等关系，证人有可能从维护亲情、友情、报恩、泄愤等思想出发提供虚假证言。这些情况只是一种可能，证言是否可靠，不能依证人和当事人的关系而定，而是取决于证人是否如实讲述了他所知道的案件事实。有的证人与当事人有亲属关系，也能如实提供证言。但是，有些证人因怕得罪人，不愿提供证言、不敢提供证言。有些证人回避关键情节，提供部分案件事实。在审查这类证人证言时，应与其他证据结合起来进行综合分析判断。例如，辽宁省高级人民法院纠正的杀人一案。1988 年 2 月的一个深夜，辽宁省北镇满族自治县道口村发生一起命案，偷鸡贼在被主人发现后杀人潜逃。邻村 26 岁的农民李某因素有偷鸡摸狗行为而被确定为嫌疑人。平素夫妻关系不睦的李妻，向公安机关提供了“案发当晚李不在家”、现场遗留的带补丁麻袋“系自己家的”等伪证。李某在辩解无效的情况下，数次供认又数次翻供。1988 年 8 月，一审法院判定李某死刑。辽宁省高级人民法院在二审过程中发现了一系列疑点。1991 年 7 月，真正杀人凶手被同伙揭发出来。

【特别提示】

适用本条需要注意的问题是，对案件事实的认知和表达上存在一定困难，但尚未丧失正确认知、正确表达能力如何判断仍是一个值得研究的问题。即使进行鉴定，如果鉴定意见存在争议，有可能增加新的问题。

【相关立法例】

《刑事诉讼法》第 48 条第 2 款规定：“生理上、精神上有缺陷或者年幼，不能辨别是非、不能正确表达的人，不能作证人。”

《最高人民法院关于执行〈中华人民共和国刑事诉讼法〉若干问题的解释》第 57 条规定：“对于证人能否辨别是非，能否正确表达，必要时可以进行审查或者鉴定。”

2005 年 12 月 21 日湖北省高级人民法院、湖北省人民检察院、湖北省公安厅、湖北省国家安全厅、湖北省司法厅《关于刑事证据若干问题的规定（试行）》第 33 条规定：“……（八）未成年人所作的与其年龄和智力状况不相适应的证言，没有其他证据印证，不能作为定案证据。（九）生理上、精神上有缺陷的被害人、证人和犯罪嫌疑人、被告人，在对案件事实的认知和表达上存在一定困难但不足以丧失正确认知、正确表达能力时，所作的陈述、证言和供述，没有其他证据印证，不能作为定案证据。（十）与犯罪嫌疑人、被告人有亲属关系或其他密切关系的证人所作的对该犯罪嫌疑人、被告人有利的证言，或者与犯罪嫌疑人、被告人不利关系的证人所作的对该犯罪嫌疑人、被告人不利的证言，没有其他证据印证，不能作为定案证据。”

第三十八条 ［存疑证据的补证、核实程序］ 法庭对证据有疑问的，可以告知出庭检察人员、被告人及其辩护人补充证据或者作出说明；确有核实必要的，可以宣布休庭，对证据进行调查核实。法庭进行庭外调查时，必要时，可以通知出庭检察人员、辩护人到场。出庭检察人员、辩护人一方或者双方不到场的，法庭记录在案。

人民检察院、辩护人补充的和法庭庭外调查核实取得的证据，法庭可以庭外征求出庭检察人员、辩护人的意见。双方意见不一致，有一方要求人民法院开庭进行调查的，人民法院应当开庭。

【制定目的】

本条是关于如何补证和调查核实存疑证据的规定，旨在使法庭证据调查核实尤其是庭外调查更符合正当程序的要求。

【释义】

本条在《刑事诉讼法》第 158 条的基础上吸收了最高人民法院、最高人民检察院以及地方法院的相关规定，形成了证据补证规定和调查核实存疑证据规则。对本条可作以下理解：

（一）补证和调查核实存疑证据。控辩双方提供的证据通过庭审质证后，法庭对其真实性仍存在疑问，告知出庭检察人员、被告人及其辩护人补充证据或者作出说明。通过补充证据或者作出说明在法庭上能够澄清存疑的证据，按照证据的一般审查判断规则在庭上进行核实。如果法庭证据经过补充证据或者作出说明仍存疑需要核实的，应对证据进行庭外调查核实。法庭进行庭外调查一般应当通知出庭检察人员、辩护人到场。出庭检察人员、辩护人参与庭外调查有利于减少争议。如果由控辩双方的一方参与庭外调查，其往往难以避免主观倾向性，不利于案件客观真实的发现。即使是客观的，一旦所调查核实的证据不利于未参与调查的一方，也易引发其质疑。由法官进行庭外调查，可以不偏不倚地了解案件事实，往往也容易为控辩双方所接受，有利于查明案件事实，也不会影响法官的中立地位。

出庭检察人员、辩护人一方或者双方经过法庭依法通知不到场的，并不影响法庭庭外调查活动的进行，法庭应当将出庭检察人员、辩护人一方或者双方不到场的情况记录在案。检察机关能否在法庭外调查以及能否派遣其他检察人员到场，根据规定的精神和法庭澄清疑问证据的要求，一般是不宜的。

本条规定的“必要时”是指补充调查时对有疑问的证据主动进行核实或对被告人难以获得的证据，由被告人申请后，调查取证。补充调查只能在公诉事实范围内进行调查，庭审认为有新的事实或遗漏其他证据的，不能直接补充调查。合议庭评议后，也不能再做补充调查。

但是，法庭庭外调查证据一般为核实证据，而不是收集新的证据材料；参与主体不应仅仅限于出庭检察人员、辩护人，各诉讼主体，还应包括被害人均可以参与。本规定采用“出庭检察人员”的概念不符合一审出庭检察人员“公诉人”的称谓。

（二）补充的和法庭庭外调查核实取得的证据审查判断规则。人民检察院、辩护人补充的证据，法庭在庭外征求出庭检察人员、辩护人意见，双方意见一致的，人民法院不再开庭进行调查。双方意见不一致，有一方要求人民法院开庭进行调查的，人民法院应当开庭。

对法庭庭外调查核实取得的证据如何审查判断在理论上存在不

同的观点以及在实践中存有不同做法。“调查取证说”认为，法院可采用证据交换的方式进行。在休庭后应直接进行庭外的调查、取证，然后再到法庭上举证并由控辩双方质证。但是，法庭直接获取的证据在法庭上再出示并听取各方意见，难以避免法官受质询的尴尬，因此，只要取证时通知控辩双方到场，就不需要再法庭举证，而可以直接将其用作定案证据。“共同取证说”认为，由法院和控辩双方一同到场，共同取证而直接认证，不再到法庭上质证。“调查核实说”认为，按照《刑事诉讼法》第 158 条规定，法院只是对有疑问的证据进行调查核实，既然是调查核实，就不必重新取证，经过调查核实后，对存疑的证据直接作出是与非的判断。合议庭在开庭以后，在审判过程中对足以影响定罪量刑的证据有疑问，公诉人、辩护人的质证活动又不能消除这种疑问，为弥补该证据的不足或矛盾，合议庭才可以宣布休庭，对证据调查核实。核实证据可以有控辩双方在场，以保证诉讼监督，实现诉讼公正；补充调取新的证据应重新开庭，由法官当庭出示，经控辩双方辩论、质证。也有观点认为，应当将该证据材料交有利于的一方宣读出示，让另一方质疑。一般来说，法官将调查核实的证据材料直接宣读出示，而后由控辩双方对此提出自己的意见，由法官综合双方的意见，然后作出是否取舍与认证。

【特别提示】

适用本条需要注意的问题是，法庭在控辩双方之外作为第三方收集了证据，控诉双方一旦有不同意见，随后的质证、辩论过程就成为控辩方针对法官的行为，法庭也可能变成了争议的参与者而不只是裁判者，会影响法官的中立性。在实践中，法官出示证据可不发表意见，由控辩双方进行质证，以免影响法官的中立地位，破坏控辩审的诉讼结构。

【相关立法例】

《刑事诉讼法》第158条规定："法庭审理过程中，合议庭对证据有疑问的，可以宣布休庭，对证据进行调查核实。人民法院调查核实证据，可以进行勘验、检查、扣押、鉴定和查询、冻结。"

《最高人民法院关于执行〈中华人民共和国刑事诉讼法〉若干问题的解释》第154条规定："……必要时，可以通知检察人员、辩护人到场。"

《人民检察院刑事诉讼规则》第345条规定："法庭审理过程中，合议庭对证据有疑问并在休庭后进行勘验、检查、扣押、鉴定和查询、冻结的，人民检察院应当依法进行监督，发现上述活动有违法情况的应当提出纠正意见。"

第三十九条 ［法定量刑情节的审查］被告人及其辩护人提出有自首的事实及理由，有关机关未予认定的，应当要求有关机关提供证明材料或者要求相关人员作证，并结合其他证据判断自首是否成立。

被告人是否协助或者如何协助抓获同案犯的证明材料不全，导致无法认定被告人构成立功的，应当要求有关机关提供证明材料或者要求相关人员作证，并结合其他证据判断立功是否成立。

被告人有检举揭发他人犯罪情形的，应当审查是否已经查证属实；尚未查证的，应当及时查证。

被告人累犯的证明材料不全，应当要求有关机关提供证明材料。

【制定目的】

本条是有关被告人法定量刑情节的证明规定，旨在借助于合理配置这些规则使死刑量刑更加准确。

【释义】

本条吸收了《最高人民法院关于执行〈中华人民共和国刑事诉讼法〉若干问题的解释》第159条的规定以及其他涉及从轻、减轻或者从重情节的有关量刑证据规定，结合了地方法院的一些经验，形成了自首、立功、检举揭发以及累犯证明的规则。对本条可作以下理解：

（一）自首事实的证明规则。我国刑法规定，犯罪以后自动投案并如实供述自己罪行的是自首。自首可以从轻、减轻处罚。尽管刑法有关自首的规定相对完整，但在自首的认定中往往会出现一些疑难、复杂问题。因为有的自首是为了获得宽大处理而实施的；有的自首则是被公安机关通缉无处藏身而实施的；有的自首则是怕遭到被害人报复或同伙的打击而实施的。1998年《最高人民法院关于处理自首和立功具体应用法律若干问题的解释》中第1条对此作了相应的解释，并规定罪行尚未被司法机关发觉，仅因形迹可疑被有关组织或者司法机关盘问、教育后，主动交代自己罪行的，应当视为自首。被告人及其辩护人提出有自首的事实及理由，有关机关未予认定的，应当要求有关机关提供证明材料或者要求相关人员作证，并结合其他证据判断自首是否成立。如果有关机关在认定与否上存在分歧，应当结合其他证据予以判断。

（二）立功事实的证明规则。我国《刑法》第68条规定了立功的构成条件和从宽处罚制度。立功须符合两个条件：一是揭发他人犯罪行为，并查证属实；二是提供重要线索从而得以侦破其他案件。其条件着重强调“查证属实”和“得以侦破”，突出了立功行为的效果。如果经查证不实或没有使其他案件得以侦破，则不属于立功。1998年最高人民法院《关于处理自首和立功具体应用法律若干问题的解释》第5条规定，犯罪分子到案后协助司法机关抓捕其他犯罪嫌疑人（包括同案犯）的，应当认定为有立功表现。对于“协助”的含义，司法实践中理解不一。多数公安司法工作人员认为凡是跟公安人员到过抓获犯罪嫌疑人的所在地，该犯罪嫌疑人又被抓获的，都认定有立功表现，否则不予认定。但也有不同观点，主张只要是提供了其他犯罪嫌疑人的行踪、住址和落脚点等线索（含带领公安人员前去抓捕犯罪嫌疑人和指认犯罪嫌疑人所在地情形），而公安机关又依其线索抓获了该犯罪嫌疑人，就应当视为“协助”。一般来说，协助抓获同案犯主要包括：（1）带领公安人员将其他犯罪嫌疑人抓获；（2）将其他犯罪嫌疑人引诱至公安人员实际控制的地点、范围将其抓获；（3）向司法机关提供其他犯罪嫌疑人的行动路线、活动规律、藏匿地点等；（4）犯罪分子本人直接将其他犯罪嫌疑人擒获送交司法机关，如司法机关在公共场所将其作诱饵诱捕其他犯罪嫌疑人场合。被告人是否协助或者如何协助抓获同案犯的证明材料不全，导致无法认定被告人构成立功的，应当要求有关机关提供证明材料或者要求相关人员作证，并结合其他证据判断立功是否成立。如果没有被告人协助抓获同案犯的证明材料，而被告人及其辩护人提出的，需要被告人及其辩护人提出一定证据线索或者证据材料，法庭应当要求有关机关提供证明材料或者要求相关人员补充说明，在必要的时候，法庭也应当予以调查。

（三）检举揭发事实的证明规则。同案犯是指共同参与同一犯罪案件的犯罪分子。最高人民法院《关于处理自首和立功具体应用法律若干问题的解释》第 5 条规定，共同犯罪案件中的犯罪分子揭发同案犯共同犯罪以外的其他犯罪，经查证属实的，是立功。如果揭发的不是共同犯罪以外的其他罪行，不是立功，应属于自首的必要条件。《全国部分法院审理毒品犯罪案件工作座谈会纪要》第 7 条规定，被告人亲属为了使被告人得到从轻处罚，检举、揭发他人犯罪或者协助司法机关抓捕其他犯罪人的，不能视为被告人立功。同监犯将本人或者他人尚未被司法机关掌握的犯罪事实告知被告人，由被告人检举揭发的，如经查证属实，虽可认定被告人立功，但是否从宽处罚、从宽幅度大小，应与通常的立功有所区别。

通过非法手段或者非法途径获取他人犯罪信息，如从国家工作人员处贿买他人犯罪信息，通过律师、看守人员等非法途径获取他人犯罪信息，由被告人检举揭发的，不能认定为立功，也不能作为酌情从轻处罚情节。被告人有检举揭发他人犯罪情形的，应当审查是否已经查证属实；尚未查证的，应当及时查证。特别是对被告人在看守所内提供的检举揭发他人犯罪情形应当慎重对待。例如，2005年河北省秦皇岛市中级人民法院审理的以张某为首的5人犯罪团伙抢劫杀人案件在执行死刑中，被告人姜某突然向警方检举揭发了张某的另一起致死多人的抢劫命案。因为在很早张某就告诉姜某，若一旦被警方抓获，所有罪行他全部承担，将来由姜某赡养张的老人。8月31日张某即将被执行死刑时，姜举报张某，以达到立功减刑的目的。后对张某中止执行死刑，长春警方将其押解回长春指认现场，张某并向警方交代了伙同吴某、姜某一起杀死栾某及其男友和保姆的罪行。

（四）累犯事实证明规则。累犯是指被判处一定刑罚的犯罪人，在刑罚执行完毕或者赦免以后，在法定期限内又犯一定之罪的情况。作为量刑情节，累犯是一种特定的再次犯罪的事实；作为量刑对象。累犯是指特定的累犯人。根据《刑法》第65条第1款规定，被判处有期徒刑以上刑罚的犯罪分子，刑罚执行完毕或者赦免以后，在5年以内再犯应当判处有期徒刑以上刑罚之罪的，是累犯，应当从重处罚，但是过失犯罪的除外。这些事实应当有相关证据证明。这些证据应以法院的判决为证。被告人累犯的证明材料不全，应当要求有关机关提供证明材料。有关机关拒绝提供证明材料或者没有提供的，则应当按照有利于被告人的原则处理。

【特别提示】

适用本条需要注意的问题是，合议庭在案件审理过程中，发现被告人可能有自首、立功等法定情节，而在起诉的证据材料中没有这方面的证据材料的，法庭应当要求有关机关提供证明材料，或者建议人民检察院补充侦查。

【相关立法例】

《最高人民法院关于执行〈中华人民共和国刑事诉讼法〉若干问题的解释》第159条规定："合议庭在案件审理过程中，发现被告人可能有自首、立功等法定量刑情节，而起诉和移送的证据材料中没有这方面的证据材料的，应当建议人民检察院补充侦查。"

第四十条　［被告人年龄的认定］审查被告人实施犯罪时是否已满十八周岁，一般应当以户籍证明为依据；对户籍证明有异议，并有经查证属实的出生证明文件、无利害关系人的证言等证据证明被告人不满十八周岁的，应认定被告人不满十八周岁；没有户籍证明以及出生证明文件的，应当根据人口普查登记、无利害关系人的证言等证据综合进行判断，必要时，可以进行骨龄鉴定，并将结果作为判断被告人年龄的参考。

未排除证据之间的矛盾，无充分证据证明被告人实施被指控的犯罪时已满十八周岁且确实无法查明的，不能认定其已满十八周岁。

【制定目的】

本条是有关被告人否已满18周岁问题以及法庭对被告人是否已满18周岁存疑的认定规定，旨在保护未成年被告人的合法权益不受侵犯以及严格执行刑法的规定。

【释义】

本条吸收了最高人民法院《关于审理未成年人刑事案件具体应用法律若干问题的解释》、最高人民法院研究室《关于如何认定被告人犯罪时年龄问题给广东省高级人民法院的电话答复》、最高人民检察院发布的《关于"骨龄鉴定"能否作为确定刑事责任年龄证据使用的批复》等规定、解释以及地方法院的实际经验。本条内容主要包括被告人是否已满18周岁一般认定规则、户籍证明有异议的处理方法以及是否已满18周岁有利于被告人的认定原则。

从不同的角度来看，人有很多种年龄。这些年龄包括时间年龄、生物学年龄和心理学年龄等。时间年龄是指出生以后所经历的时间，是与出生时间有关并按日历来计算的，它能够准确地反映个体生命存在的时间，我国刑法有关条文规定的年龄依据则是时间年龄。生物学年龄与人体生长发育中的某些事件的出现时间有关，是根据正常人体生理学和解剖学的发育状态所推断出来的年龄，表明人体的组织机构和生理功能的实际状态。心理学年龄用来表示心理发展的绝对水平，把心理学年龄和时间年龄相对比就能看出智力水平的高低。在人的生长发育过程中，最容易真实地反映生长时间的是骨骼系统。骨龄是骨骼年龄的简称，是人体生物学年龄的重要内容，是用骨骼的生长发育成熟和衰老的规律来推断年龄的。对本条内容可作以下理解：

（一）审查被告人实施犯罪是否已满18周岁，一般应当以户籍证明为依据。户籍证明是由具有户籍管理职权的公安机关出具给当事人证明其身份的法定证明，也属于法定身份证件。法定身份证件是指居民身份证、户口簿和户口迁移证明。户籍证明则是由当事人原籍公安机关派出所根据其户籍登记情况出具的证明材料，是户籍管理机关出具的证明当事人身份、年龄的证据，与其他证明身份年龄的书证相比具有更高的证明价值。身份证、户口簿及户口迁移证明是公安机关出具给当事人交其自身保管的证明，在办案过程中由当事人自行提供；户籍证明则是公安机关根据要求出具的证明，由侦查机关调查获得，在证明价值上户籍证明的证明力高于其他法定身份证件。

户籍证明应当由公安机关户籍管理部门工作人员署名出具并加盖户籍管理部门印章，且应当附有被告人免冠相片。在司法实践中，公安机关一般仅出具网上公布的人口信息资料。这种人口信息资料内容比较简单，而且没有被告人的照片以及具体的家庭住址。这种简单的人口信息尚不足以作为证实被告人身份的证据，需要公安机关收集被告人户籍所在地的户籍底册。如果其户籍经过迁移或者更改，还需收集迁移前后以及更改前后的户籍档案，以反映被告人详细的身份资料情况。有证据表明公安机关出具的户籍证明可能存在错误时，应调取被告人的档案、户口簿、派出所的户口底册、医院出生证明、学校入学证明和学籍档案、常住人口登记表等书证。必要时，还应调取被告人父母所在单位的家属劳动医疗保险卡、档案材料等核实被告人年龄。如果遇到被告人身份证上的内容与公安机关户籍资料不一致的情况，不能简单、任意地选择某一书证作为确认其年龄的证据使用，需要查清这些书证内容不同的具体原因，特别是调取被告人的原始户籍资料，并有其他证据对原始户籍资料予以佐证。

（二）对户籍证明有异议，并有经查证属实的出生证明文件、无利害关系人的证言等证据证明被告人不满 18 周岁的，应认定被告人不满 18 周岁。控辩双方对户籍证明有异议或者人民法院存在疑问，有查证属实的出生证明文件、无利害关系人的证言等证据。这些证明年龄的证据主要包括出生证明、计生办证明、学籍证明、居（村）民委员会证明等。这些材料反映了出生情况的原始记录信息。根据原始记录形成时间的差异，其证明价值也不尽相同。出生证明一般伴随当事人出生即予以登记，形成的时间最早，其可信程度最高；计生办与村委会证明一般是在出生后数日甚至数年内进行登记，在此期间内可能存在误报等差错，其证明价值次之；学籍证明是入学时对具体年龄的登记，根据我国义务教育法的规定和实践通行做法，大部分地区儿童是 7 周岁入学，学籍证明的证明力相对低一些。

无利害关系人的证言主要有：（1）接生员。在农村，有的孕妇是由接生员接生的。接生员不仅要说明被告人的大致出生年龄，还要说明被告人接生的那一年，还为谁接生，被告人的同龄人是谁，并需要被告人的同龄人的父母或其他亲属予以佐证。（2）被告人的邻居或老师、同学等知情人。被告人的邻居、老师、同学等一般都知道被告人的出生年龄，并应审查谁是被告人的同龄人，同龄人何时出生，是农历同年出生，还是公历同年出生。同时，要审查这些知情人是否在案发后受被告人的父母或其他人指使或威胁而作伪证。

（三）没有户籍证明以及出生证明文件的，应当根据人口普查登记、无利害关系人的证言等证据综合进行判断。人口普查登记是指在国家统一规定的时间内，按照统一的方法、统一的项目、统一的调查表和统一的标准时点，对全国人口普遍地、逐户逐人地进行的调查登记。人口普查登记的调查方法原则上个人的数据由当事人直接申报。但在实际调查中并不是每个人都能自行申报。例如，婴幼儿或正值到外地出差、旅游、当时不在家的人就不能自行申报，由每户指定一位熟悉情况的人如实代为申报。经过自查、互查和议查等环节，严格按照程序进行的人口普查登记能够反映人们的真实年龄，可以作为证明年龄的证据。

无利害关系的证人因与案件或诉讼当事人无利害关系，证言一般比较客观，但要考虑证人本身的感知、记忆、表达能力，证言的内容主要包括被告人的生肖、出生时的节气、农时、天气情况、同龄人情况等。对被告人父母的证言也应当考虑。被告人父母应当是对子女的出生日期最清楚的，但被告人父母因为存在利害关系，有不如实提供证言的可能，其证言一般只能作为认定被告人年龄的参考。同时，在询问被告人父母时，要注意询问其他子女的出生年月，特别注意其他子女出生的间隔时间，是否符合自然规律，以审查判别其证言是否符合规律，合乎情理。

（四）必要时，可以进行骨龄鉴定，并将结果作为判断被告人年龄的参考。对被告人犯罪时年龄处于刑事责任年龄临界点的案件，被告人及其家属述及的被告人年龄与户籍资料等相关证据不一致的，或者被告人的相貌、体态特征与户籍资料记载的年龄有明显差异的，应当认真进行调查核实，可以进行骨龄鉴定。

骨龄是指骨骼年龄，是骨骼发育进程的年龄描述，代表了特定正常人体骨骼发育的一般状态。由于人的骨骼发育与人的生理成熟程度密切相关，骨龄可以反映人体发育的生理成熟程度，是评价人体生理成熟程度的重要指标。一般情况下，通过人体的肩、肘、腕、髋、膝、踝六大关节 X 线片上所示的骨骼发育情况，运用科学的测评方法，可以比较准确地推断出个体年龄。该鉴定方法能较为准确地反映人体的生物年龄，但由于受个体生长各种客观条件的影响，生物年龄与实际的生活年龄并不完全一致。骨龄鉴定是专家或者鉴定人根据被告人骨骼发育状况对其年龄所作出的鉴定意见，既受到被鉴定人个体发育程度的制约，还受到鉴定人、鉴定标准的影响，一般无法精确到具体日期。骨龄鉴定还具有滞后性，通常骨龄鉴定的时间与案发时间相隔若干天，鉴定意见只能是被告人接受检验时的年龄，并非其实施犯罪行为时的年龄。人的生长发育受遗传因素影响，不同的人发育规律不尽一致，同时，营养水平、饮食习惯、气候环境、人文环境等多种因素也决定了不同的人在同一年龄阶段的骨骼发育状况可能也不完全相同，因此，骨龄与实际年龄也许会产生一定的误差。2000 年 2 月最高人民检察院《关于“骨龄鉴定”能否作为确定刑事责任年龄证据使用的批复》中规定：“犯罪嫌疑人不讲真实姓名、住址，年龄不明的，可以委托进行骨龄鉴定或其他科学鉴定，经审查，鉴定结论能够准确确定犯罪嫌疑人实施犯罪行为时的年龄的，可以作为判断犯罪嫌疑人年龄的证据使用。如果鉴定结论不能准确确定犯罪嫌疑人实施犯罪行为时的年龄，而且鉴定结论又表明犯罪嫌疑人年龄在刑法规定的应负刑事责任年龄上下的，应当依法慎重处理。”

另外，为排除证据之间的矛盾，无充分证据证明被告人实施被指控的犯罪时已满 18 周岁且确实无法查明的，不能认定其已满 18 周岁。本条对已满 18 周岁存在疑问不能澄清而采用了无责推定规则，既有被告人年满 18 周岁的证据，又有被告人未满 18 周岁的证据，应从有利于未成年被告人的方面予以认定。对于无责推定，应从以下几个方面去理解：必须是在采取了所有手段和措施的情况下，仍然无法查明被告人年龄，属于年龄“确实无法查明”的，才可以适用该规定。在司法实践中，被告人是否已满18周岁存在不同的证明文件，而不同证明文件对被告人的年龄存在不一致的内容，对此控辩双方存在不同的观点且提出不同内容的证据，导致法官对被告人的年龄问题的认定无法确定，而被告人是否已满18周岁又是能否判断死刑的绝对性主体条件。在司法实践中，曾出现被告人的户籍证明、证人证言、学籍档案、被告人的供述笔录中有四个不同的年龄。其中，最大的已满18周岁，最小的年龄只有15周岁。对此如何认定，其认定应当遵循什么样的规定，在司法实践中认识不一。为此，1991年广东省高级人民法院就关于如何认定被告人犯罪时年龄问题向最高人民法院请示（粤法刑一［1991］9号）。1991年7月22日《最高人民法院研究室关于如何认定被告人犯罪时年龄问题的电话答复》认为：“在审判中，特别是在处理死刑案件时，必须把被告人犯罪时的实际年龄作为案件的重要事实予以查清。在一般情况下，认定被告人的实际年龄应当以户口登记为基本依据，结合人口普查登记和其他有关资料，并经过认真调查核实后加以确定。对被告人实际年龄有异议或者疑义时，更应当多方查证核实。如果有足够证据认定户口登记册上记载的年龄有误，就应以查明的实际年龄来认定。如果经反复调查，确实查不清的，应当按照从宽的原则予以掌握，以留有余地。”

法院确实无法查明的年龄涉及是否已满14周岁、已满16周岁、已满18周岁这三个重要年龄点的。这三个年龄点关系到未成年人罪与非罪以及能否适用死刑的问题。从充分保护人权的角度出发，在涉及这三个年龄界点确实无法查清的，适用推定原则。从有利于被告人的原则对其年龄作出推定，一般可以按照“就低不就高”原则推定被告人年龄。在穷尽了所有手段和措施的情况下，仍然无法查明被告人年龄的，应按照排除合理怀疑和谦抑性原则对证据进行综合判断，从而得出合理的结论。在没有充分证据证明被告人实施被指控的犯罪时已经达到法定刑事责任年龄，本着保护未成年人的合法权益，应当推定其没有达到相应法定刑事责任年龄。《最高人民法院关于审理未成年人刑事案件具体应用法律若干问题的解释》第 4 条第 1 款规定："对于没有充分证据证明被告人实施被指控的犯罪时已经达到法定刑事责任年龄且确实无法查明的，应当推定其没有达到相应法定刑事责任年龄。"我国刑法对刑事责任年龄作了 3 个年龄段的划分，并规定犯罪时未满 18 周岁不适用死刑，所以不能认定其已满 18 周岁。尽管本规定没有对其他年龄认定作出规定，但仍应作为其他年龄确认的规则。

对骨龄鉴定的判断，应从以下几个方面严格审查：

1. 鉴定机构、人员的资格和水平，特别是从事骨龄鉴定的机构和鉴定人必须具备相应资质。

2. 结合被告人供述等其他证据进行判断。一般情况下，运用骨龄鉴定结论确定被告人的年龄时，应参考被告人的供述等，可能的情况下，还应调取出生证明、学历登记、被告人父母、亲戚、邻居、接生人员等的证言，综合判断。

3. 注意鉴定时间与犯罪时间的差异。对被告人进行骨龄鉴定的时间一般是在被告人被抓获后或审查起诉阶段，抑或法庭审理过程中，但无论在哪个时间进行鉴定，得出的结论都是被告人被鉴定时的骨龄，与被告人实施犯罪行为时的骨龄有时间上的间隔。例如，鉴定结论为被告人 2008 年 11 月 29 日的骨龄为 18.2 岁，已成年，而被告人犯罪时间为 2008 年 6 至 8 月，经推算应认定其犯罪时未满 18 周岁。

4. 要酌情考虑骨龄鉴定的误差因素。如果鉴定结论证实被告人的年龄上限接近 18 周岁，而被告人供述犯罪时未成年，以及鉴定结论跨越 18 周岁的，应按照有利于被告人的原则认定。从目前骨龄鉴定的技术水平来看，骨龄鉴定结论只能测度出一个年龄区间，不能确定具体的出生日期，仅仅依据骨龄鉴定并不能准确确定被告人的刑事责任年龄，需要结合其他证据作综合判断。骨龄鉴定只能作为参考性依据。

【特别提示】

适用本条需要注意的问题是，户籍证明是判断被告人年龄的主要依据，但是由于户籍登记在某些地区缺乏有效监督和严格管理，导致户籍材料有误。主要表现为：①申报户口时申报错误。如，为孩子申报户口时填报的是其农历生日，或者有的父母凭记忆来申报户口。②户籍登记人员工作失误，将户口簿及底册填错，或者在输入电脑系统时输错。③有些父母为了子女早入学、早参军、早结婚等原因报大子女的年龄，甚至通过找熟人等违反规定篡改年龄。在核实有关年龄的证据的过程中，要认真听取被告人关于年龄异议的供述和辩解，注意与其出生日期有关的细节。有些被告人不知道自己的出生年份但知道自己的生肖；有些被告人申报的户籍为农历生日；有些被告人能证实某个朋友与自己的出生日期有某种相连关系，等等。对细节进行综合对比，审查有无矛盾，还要对被告人的辩解进行审查，分析是否合乎常理，查明其提出异议的真实原因。同时，对被告人或者辩护人提出年龄异议的应给予特别的关注。

一般情况下，认定被告人的年龄应当以户籍证明为依据。户籍证明作为证明年龄事实的法定证据，证明效力具有权威性。如果被告人提出异议，而又没有其他抗辩证据的，应当依法采信户籍证明。如果有证据表明检察机关出具的户籍证明可能存在错误时，就应及时调取被告人所在派出所的户籍底册、医院出生证明、入学证明和学籍档案、常住人口登记表等书证来予以印证。

1. 户口登记册和被告人的身份证上记载被告人犯罪时年龄已满 18 周岁，但被告人及其家属提出证据证明被告人犯罪时未满 18 周岁，户口册和身份证上记载的年龄有误，经查属实的，且有足够证据认定户口册和身份证上记载的年龄有误的，应以查明的实际年龄来认定。例如，被告人李某故意杀人案。被告人李某怀疑其女友叶某另有所爱，遂起意报复。于1989年8月2日下午7时许，使用一把单刃尖刀将叶某当场刺死。当地户口登记册和被告人李某的身份证记载其是1970年12月21日出生的。一审法院认定李某犯罪时已满18周岁，以故意杀人罪判处其死刑，剥夺政治权利终身。被告人李某不服，提出上诉。二审法院经审理查明：1971年出生的与被告人同村的有四人，且李某最小。而第四个出生者的时间是1971年11月。这说明了户口登记册和身份证登记李某的年龄有误，最后认定李某犯罪时未满18周岁。

2. 户口登记册和身份证上记载被告人犯罪时的年龄已满18周岁，但被告人或其家属提出其犯罪时未满18周岁，却不能提出旁证证实，经法院多次调查仍无法证明他们提出的年龄是真实的。在这种情况下，户口登记册和身份证是有法律效力的证明材料，如无足够证据证明其记载的年龄有误就应以此为准。

3. 慎重运用骨龄鉴定。骨龄鉴定一般不能独立于其他证据而直接作为认定年龄的证据。对于被告人不讲真实姓名、住址、年龄不明的，可以委托进行骨龄鉴定。但在司法实务中，由于技术上的原因，骨龄鉴定结论还无法达到精确的程度，只是确定一个时间段，前后存在误差。法官应当在审查骨龄鉴定意见时认真审查鉴定人的资质、鉴定人在鉴定中是否受到外界干扰等情况，并结合其他证据作综合认定。骨龄鉴定仅仅作为参考，而不是参照。

【相关立法例】

《最高人民法院关于审理未成年人刑事案件具体应用法律若干问题的解释》第4条第1款规定：“对于没有充分证据证明被告人实施被指控的犯罪时已经达到法定刑事责任年龄且确实无法查明的，应当推定其没有达到相应法定刑事责任年龄。”

《最高人民检察院关于“骨龄鉴定”能否作为确定刑事责任年龄证据使用的批复》中规定：“犯罪嫌疑人不讲真实姓名、住址，年龄不明的，可以委托进行骨龄鉴定或其他科学鉴定，经审查，鉴定结论能够准确确定犯罪嫌疑人实施犯罪行为时的年龄的，可以作为判断犯罪嫌疑人年龄的证据使用。如果鉴定结论不能准确确定犯罪嫌疑人实施犯罪行为时的年龄，而且鉴定结论又表明犯罪嫌疑人年龄在刑法规定的应负刑事责任年龄上下的，应当依法慎重处理。”

第四十一条 ［时间效力］ 本规定自二〇一〇年七月一日起施行。

【制定目的】

本条是有关本规定实施起始日期的规定，旨在保证本规定得以及时施行。

【释义】

本规定因不是立法，没有规定试行期限。最高人民法院的发布时间为2010年6月13日，自2010年7月1日起施行。

【特别提示】

2010年6月13日《最高人民法院、最高人民检察院、公安部、国家安全部、司法部印发〈关于办理死刑案件审查判断证据若干问题的规定〉和〈关于办理刑事案件排除非法证据若干问题的规定〉的通知》规定：“办理其他刑事案件，参照《关于办理死刑案件审查判断证据若干问题的规定》执行。”按照该通知的规定，其他刑事案件的证据审查判断应当参照其执行。其中，“切实提高刑事案件审判质量，确保将两个《规定》落到实处，把每一起刑事案件都办成铁案”的要求更能说明其适用的范围，但“参照”仍不同于“依据”，特别是对一些轻微刑事案件的证据不必均达到如此高的标准。

最高人民法院　最高人民检察院 公安部　国家安全部　司法部 关于办理刑事案件排除 非法证据若干问题的规定

[制定规定的宗旨和依据] 为规范司法行为，促进司法公正，根据刑事诉讼法和相关司法解释，结合人民法院、人民检察院、公安机关、国家安全机关和司法行政机关办理刑事案件工作实际，制定本规定。

【制定目的】

本条是《关于办理刑事案件排除非法证据若干问题的规定》(以下简称《非法证据排除规定》) 制定宗旨和依据的规定，旨在使排除非法证据符合保障人权和促进司法公正的刑事诉讼的价值目标。

【释义】

刑事诉讼法属于程序法，为国家权力机关和公民个人提供诉讼行为的指引。刑事诉讼法是为了规范国家公权力和保障个人私权利而产生的，因为国家权力与生俱来具有无限扩张的特性，容易侵犯公民的个人权利和自由，因此，保障人权十分重要，因为国家专门机关在追究、惩罚犯罪的过程中，往往自觉不自觉地超越权力，甚至滥用权力，从而侵犯诉讼参与人的权利，尤其是犯罪嫌疑人、被告人的权利，导致错追错判，严重损害了司法公正。为了保证国家公权力的规范行使，要设定一系列的程序法来规范和约束国家权力和司法行为，如果任凭国家公权力的肆意妄为，国家的权威受损，司法公正无法实现。原本为了规范刑事司法机关的而生的刑事诉讼法，如果立法不完善，又不能切实实施，就会造成司法不公的严重后果，无法取信于民，甚至损害社会和谐和稳定。

在2006年修改刑事诉讼法的调研中，普遍认为，为了从根本上减少或者杜绝刑讯逼供，在刑事诉讼中对非法取得的证据不应采用，即应规定非法证据的排除制度。2005年的《治安管理处罚法》第79条第2款规定："以非法手段收集的证据不得作为处罚的根据。"最高人民法院和最高人民检察院的有关司法解释中也对非法取得的言词证据的排除作了规定，但由于刑事诉讼法没有这方面的规定以及非法证据的排除缺乏明确的排除标准和程序，在司法实践中，司法解释中的这些规定基本上没有发挥作用。最近几年来，我国司法实践中暴露出了不少的冤假错案，特别是2010年出现了河南省赵作海案件更引起人们对司法不公的怨声以及中央的高度重视。刑事错案的发生，主要是在事实认定、证据审查和运用方面出了差错，并且绝大部分与刑讯逼供直接相关。实践的经验与教训已经反复证明，死刑案件最容易发生刑讯逼供等非法取证行为，而且这种错误是很难在审判阶段予以纠正的。这既反映了我国正处于社会急剧转型期日益突出的社会矛盾，也表明司法机关的办案质量不尽如人意。这些冤假错案发生的原因，究其根本是由于作为认定案件事实根据的证据出现了问题，问题集中体现为刑事司法机关通过刑讯逼供等非法手段取证的做法。而且在侦查阶段，办案人员收集来的非法证据大多数能够顺利地通过检察机关的审查起诉环节，原封不动地提交到法庭上。由于受我国司法体制的限制，作为中立的审判者的法官，一般赋予这些证据以当然证据能力和证明力，不会对这些非法证据进行实质的审查和判断，更不会排除这些非法证据，这样导致刑讯逼供和冤假错案的出现。我国公、检、法三机关互相配合、互相合作、互相制约的工作关系已经在实践中异化为

"流水线型"的作业方式，结果就导致了庭审走过场，证人不出庭，"书面审"中心主义，无法真正发挥庭审法官亲自辨别证据真伪、查明案件事实的作用。鉴于目前的司法审判实践，我国要格外重视程序正义的独立价值，在一定情况下，应当采取程序正义优先的原则，如非法证据排除规则。对于"重实体、轻程序"的理念和做法，应着重予以纠正。办案人员应依法履行职责，严把事实关、证据关、程序关、适用法律关，确保办案质量，依法惩罚犯罪，切实保障人权，维护司法公正，确保办理的每一起刑事案件经得起法律和历史的检验。

我国的证据立法滞后，远远落后于司法实践的需要。冤假错案屡禁不止，司法不公现象时有发生，其实司法工作者并非视而不见。近几年各个地方司法机关纷纷制定地方性证据规则，就充分说明了司法实务者遇到众多证据问题急需寻找立法依据，同时也反映了我国当前证据制度的滞后和不完善，尤其是目前我国刑事司法实践存在大量的侦查人员刑讯逼供现象和被告人当庭翻供现象，使得法官面对口供和证言的反复无常而无所适从，这多是因为证据的源头出了问题。侦查人员作为国家公权力的代表，他们的公务行为急需法律的规范和约束。目前，我国现行立法在一定程度上确立了非法证据排除规则。例如，《刑事诉讼法》对侦查机关的取证行为进行了一些原则性规定，明确禁止公安司法人员刑讯逼供和以威胁、引诱、欺骗及其他非法的方法收集证据；"两高"的相关司法解释也规定了采用刑讯逼供或者威胁、引诱、欺骗等非法的方法取得的证人证言、被害人陈述、被告人供述，不能作为指控和定案的根据。但是，现行的立法多是宣言性规定，原则而抽象，缺乏相应的操作程序，而且缺乏相关的配套措施，致使排除规则很难在司法实践中发挥法律规范应有的功能，不能满足司法实践的需要。

为了切实落实依法治国基本方略，为了贯彻惩罚犯罪和保障人权并重，克服制度不完善、执法标准不统一、办案人员素质参差不齐的现状，必须不断完善国家刑事法律制度，增强各级执法办案人员素质，努力提高办理刑事案件水平，提高案件的质量，实现司法公正。因此，在总结我国司法实践经验的基础上，针对办案中存在的证据收集、审查、判断和非法证据排除不尽规范、不尽严格、不尽统一的问题，制定并颁布了本规定。主要包括两个方面的内容：一是实体性规则，主要是对非法证据特别是非法言词证据的内涵和外延进行界定。二是程序性规则，主要是对排除非法证据问题规定了具体的操作规程。包括具体审查、排除非法证据的程序和对证据合法性的证明责任、证明标准及侦查人员出庭作证问题。

【特别提示】

适用本条需要注意的问题是，本条不仅仅是为了避免虚假言词证据作为定案根据，更重要的是维护司法的纯洁和程序的正义，在适用中更应注意程序正义，体现程序自身的独有价值。

【相关立法例】

《刑事诉讼法》第 43 条规定："审判人员、检察人员、侦查人员必须依照法定程序，收集能够证实犯罪嫌疑人、被告人有罪或者无罪、犯罪情节轻重的各种证据。严禁刑讯逼供和以威胁、引诱、欺骗以及其他非法的方法收集证据……"

第一条 ［非法言词证据的内涵和外延］ 采用刑讯逼供等非法手段取得的犯罪嫌疑人、被告人供述和采用暴力、威胁等非法手段取得的证人证言、被害人陈述，属于非法言词证据。

【制定目的】

本条是关于非法言词证据的内涵和外延的规定，旨在为公安司法人员更关注程序正义理念，实现司法公正，并为确立非法言词证据排除规则奠定了范围基础。

【释义】

本条在我国现行刑事诉讼法和“两高”的相关立法解释的基础上，吸纳了江西省高级人民法院、省人民检察院、省公安厅《关于死刑案件言词证据的若干意见（试行）》第6条等地方性规定，制定而成。我国已经有关于非法证据的规定，只是由于规定得过于原则，缺乏具体的操作程序和相应配套措施，导致实践中实施效果不好。法官在办案过程中若要运用非法言词证据排除规则严格控制证据的准入，就要全面深刻理解本条的含义，抓住本条规定的精神，准确把握其内涵和外延。对本条可作以下理解：

（一）非法证据的概念。非法证据中的“法”违背的是哪一层级的法。“非法”的“法”有的是指宪法。公权力违反宪法的取证行为常常令人震惊且无法容忍，其所造成的损害是更为严重的，因此对于违背宪法取得的证据要予以排除。有的“非法”的“法”指的是基本法律，在宪法之外也存在一定的非法证据排除规则。有的是指法律、法规、司法解释和规章。此观点是广义上的违法，认为只要是违背法律、法规、司法解释和规章的非法行为获得的证据，都属于非法证据。我国《刑事诉讼法》和“两高”司法解释没有明确界定“非法”一词的含义，但是《刑事诉讼法》第43条规定了“……严禁刑讯逼供和以威胁、引诱、欺骗以及其他非法的方法收集证据……”本规定的非法证据是指对犯罪嫌疑人、被告人采用刑讯逼供等非法手段和对证人、被害人采用暴力、威胁等非法手段的，属于手段上不法。而主体不合法、内容不合法、形式不合法的证据，并非本条所说的“非法证据”。

在2006年修改刑事诉讼法的调研中，普遍认为，为了从根本上减少或者杜绝刑讯逼供，在刑事诉讼中对非法取得的证据不应采用，即应规定非法证据的排除制度。并拟在刑事诉讼法中规定：“以刑讯逼供、威胁方法取得的言词证据不得作为定案的根据，其他使用非法方法收集的证据，严重侵犯当事人合法权益或者严重影响司法公正的，不得作为定案根据。”

本规定的非法证据的内涵，是指采用刑讯逼供等非法手段取得的犯罪嫌疑人、被告人供述和采用暴力、威胁等非法手段取得的证人证言、被害人陈述。从本条规定可以发现非法证据的含义是：①本条款规定的非法证据违背的法律不限于宪法，只要是采用的非法手段，即违背法律、法规、司法解释的手段都属于非法手段。②本条款规定的非法证据外延只限于言词证据，而不包括实物证据，具体包括证人证言、被害人陈述、犯罪嫌疑人和被告人供述。③本条款规定的非法手段包括刑讯逼供、暴力、威胁等。因为言词证据具有主观性强，容易受证言主体自身的感知能力、记忆能力、表达能力以及道德水平的影响，也容易受外界压力的干扰。

（二）关于非法证据的主体。对非法证据的收集或提供主体是否有限制，是专指国家司法人员，还是也包括私人的非法取证行为？根据我国法律规定，指的是侦查人员、检察人员、审判人员，以及执法人员指使、纵容、默许下进行刑讯逼供的非司法人员。本条指的是公安司法人员的非法取证行为，而不包括普通民众的非法取证行为。非法证据排除规则的价值主要在于威慑侦查人员的不法行为与保护基本人权。

（三）非法证据的范围。联合国《禁止酷刑和其他残忍、不人道或有辱人格的待遇或处罚公约》中的“非法取证”指以酷刑、残忍及其他不人道的方式取得的被告人或第三人的口供或情报。我国的“两高”司法解释中的“非法取证”是指采用刑讯逼供或者威胁、引诱、欺骗等非法方法取得的证人证言、被害人陈述和被告人口供，即仅指非法言词证据。具体包括犯罪嫌疑人和被告人的供述、被害人陈述、证人证言，而没有提及实物证据。本规定的第14条提及非法取得的物证、书证等实物证据，对于非法实物证据采取的态度是：如果可能影响公正审判的，应当予以补正或者做出合理解释，否则该物证、书证不能作为定案的根据。这就意味着我国的非法证据包括非法言词和部分非法实物证据，只是在是否强制排除时有所不同。非法言词证据采取强制排除的原则，而非法实物证据则可裁量排除。

在实践中，面对着强大的国家权力，犯罪嫌疑人和被告人很难在高压的讯问氛围中保持清醒、理智和自由意志，尤其是当警察使用一些非法的讯问手段折磨犯罪嫌疑人的肉体和精神时，言词证据的供述者难以招架，结果是被强迫作出不利于己的供述，甚至为了早日摆脱牢狱之灾而编造莫须有的犯罪情节。而实物证据的客观性较强，和案件事实相关的实物证据不会受到警察的强迫。即使非法手段收集来的实物证据其真实性、可靠性也会超过言词证据。为了能够查明案件真相，将是否排除实物证据的权力交由法官来自由裁量，可以消除非法证据排除规则给惩罚犯罪带来的负面影响。一般而言，法官是否采纳非法实物证据，需要综合考虑非法手段的违法严重程度、个案的具体情况、待证事实的重要性，以及采纳该非法取得的实物证据是否会造成严重不公正的后果。

【特别提示】

适用本条需要注意的问题是，本条款确立的非法证据排除规则只限于言词证据，而不包括实物证据。这样规定意味着本规定的非法证据排除范围较小。非法证据排除的价值不仅仅是对案件真相的追求，更注重保障人权和程序正义，对于那些通过非法手段和非法程序获得的证据，即使和案件事实相关也不得作为定案根据，需要被排除。由于采取刑讯逼供等非法手段可谓五花八门，如“喂食盐”的方式是否属于非法取证手段需要根据实际情况来确定。非法方法一般视为采用刑讯、威胁、引诱、欺骗、较长时间冻、饿、晒、烤、服用药物、催眠，或其他使人在肉体上剧烈疼痛、精神上产生高度痛苦或丧失意识、意志的方法。

【相关立法例】

《最高人民法院关于执行〈中华人民共和国刑事诉讼法〉若干

问题的解释》第61条规定："严禁以非法的方法收集证据。凡经查证确实属于采用刑讯逼供或者威胁、引诱、欺骗等非法的方法取得的证人证言、被害人陈述、被告人供述，不能作为定案的根据。"

《人民检察院刑事诉讼法则》第265条第1款规定："严禁以非法的方法收集证据。以刑讯逼供或者威胁、引诱、欺骗等非法的方法收集的犯罪嫌疑人供述、被害人陈述、证人证言，不能作为指控犯罪的根据。"

江西省高级人民法院、省人民检察院、省公安厅《关于死刑案件言词证据的若干意见（试行）》第6条规定："采用刑讯逼供、暴力取证或者威胁、引诱、欺骗等方法取得的言词证据，不能作为证据使用。"

第二条 ［非法言词证据排除规则］经依法确认的非法言词证据，应当予以排除，不能作为定案的根据。

【制定目的】

本条是关于非法证据排除规则的规定，旨在威慑侦查人员的非法取证行为，贯彻程序制裁理念。

【释义】

本条在明确界定了非法言词证据的内涵和外延的前提下设定了非法言词证据的法律后果，即经依法确认为非法言词证据后，不能作为定案的根据。也就是说，非法言词证据不具有证据能力，即使该非法证据和案件事实相关且真实，也要排除而不得适用。对本条可作以下理解。

（一）非法言词证据的范围。一般而言，非法证据涉及的范围很广，具体处理案件时很难把握。本条规定的非法证据仅限于非法言词证据，包括犯罪嫌疑人、被告人供述和证人证言、被害人陈述，不包括实物证据，也不包括毒树之果。

（二）排除非法言词证据中“排除”的含义。排除非法言词证据的当然后果是该非法证据不能作为定案的根据，不能用来证明相关的案件事实。本条只是规定“不能作为定案的根据”，而没有明确规定是否可以用来证明其他情形，如用来证明警察确实实施了刑讯逼供或者违法取证行为。后者当然具有证据能力，不在本规定排除之列。

（三）对非法言词证据实行强制排除。本条对非法言词证据采取强制排除，也称自动排除。本规定将非法证据界定为非法言词证据，而不包括非法实物证据，能够被强制排除的只是非法言词证据，这种规定与我国的现实国情和司法状况密不可分。我国正处于社会急剧转型期，社会矛盾突出，犯罪数量不断增多，司法机关惩罚犯罪、维护社会秩序的压力很大。在我国刑讯逼供导致被告人翻供现象不断显现，被告人的权利确实受到了国家权力的侵犯，需要非法证据排除规则的制度功能予以引导。

排除非法言词证据可以监督取证行为，防止冤假错案，提高办案质量；也能够阻断侦查人员非法取证的利益链，提高其违法办案的成本，监督侦查人员的侦查取证行为；有利于维护司法的纯洁度，保障人权。同时，非法言词证据排除规则还有利于促进侦查人员合法取证、依法办案。但是，非法证据排除规则也存在负面效应，具有阻碍真相查明以及影响惩罚犯罪力度的消极功能。

【特别提示】

适用本条需要注意的问题是，在刑事诉讼中既要强化侦查人员的证据意识和程序公正意识，又要强调法官的审判功能，坚持证据裁判原则，重视法庭查证环节。法官在办案过程中，要清晰界定非法证据的内涵和外延，严格把握排除的依据、排除的方式、排除的后果以及非法证据排除规则的衡量，从而减少我国刑讯逼供的发生，杜绝冤假错案的重现；同时要提高我国的刑事办案质量，和国际上通行的刑事司法政策接轨，并为我国贯彻宽严相济的刑事司法政策，建设能动型的刑事司法而服务。

【相关立法例】

《最高人民法院关于执行〈中华人民共和国刑事诉讼法〉若干问题的解释》第 61 条规定：“严禁以非法的方法收集证据。凡经查证确实属于采用刑讯逼供或者威胁、引诱、欺骗等非法的方法取得的证人证言、被害人陈述、被告人供述，不能作为定案的根据。”

《人民检察院刑事诉讼规则》第 265 条第 1 款规定：“严禁以非法的方法收集证据。以刑讯逼供或者威胁、引诱、欺骗等非法的方法收集的犯罪嫌疑人供述、被害人陈述、证人证言，不能作为指控犯罪的根据。”

第三条 ［审查逮捕、起诉的非法言词证据排除］ 人民检察院在审查批准逮捕、审查起诉中，对于非法言词证据应当依法予以排除，不能作为批准逮捕、提起公诉的根据。

【制定目的】

本条是有关人民检察院审查批准逮捕、审查起诉期间排除非法言词证据的程序及其法律后果的规定，旨在借助于人民检察院的法律监督阻断非法言词证据向审判程序的流入。

【释义】

本条吸收了《人民检察院刑事诉讼规则》第 265 条、第 382 条和《关于严禁将刑讯逼供获取的犯罪嫌疑人供述作为定案依据的通知》以及我国已加入的联合国《禁止酷刑和其他残忍、不人道或有辱人格的待遇或处罚公约》等的相关规定。本条主要规定了人民检察院审查批准逮捕、审查起诉对言词证据合法性“应当”

履行的审查职责及其处理后果。对本条可作以下理解：

（一）在刑事诉讼中，人民检察院在审查批准逮捕、审查起诉阶段应当履行法律监督职责，对侦查取证是否合法行使监督权，并负有监督侦查机关和人员是否依法侦查，尤其是是否依法获得犯罪嫌疑人供述、证人证言、被害人陈述的职责。否则，审查批准逮捕、审查起诉部门就等于没有履行自己应尽的法定职责，表现为违反法定程序的失职行为。《最高人民检察院关于严禁将刑讯逼供获取的犯罪嫌疑人供述作为定案依据的通知》第3条要求："各级人民检察院要严格贯彻执行有关法律关于严禁刑讯逼供的规定，明确非法证据的排除规则……各级人民检察院必须严格贯彻执行这些规定，发现犯罪嫌疑人供述、被害人陈述、证人证言是侦查人员以非法方法收集的，应当坚决予以排除，不能给刑讯逼供等非法取证行为留下任何余地……"

在本规定的制定和征求意见的过程中曾存在是否将检察机关作为非法言词证据排除主体的争论。有观点认为，我国检察机关在审查起诉阶段尽管负有对证据进行审查核实的义务，但因检察机关承担的控诉职能使其与侦查机关处于相同立场，赋予其审查与排除逮捕、提起公诉的非法供述证据职责，使之与辩方处于对立局面出现身份上的困境，其主观上也缺乏真正排除非法证据的动力，对非法证据进行排除的主体应当仅限于审判机关。同时，检察机关对非法证据的主动排除是在封闭状态下展开的，特别是逮捕一般不公开进行，是否排除以及排除哪些证据完全由检察机关自行裁量，在缺乏辩方充分参与、双方进行对质与辩论的情况下，并不能准确有效地判定证据取得手段是非法的，难以达到有效排除非法证据的目的。

主流观点认为，人民检察院作为法律监督机关不能将其等同于一般的控诉机关，排除非法证据在犯罪证明中的使用是检察监督应有之义，检察机关应成为非法证据排除规则运用的主要主体。一般来说，人民检察院在批准逮捕、审查起诉阶段最容易发现非法供述证据，且人民检察院是法律监督机关，负有监督侦查活动是否合法的职责，有责任且有能力不将非法供述证据在法庭上作为指控犯罪的证据使用，因此将人民检察院作为排除非法证据主体是适当的，也是可行的。在批准逮捕阶段人民检察院对于报请批准逮捕的证据有疑问可以讯问犯罪嫌疑人、询问证人、被害人，而在审查起诉阶段检察机关应当讯问犯罪嫌疑人，听取犯罪嫌疑人委托人的意见，这些程序为发现非法言词证据提供了可能；同时，犯罪嫌疑人在接受讯问及其委托人作为辩护人能够会见犯罪嫌疑人，对侦查机关的一些非法行为也能够知晓并会基于保障犯罪嫌疑人合法权益的辩护职责而提出。在审判程序因自己提起诉讼需要对非法证据承担证明职责，也会因审判排除促使其在审查起诉中自动排除，而不将其再流入审判程序。在起草过程中，主流观点占据主要位置，其规定获得了公、检、法机关的基本认同，最终确立了不同于国外的人民检察院作为非法证据排除主体的制度，并体现了中国检察机关的法律监督职能的特色。

（二）人民检察院在审查批准逮捕、审查起诉中应当依法排除非法言词证据。人民检察院审查批准逮捕、审查起诉时对非法言词证据的排除属于一种“前置性排除”，起到阻挡非法言词证据进入审判程序的把关作用，特别是批准逮捕阶段。如果非法言词证据在这一道关口没有被阻截，一旦进入审判程序，就很难排除。人民检察院在批准逮捕、审查起诉时应当审查犯罪嫌疑人供述、证人证言和被害人陈述有无存在采用刑讯逼供等暴力以及以威胁等非法的方法取得的情形，特别是有无暴力取证、精神折磨取证、不人道办法取证、非法精神药物取证等情形。本条强调人民检察院在批准逮捕、审查起诉中对言词证据自觉进行审查，发现存在采用刑讯逼供等暴力非法方法取得犯罪嫌疑人供述以及以威胁等非法的方法取得证人证言、被害人陈述的情形，应当予以依法排除。

在批准逮捕程序中，检察机关能否真正地履行这一职责或者有能力履行这一职责，关键问题是检察机关的办案人员是否对批准逮捕的言词证据存在疑问，如果不存在疑问仅仅通过审阅案卷材料来决定，则难以发现非法言词证据。鉴于死刑案件的严重性，办案人员在批准逮捕时无论对批准逮捕的证据有无疑问均应当讯问犯罪嫌疑人，为履行监督职责和防止非法证据流入审查起诉阶段奠定基础。这一程序虽然增加了检察机关批准逮捕部门的工作量，但因检察机关逮捕程序改革中自侦部门决定逮捕的上调，其工作量不会因为讯问犯罪嫌疑人增加更多。人民检察院讯问犯罪嫌疑人时，犯罪嫌疑人提出受到刑讯逼供的，可以要求侦查人员作出说明。必要时，可以进行调查核实。对刑讯逼供取得的犯罪嫌疑人供述和以暴力、威胁等非法方法收集的被害人陈述、证人证言，不得作为批准逮捕的根据。申请人提出排除非法证据的请求之后，检察机关立即进入相应的特殊证据审查阶段，将侦查人员获得的其他相应证据纳入检察监督的审查范围。

人民检察院在审查批准逮捕、审查起诉中提起排除非法言词证据的主体有犯罪嫌疑人、辩护人、批准逮捕、审查起诉人员和公诉书、批准逮捕书的签发人。前两种人是非法证据的直接受害者，也是利益相关人，是当然的提起主体。后两类人员由于要承担公诉失败的后果和签发起诉书的责任，当他们认为存在非法证据的疑问时，也有职责提出。非法证据排除决定权的主体是办案人员还是检察委员会，以及如果公安机关对排除证据或者犯罪嫌疑人及其辩护人对自己提出的非法证据未排除而存在异议的，应当采用何种程序以及如何处理本条没有规定。一般来说，对于确认属于非法证据的，应由检察长决定予以排除。对于涉及重大案件中的非法证据，或者对于是否属于非法证据有严重分歧的，应提交检察委员会讨论决定。如果侦查机关不同意检察机关排除非法证据决定的，或者请求人对检察机关不予排除有异议的，申请主体应当有权提请复议。在排除与否的标准掌握上可采用“优势证据”为标准，即只要批准逮捕、审查起诉人员认为可能发生非法取证并有合理理由的，就应当予以排除。

由于该规定没有明确刑事诉讼法规定的以“引诱、欺骗”的方法取得言词证据如何处理，依照我国《刑事诉讼法》第 43 条以及《人民检察院刑事诉讼规则》第 265 条的规定，公安司法人员采取“欺骗”的方法收集的犯罪嫌疑人、被告人供述，不能作为定案的根据。然而，如果将司法实践中公安司法人员采取一切“欺骗”的方法收集的犯罪嫌疑人有罪供述一律加以排除，目前还不具有现实可能性。在实践中难以划清审讯策略与非法审讯方法导致被讯问人作出非自愿性陈述的界限。如果犯罪嫌疑人及其辩护人提出采用“引诱、欺骗”的方法取证，检察机关是依据本条的规定不予排除还是依据《人民检察院刑事诉讼规则》处理，有可能会引发一些争议。一般来说，对于采用“欺骗”方法造成不良影响的，其获得的言词证据应予以排除。

（三）人民检察院在批准逮捕、审查起诉时，对于依法排除的非法言词证据不得作为批准逮捕、提起公诉的依据。其“不得”属于禁止性规定，批准逮捕、审查起诉部门不得违反或者采取其他措施予以变通或者通过其他方式变相转化。但可以作为刑讯逼供的证据。

人民检察院的批准逮捕以及审查起诉部门因与侦查机关或者部门存在工作上的长期联系，因不愿得罪侦查机关或者部门有可能对非法证据采取放任的态度甚至视而不见，或者与侦查机关相互包庇而将其转移法院纠正而出现不作为的现象。这一执行不力的问题需要通过建立批准逮捕、公诉部门排除非法证据的独立工作指标评价体系来解决。检察机关应当建立排除非法证据的考核制度，借助于责任体系来促进检察机关批准逮捕、审查起诉部门对非法供述证据依法严格审查并予以排除。

【特别提示】

适用本条需要注意的问题是，本条主要从人民检察院在刑事诉讼的监督职能以及从程序中及早排除非法言词证据的路径出发，尽管体现诉讼程序本身的价值和维护程序的功能。但是，主动排除模式忽视了人民检察院作为控诉机关的角色，实践中，人民检察院可能不顾证据的非法性而仍将其作为起诉证据使用。因此，应该坚持程序参与原则，使犯罪嫌疑人委托的律师或者辩护人充分参与在批准逮捕、审查起诉程序并赋予他们要求检察机关向其展示证据权利以及提出意见权利。

本条因缺乏检察机关在批准逮捕、审查起诉之前明确告知当事人拥有申请排除非法证据之权利，尤其批准逮捕程序非法供述证据排除需要完善相应的公开程序。

【相关立法例】

《人民检察院刑事诉讼规则》第 265 条第 1 款规定："严禁以非法的方法收集证据。以刑讯逼供或者威胁、引诱、欺骗等非法的方法收集的犯罪嫌疑人供述、被害人陈述、证人证言，不能作为指控犯罪的根据。"第 382 条第 1 款规定："人民检察院审查逮捕部门、审查起诉部门在审查逮捕、审查起诉中，应当审查公安机关的侦查活动是否合法。发现违法情况，应当提出意见通知公安机关纠正。构成犯罪的，移送有关部门依法追究刑事责任。"

《最高人民检察院关于严禁将刑讯逼供获取的犯罪嫌疑人供述作为定案依据的通知》第 3 条规定："各级人民检察院要严格贯彻执行有关法律关于严禁刑讯逼供的规定，明确非法证据的排除规则……各级人民检察院必须严格贯彻执行这些规定，发现犯罪嫌疑人供述、被害人陈述、证人证言是侦查人员以非法方法收集的，应当坚决予以排除，不能给刑讯逼供等非法取证行为留下任何余地……"

最高人民法院、最高人民检察院、公安部、司法部印发《关于进一步严格依法办案确保办理死刑案件质量的意见》的通知第 6 条规定："办理死刑案件，要坚持重证据、不轻信口供的原则。只有被告人供述，没有其他证据的，不能认定被告人有罪；没有被告人供述，其他证据确实充分的，可以认定被告人有罪。对刑讯逼供取得的犯罪嫌疑人供述、被告人供述和以暴力、威胁等非法方法收集的被害人陈述、证人证言，不能作为定案的根据……”

第四条 ［非法供述证据提出方式］ 起诉书副本送达后开庭审判前，被告人提出其审判前供述是非法取得的，应当向人民法院提交书面意见。被告人书写确有困难的，可以口头告诉，由人民法院工作人员或者其辩护人作出笔录，并由被告人签名或者捺指印。

人民法院应当将被告人的书面意见或者告诉笔录复印件在开庭前交人民检察院。

【制定目的】

本条是关于被告人在开庭审判前提出非法取得证据程序以及法庭对非法取得证据材料送达程序的规定，旨在保障这些活动规范进行。

【释义】

本条借鉴了《俄罗斯联邦刑事诉讼法典》第 234 条、第 235 条和第 236 条的规定以及我国地方法院的一些做法。其内容主要包括对被告人在开庭审判前提出其供述是非法取得的意见的期限与方式以及对其意见的处理期限与方式。对本条可作以下理解：

（一）非法取得供述的提出期限与程序。人民法院决定开庭的案件应当将人民检察院的起诉书副本至迟在开庭 10 日以前送达被告人，并应告知被告人及其辩护人有权提出其审判前供述是非法取得的意见，向人民法院提交书面材料。一般而言，非法言词证据排除规定在庭审开始之前提出，其目的在于保证庭审过程的顺利进行，使庭审不被与定罪没有直接关系的其他程序打断，以免非法供述证据影响法官的内心确信；同时，控辩双方可以在审前就知道对哪些材料存在争议。如果审前控方知晓或者认可辩方提出的非法供述证据，可能就会导致控诉方取消控诉，对于辩方也可以有充足的时间准备辩护意见以及调整辩护重点，使得辩护更加有针对性，从而避免审判资源的浪费。

被告人及其辩护人在审判前提出其供述是非法取得的，仅仅是一般性规定。根据本规定第5条第2款的规定："法庭辩论结束前，被告人及其辩护人提出被告人审判前供述是非法取得的，法庭也应当进行调查。"也就是说，被告人提出其供述是非法取得的期间为从审判前到法庭辩论结束时。如果被告人在庭审前失去了这个机会，他也可以在庭审过程中提出，或者当有情况表明被告人缺乏一定的机会在规定的时间内提出反对时，也有必要作为例外允许被告人在辩论终结之前提出。以例外的形式允许在庭审过程中提出意见，对于我国刑事司法实践具有更为实际的意义，尤其是被告人淡薄的法律意识以及较低的刑事辩护率。

（二）提起的方式可采用书面形式和口头形式。本条规定被告人可通过书面或口头两种方式提出对非法言词证据提出异议，其目的在于尽可能地保证被告人行使非法言词证据排除的权利，以免因形式上的原因而使权利受到限制。这种书面与口头相结合的提起形式也有利于维护刑事司法制度的程序性。

书面意见一般应当载明非法取得供述的事实以及非法取证的人员、时间、地点、方式、内容等相关线索或者证据。被告人对于书写确有困难的，可以口头告诉，由人民法院工作人员或者辩护律师作出笔录，并由被告人签名或者捺指印。

（三）人民法院送达意见书的期限与方式。人民法院在规定的期限内收到被告人及其辩护人提出其审判前供述是非法取得的材料后，无须进行审查，但必须将此材料送达人民检察院。即使意见没有明显依据和理由，也应当将被告人的书面意见或者告诉笔录复印件在开庭前交人民检察院。

【特别提示】

适用本条需要注意的问题是，由于没有规定人民法院将被告人的书面意见或者告诉笔录复印件开庭前送达的具体日期，在实践中容易造成检察机关无法及时收到其他相关材料，致使其在通知讯问人员出庭的时间出现困难；也有可能人民检察院以《刑事诉讼法》第 165 条的规定申请延期审理，导致审判中断，从而影响审判的效率。

【相关立法例】

《俄罗斯联邦刑事诉讼法典》第 235 条第 1 款规定：“控辩双方有权申请从法庭出示的证据清单中排除任何证据。在提出申请时，申请的副本应在向法庭提交申请之日提交给另一方。”

第五条 ［非法供述证据的初步审查］ 被告人及其辩护人在开庭审理前或者庭审中，提出被告人审判前供述是非法取得的，法庭在公诉人宣读起诉书之后，应当先行当庭调查。

法庭辩论结束前，被告人及其辩护人提出被告人审判前供述是非法取得的，法庭也应当进行调查。

【制定目的】

本条是有关非法供述独立调查程序的规定，旨在通过单独调查排除非法供述证据，旨在保障诉讼程序的纯洁性。

【释义】

本条借鉴了英美法系国家的做法和《日本刑事诉讼法》第 309 条以及《俄罗斯联邦刑事诉讼法典》第 235 条的规定。英国在法庭审判过程中，为了确定某项证据是否具有可采性，当某个有争议的事实问题必须确定时，法官可以单独就这些事实问题作出决定。美国在辩护方提出证据禁止的动议之后，法庭应当组织排除证据听证程序（suppression hearing）。在听证过程中，辩护方可以基于美国宪法第 4 条修正案或者第 5 条修正案及其相关判例，主张控方的证据系非法所得，从而要求法庭禁止控方将这些证据材料在正式的法庭审判过程中作为指控被告人的证据，而控方也可以进行有针对性的反驳；控辩双方都可以传唤证人出庭作证，或者出示相关的证据，对是否排除证据展开辩论。对本条可作以下理解：

（一）法庭在公诉人宣读起诉书之后对被告人及其辩护人提出的非法取得的供述，应当先行当庭调查。法院可以通过专门的调查程序，将侦查人员的违法行为纳入调查程序之中。该程序具有独立的审理对象，一般应采用不依附于实体性裁判程序的特殊程序规则和证据规则。同时，该调查程序只解决非法供述的证据能力问题，而不解决被告人的定罪量刑等与实体问题有关的事项。

（二）被告人及其辩护人在法庭辩论结束前提出被告人审判前供述是非法取得的，法庭也应当进行调查。但应当终止法庭辩论，转为非法供述证据的特殊调查程序。应当采用当庭调查，一般不得庭外调查。

对供述是非法取得的程序问题在本规定制定过程中存在不同意见。检察机关对刑讯逼供和其他非法取证调查问题不同意法院在法庭审理过程中对此问题进行专门的审查，认为此问题属于《刑事诉讼法》第 158 条规定的庭外调查问题，建议法院采用休庭并采用庭外调查核实的程序。法院认为，对证据合法性的审查，可以通过法庭审理程序解决，但也不排除适用《刑事诉讼法》第 158 条规定的庭外调查程序。对非法证据的审查，情况比较复杂，仅在法庭上可能难以解决问题，可采取庭上和庭外相结合的方式，庭外调查主要是对证据进行核实，控辩双方对证据的排除有争议的，应当经过质证、辩论，最终由法庭予以认定。法院最后对此接受了检察机关的部分建议，修改为“应当先行当庭调查”而没有采用统一的审判程序。

（三）提出被告人审判前供述是非法取得的主体仅仅规定为被告人及其辩护人，而没有规定检察机关。我国刑事诉讼法尽管将律师辩护确定在审查起诉阶段，在侦查阶段律师也可以为犯罪嫌疑人提供法律帮助，但从目前的状况来看，基于种种原因在审判前被告人获得律师的帮助十分有限，甚至存在严重的不足，被告人对审判前供述是非法取得的提出更需要辩护人的帮助，特别是通过辩护人在庭审中发现的。因此，本条不仅规定了辩护人是审判前供述为非法取得言词证据的提出主体，而且还延长了提出的时间，即“法庭辩论结束前”。然而，按照检察机关在我国司法制度中的法律监督地位，也应当将其作为非法取得言词证据的提出主体，但本条没有规定，其原因主要为：一是在审查批准逮捕、审查起诉阶段已经规定了检察机关的非法言词证据排除的职责，即人民检察院在审查批准逮捕、审查起诉中。对非法言词证据应当依法予以排除，在本条没有规定的必要；同时还因为对非法言词证据的排除主要是保护被告人的合法权益，如果被告人自愿放弃这一权利，一般来说法庭不会主动对言词证据是否非法以及是否需要排除进行审查，况且有些非法言词证据可能是有利于被告人的。从理论上讲，应当限制检察机关提出排除有利于被告人的言词证据，所以本条仅规定了提出被告人审判前供述是非法取得的主体为被告人及其辩护人。

【特别提示】

适用本条需要注意的是，由于本条仅仅先行当庭调查，法庭应当如何调查，是中止审判程序还是暂时中止对被告人是否有罪的实体审理仅就非法供述证据的排除问题进行专门的程序调查？这一先行调查程序是保持开庭的方式还是采用听证程序等问题还需要相应的规定。本条尽管规定了先行调查，先行调查程序是否不同于法庭审判的证据调查程序以及如何调查，控辩双方对非法言词证据排除的裁判不服能否提出上诉或者抗诉等问题有待进一步明确。

第六条　［启动非法供述调查程序的初步责任］被告人及其辩护人提出被告人审判前供述是非法取得的，法庭应当要求其提供涉嫌非法取证的人员、时间、地点、方式、内容等相关线索或者证据。

【制定目的】

本条是有关启动供述证据合法性调查程序的初步举证责任或者提证责任的规定，旨在为启动供述证据调查程序设定门槛以及避免被告人的滥用。

【释义】

本条吸收了江西省高级人民法院、省人民检察院、省公安厅《关于死刑案件言词证据的若干意见（试行）》第7条的规定，确定了启动供述证据合法性调查程序的初步举证责任。对本条可作以下理解：

（一）启动供述证据合法性调查程序的初步举证。尽管控方承担对被告人审判前供述合法性的举证责任，但启动这一程序的初步责任却由被告人及其辩护人承担，旨在避免被告人及其辩护人不负责任地随意或者随时启动对证据合法性的“审理”程序，影响诉讼的顺利进行。启动这一初步程序是被告人的一种权利，如果被告人及其辩护人放弃这一权利，即使讯问人员获得的供述证据是非法的，一般情况下也不妨碍其作为证据使用。

（二）被告人及其辩护人提出一定证据证明供述证据是刑讯逼供取得的，提出主张的被告人及其辩护人仅仅承担一些表面证据，使法官有理由相信供述取得有可能存在刑讯逼供，即存在怀疑就等于履行了初步证明责任。被告人及其辩护人初步证明的内容为非法取证的人员、时间、地点、方式、内容等相关线索或者证据。例如，对刑讯逼供的时间、地点、后果进行说明，提交一定的人证、物证或线索，如提供沾有血迹的内衣、原被羁押在同一监室的人的姓名等，旨在使法庭能够确定有可能发生了非法取证行为。一般情况下，被告人被羁押中且无律师帮助的情况下，仅向法庭提出非法获得供述的证据线索即可。法庭应当对被告人的初步证明确立较低的证明要求，并应及时将被告人反驳公诉方的证据意见转移至公诉方，要求公诉方作出回应。我国地方法院对此也作了规定。如江西省高级人民法院、省人民检察院、省公安厅《关于死刑案件言词证据的若干意见（试行）》第7条规定："被告人、证人在法庭审理过程中提出其受到刑讯逼供、暴力取证的，应提供刑讯逼供、暴力取证的人员、时间、地点……"

在本条的制定过程中存在不同意见。司法行政部门提出，证明证据是非法证据不是被告方的义务，且实践中被告方很难提供证据或者线索。检察机关和公安机关没有提出建议。而法院认为，由于控方负有代表国家追诉犯罪，准确、及时地查明犯罪事实的责任，应当承担对被告人审判前供述合法性的举证责任，否则控方就无法完成证明其指控的犯罪事实成立的证明责任，但启动这一程序的初步责任即提供可能存在刑讯逼供或者其他非法取证行为的证据或者线索的责任则应当由辩护方承担，否则就会出现任意启动对证据合法性的"审理"程序的情况。当然，如果控方不坚持用该证据作为指控证据的，即可不举证。本条最后采用了被告人及其辩护人提出被告人审判前供述涉嫌非法取证的人员、时间、地点、方式、内容等相关线索或者证据的规定。

（三）被告人及其辩护人有责任提出"证据为非法取得"之主张，并负有提供证据线索或说明存在合理根据的责任。对此，可作以下理解：对供述为非法取得的，除法院在审判中自行发现的以外，辩方须承担初步证明责任。这种责任为主张责任。如果辩方没有提出上述主张，一般可以推定取证行为是合法的，控方没有义务进行相应的证明活动。但适用时，不宜要求被告人及其辩护人对涉嫌非法取证的人员、时间、地点、方式、内容提供确切、明确的证据或者齐备的证据。例如，杜培武对审判长说："我还有他们刑讯逼供的证据。"他解开风衣从裤子里扯出了一套血迹斑斑的衣服。"血迹斑斑的衣服"就可以等于辩方履行了初步举证责任，无须再提供具体的非法取证的时间、方式以及刑讯人员等。

【特别提示】

适用本条需要注意的问题是，被告方应当能够提出何时、何人、何地以及何种方式进行的刑讯逼供，但因被告人的初步举证责任通常是通过辩护律师来实现，我国还不存在律师在场权，对于获得非法取证的人员、时间、地点、方式、内容等确切的证据仍是困难重重。对于“供述是否为非法取得”的证明是否达到“查证属实”的标准问题，在实践中，为了避免因非法取得供述行为被揭穿而导致的一系列不利后果，讯问人员一般在讯问中选择隐蔽的、不易为外人发现的时间、地点和方法进行取证。例如，在深夜提审犯罪嫌疑人，在侦查机关内部的审讯室讯问犯罪嫌疑人以及使用不留伤痕的精神折磨等方法逼取口供等。除了被告人本人以外，很少有其他目击者，也没有可供鉴定的肉体伤或其他物证。在刑讯期间被告人失去自由并处于孤立无援的境地，由其承担非法言词证据的证明责任确实勉为其难。由控方对被告方的要求和初步的证据提出反驳，证明被告人所提出的问题是不存在的，或证明被告人所提出的事项并未构成非法取证，应规定较高的证明标准，即达到“排除合理怀疑”的程度。但是，被告人同意作为证据使用的“非法证据”，其效力应予肯定。

【相关立法例】

江西省高级人民法院、省人民检察院、省公安厅《关于死刑案件言词证据的若干意见（试行）》第7条规定：“被告人、证人在法庭审理过程中提出其受到刑讯逼供、暴力取证的，应提供刑讯逼供、暴力取证的人员、时间、地点。人民法院不能排除刑讯逼供、暴力取证可能的，应当调查核实有关情况。检察机关应对取证行为的合法性予以证明，并提供符合法律规定的形式、种类的证据，不能仅提交书面说明材料。检察机关所举证据可以排除刑讯逼供、暴力取证可能的，法庭经查证属实后可以采信该言词证据。检察机关不予举证或所举证据不能排除刑讯逼供可能的，该言词证据不能作为定案的依据。”

第七条 ［供述合法性存疑的证明程序与要求］ 经审查，法庭对被告人审判前供述取得的合法性有疑问的，公诉人应当向法庭提供讯问笔录、原始的讯问过程录音录像或者其他证据，提请法庭通知讯问时其他在场人员或者其他证人出庭作证，仍不能排除刑讯逼供嫌疑的，提请法庭通知讯问人员出庭作证，对该供述取得的合法性予以证明。公诉人当庭不能举证的，可以根据刑事诉讼法第一百六十五条的规定，建议法庭延期审理。

经依法通知，讯问人员或者其他人员应当出庭作证。

公诉人提交加盖公章的说明材料，未经有关讯问人员签名或者盖章的，不能作为证明取证合法性的证据。

控辩双方可以就被告人审判前供述取得的合法性问题进行质证、辩论。

【制定目的】

本条是关于控诉方对被告人审判前供述合法的证明规则和双方质证、辩论程序以及讯问人员出庭作证问题的规定，旨在使非法供述在公正的审判程序中得到核实。

【释义】

本条吸收了《最高人民法院关于执行〈中华人民共和国刑事诉讼法〉若干问题的解释》第 138 条和《人民检察院刑事诉讼规则》第 340 条、第 343 条的规定以及地方法院的实际做法。对本条可作以下理解：

（一）被告人供述的合法性存在疑问的证明规则。在刑事诉讼中，公诉机关承担提供证据证明被告人犯罪的职责，对于被告人及其辩护人所提被告人庭前供述系非法取得的线索或者证据，同样承担证明被告人庭前供述系合法取得的证明责任。在控方不举证，或者已提供的证据不够确实、充分的情况下，则应当承担不利的法律后果。

被告人及其辩护人对采用非法方式取得被告人供述提供一定证据和承担初步举证责任后，导致法庭对被告人审判前供述取得的合法性有疑问的，公诉人应当提供证据消除法庭的疑问。公诉人应当向法庭提供讯问笔录、原始的讯问过程录音录像或者其他证据，提请法庭通知讯问时其他在场人员或者其他证人出庭作证。在实践中，侦查机关取得被告人供述一般仅仅存在侦查人员，其他在场人员或者其他证人基本是不存在的，公诉人如何提请法庭通知讯问时其他在场人员或者其他证人出庭作证仍是一个难以解决的实践问题。

（二）法庭延期审理。在实践中，侦查机关用刑讯逼供等非法手段收集言词证据的行为仍然屡禁不止；在庭审过程中，被告人及其辩护人也越来越多地辩称其口供系通过刑讯逼供、威胁、欺骗、引诱等方法获得。面对这种辩护理由，检察机关一方面因为证据并非自己收集，也不需要自己负责而漠然置之；另一方面又因为自己没能查明证据系非法证据而处于被动境地。但当检察机关准备防止或消除这些非法供述证据的产生时，又感到无能为力。因此，公诉人当庭不能举证的，可以根据刑事诉讼法第 165 条的规定，建议法庭延期审理。

（三）讯问人员出庭作证规则。本条之所以规定“讯问人员”，没有采用实践或者理论研究中提出的“警察”，是因为我国侦查主体不仅包括警察，还包括检察人员。当公诉人提供的证据以及其他在场人员或者其他证人出庭作证仍不能排除刑讯逼供嫌疑的，则应当通知讯问人员出庭作证。法庭审理中，对于有无刑讯逼供等非法取证行为，控辩双方往往各执一词，查证十分困难。这样既可以避免动辄要求讯问人员到场，也保证了讯问人员必要时就其执行职务情况出庭作证，有助于便捷、有效地查明证据取得的合法性问题。

在本条的制定过程中，公安机关提出了不同的意见，并认为根据现行有关法律规定，在刑事诉讼活动中，侦查机关与公诉机关共同承担着刑事追诉职能，侦查人员不同于一般证人，要求侦查人员出庭作证无法律依据，“明确侦查人员出庭作证的范围和程序”应当在修改刑事诉讼法时一并考虑。法院认为，《刑事诉讼法》第48条第1款规定：“凡是知道案件情况的人，都有作证的义务。”规定侦查人员就其执行职务时了解的情况出庭作证，实践中也很有必要。因此，应对这一问题作出规定，特别是被告方提出存在刑讯逼供等非法取证行为的情形中，侦查人员出庭就讯问犯罪嫌疑人的合法性进行作证，有利于法庭查明事实，作出正确判断。考虑到这一规定与刑事诉讼法规定是一致的，并无矛盾，不必等到修改刑事诉讼法时解决。最后保留了讯问人员或者其他人员应当出庭作证的规定。

讯问人员出庭作证无疑会加大讯问人员的负担，甚至还会加大讯问人员自身的职业风险。控方若有足够的证据能够证明讯问人员的侦查行为是合法的，可以免去讯问人员的作证义务；讯问人员若能提供关于讯问过程的录音录像资料，且该录音录像资料未经任何破坏、编辑、剪切、删除的，符合法定的要求，可以免去讯问人员的作证义务。讯问人员在特殊案件中，如诱惑侦查等秘密侦查手段的案件，需要对其身份进行保密，讯问人员出庭作证也应当设置一定的例外。如果其公开作证，自身或其家庭成员的安全会遭受危险，其作证的方式就应当变通。所以，在讯问人员出庭之前应当先行由公诉人向法庭提供讯问笔录、原始的讯问过程录音录像或者其他证据，提请法庭通知讯问时其他在场人员或者其他证人出庭作证。

讯问人员出庭作证，一方面，可以抑制讯问人员非法取证行为。由于种种原因，我国讯问人员非法取证行为在很多地方还相当普遍。而这与讯问人员不出庭作证恐怕不无关系。因为在讯问人员不出庭作证的情况下，辩护方由于得不到证据提供者即讯问人员当庭质证的机会，所以有时很难揭露并证实讯问人员的非法取证行为。另一方面，可以解决恶意翻证、翻供问题。在刑事庭审中，当被告人翻供或者证人翻证时，如果讯问人员能够出庭作证同他们进行对质，就能够有效地戳穿他们的谎言。同时，由于讯问人员出庭作证，使被告人的质证权得到实现，从而彰显程序的正义，有助于被告人通过揭示非法取证行为，使法庭排除对被告人不利的证据，以有效地保障被告人的合法权益和提高其防御能力。

（四）控辩双方的质证、辩论规则。从我国的司法实践来看，讯问人员出庭作证的情况非常罕见，对于确需讯问人员作证的，一般是以盖有单位（或部门）公章而无证人落款的某刑警队、某派出所出具的证明材料出现。讯问人员不愿意出庭作证，即使需要其予以作证说明某些问题，讯问人员也不是以个人身份作证，而是以侦查机关内部某部门的名义作证。讯问人员出庭作证也应当有别于一般证人，对讯问人员的身份和住址可以不加以询问或在接受询问中采用屏风遮挡、蒙面、变声、变像、视讯传输或其他隔离方式，在作证过程尽量以不公开的形式进行。一般来说，应当允许讯问人员进行书面回答。所以，本条规定了公诉人提交加盖公章的说明材料，未经有关讯问人员签名或者盖章的，不能作为证明取证合法性的证据。控辩双方可以就被告人审判前供述取得的合法性问题进行质证、辩论。

【特别提示】

适用本条需要注意的问题是，在司法实践中，在辩护方的辩护申请被采纳的有限范围内，辩护方举证证明和法院调查查明的分别占了50%和33.3%，而法院要求控诉方举证，并最终认定存在刑讯逼供的则仅为16.7%。例如，在刘涌案件中，刑讯逼供是否存在关系到刘涌的生死，必然成为控辩双方争论的焦点。该案在一审和二审过程中，法官对刑讯逼供的证明责任分配采取了截然不同的态度。在一审判决中，法官认为：被告人及其辩护人提出的公安机关在侦查阶段有刑讯逼供的行为。经公诉机关调查，认定公安机关有刑讯逼供行为的证据不充分，对此辩解及辩护意见不予采纳。法官将刑讯逼供的证明责任分配给了辩护方，法官之所以没有采纳辩护方的意见，是因为辩护方没有充分的证据履行证明刑讯逼供确实存在的证明责任。在二审判决中，法官则认为“不能从根本上排除公安机关在侦查过程中存在刑讯逼供的情况”。尽管二审法官对于刑讯逼供的证明责任没有说明，但其背后却是“控方承担刑讯逼供的证明责任”，二审法官将死刑改为死缓。

在实践中，公诉人面对这种辩护理由，因为证据并非自己收集，加上讯问人员又不出庭与其当庭对质，所以公诉人在这种情况下往往无法对此予以回应。为了确保检察机关履行法律监督职能，公诉人往往迫使法官宣布延期审理，以便查清讯问人员是否有非法取证行为。但是，由于检察机关对讯问人员的刑讯逼供等非法取证行为的调查常常碰到各种阻力或者取证困难，最终无功而返，而辩方有时为了保护自己的合法权益却不依不饶，有可能会导致案件久拖不判，造成不必要的延期审理，这是实施规定需要特别注意的。

【相关立法例】

《最高人民法院关于执行〈中华人民共和国刑事诉讼法〉若干问题的解释》第 138 条规定：“对指控的每一起案件事实，经审判长准许，公诉人可以提请审判长传唤证人、鉴定人和勘验、检查笔录制作人出庭作证……被害人及其诉讼代理人和附带民事诉讼的原告人及其诉讼代理人经审判长准许，也可以分别提请传唤尚未出庭作证的证人、鉴定人和勘验、检查笔录制作人出庭作证……”

《人民检察院刑事诉讼规则》第 340 条规定：“公诉人向法庭出示物证，应当对该物证所要证明的内容、获取情况作概括的说明，并向当事人、证人等问明物证的主要特征，让其辨认。宣读书证应当对书证所要证明的内容、获取情况作概括的说明，向当事人、证人问明书证的主要特征，并让其辨认。……”第 343 条规定“公诉人对于搜查、勘验、检查等侦查活动中形成的笔录存在争议，需要负责侦查的人员以及搜查、勘验、检查等活动的见证人出庭陈述情况的，可以建议合议庭通知其出庭。”

第八条 ［存疑供述庭外核实程序］ 法庭对于控辩双方提供的证据有疑问的，可以宣布休庭，对证据进行调查核实。必要时，可以通知检察人员、辩护人到场。

【制定目的】

本条是关于调查核实存疑证据的规则，旨在使法庭证据调查核实尤其是庭外调查在控辩双方参加下更符合正当程序的基本要求。

【释义】

本条在刑事诉讼法第 158 条规定的基础上吸收了最高人民法院、最高人民检察院以及地方法院的相关规定，形成了法庭在控辩双方参与下的调查核实存疑证据的规定。对本条可作以下理解：

（一）法庭对控辩双方提供的有疑问的证据进行质证、辩论后仍存在疑问的处理规则。控辩双方就进行质证、辩论后，法庭对其仍存在疑问而在法庭上难以确定以及无法澄清存疑时，一般应当宣布休庭，采用裁定或者通知的形式作出延期审理。本条规定的控辩双方提供的证据有疑问的“证据”，不仅包括采用刑讯逼供等非法手段取得的被告人供述，还包括采用暴力、威胁等非法手段取得的证人证言、被害人陈述。

（二）法庭对提供的有疑问的证据进行调查核实。调查核实采取何种方式，曾存在一些争议，是按照刑事诉讼法第 158 条的规定进行勘验、检查、扣押、鉴定和查询、冻结，还是采用不同一般证据的调查核实措施。对审判前供述取得的合法性进行调查核实应不同于一般的调查活动，其证据主要由人民检察院提供，法庭也应当要求人民检察院提供相应的证据材料。法庭要求人民检察院提供相应的证据材料的，应当采用决定书的形式，并送达人民检察院。人民检察院应当自收到人民法院要求调取证据材料决定书后应当及时提供或者移交。

（三）法庭对提供的有疑问的证据存疑需要核实的，可以进行庭外调查核实。由法官对此进行庭外调查，应当不偏不倚地了解案件事实，其结果也容易为控辩双方所接受，有利于查明案件事实，也不会影响法官的中立地位。法庭庭外调查是对提供的有疑问的证据核实，主要核实被告人供述是否是采用刑讯逼供等非法手段以及证人证言、被害人陈述是否采用暴力、威胁等非法手段取得的等内容。而不是收集新的证据材料。但是，在没有通知检察人员、辩护人到场或者经过通知而没有正当理由不到场的，法庭应当将调查核实的情况在法庭上予以宣读出示或者说明，由控辩双方对此提出意见，由法官综合双方的意见，然后再作出是否认证。

法庭进行庭外调查，一般应当通知检察人员、辩护人到场。出庭检察人员、辩护人参与庭外调查对案件事实和证据进行审查核实的活动有利于减少争议；同时核实证据控辩双方在场，可以保证诉讼监督，实现诉讼公正；但是，检察人员、辩护人一方或者双方经过法庭依法通知不到场的，并不影响法庭庭外调查活动的进行，但法庭应当将检察人员、辩护人一方或者双方不到场记录在案。

【特别提示】

适用本条需要注意的问题是，理解本条内容除了可以参照《关于办理死刑案件审查判断证据若干问题的规定》第 38 条释义的内容外，还应当注意法庭对提供的有疑问的证据进行调查核实仍存在疑问的处理方式，应当从有利于被告人的立场出发予以排除，不得作为定案的根据。

【相关立法例】

《刑事诉讼法》第 158 条规定：“法庭审理过程中，合议庭对证据有疑问的，可以宣布休庭，对证据进行调查核实。人民法院调查核实证据，可以进行勘验、检查、扣押、鉴定和查询、冻结。”

《最高人民法院关于执行〈中华人民共和国刑事诉讼法〉若干问题的解释》第154条规定：“……必要时，可以通知检察人员、辩护人到场。”

《人民检察院刑事诉讼规则》第345条规定：“法庭审理过程中，合议庭对证据有疑问并在休庭后进行勘验、检查、扣押、鉴定和查询、冻结的，人民检察院应当依法进行监督，发现上述活动有违法情况的应当提出纠正意见。”

第九条 ［非法证据排除中的延期审理］庭审中，公诉人为提供新的证据需要补充侦查，建议延期审理的，法庭应当同意。

被告人及其辩护人申请通知讯问人员、讯问时其他在场人员或者其他证人到庭，法庭认为有必要的，可以宣布延期审理。

【制定目的】

本条是关于因非法证据需要提供新的证据而延期审理的规定，旨在排除的证据真正属于非法证据。

【释义】

本条在我国《刑事诉讼法》第165条的规定的基础上，吸收了《最高人民法院关于执行〈中华人民共和国刑事诉讼法〉若干问题的解释》第156条、第157条和《人民检察院刑事诉讼规则》第337条、第342条、第348条规定的内容，形成了控方为提供新的证据需要补充侦查的建议延期审理和辩方申请通知讯问人员、讯问时其他在场人员或者其他证人到庭的法庭决定延期审理的规定。对本条可作以下理解：

（一）公诉人为提供新的证据需要补充侦查的建议延期审理。

我国刑事诉讼法没有规定公诉方申请提供新的证据问题，以至于公诉方在法庭上需要提供新证据缺乏法律依据。而《人民检察院刑事诉讼规则》规定对证人证言笔录存在疑问、确实需要证人出庭陈述的，或者需要通知开庭前未向人民法院提供名单的证人、鉴定人或者经人民法院通知而未到庭的证人出庭陈述，或者公诉人可以根据庭审情况和需要，出示、宣读开庭前送交人民法院的证据目录以外的证据，公诉人应当要求法庭延期审理。那么，对公诉人针对存在疑问的而没有足够的证据证明审前供述的合法性能否申请提供新的证据仍存在分歧。由于公诉人不是讯问人员，尽管其在审查起诉中负有对审前供述合法性的职责，但因被告人及其辩护人提出一些证据使得认为合法的审前供述出现疑问，有必要提供新的证据对审前供述的合法性予以证明。而公诉人在庭审中申请补充新的证据是公诉人在控辩式庭审诉讼活动中强化举证力度的需要，也是公诉人在庭审中提出延期审理建议的重要前提。程序可以赋予公诉人在庭审中申请补充新的证据的权力，即在法庭审理过程中，公诉人有权申请通知新的证人到庭，调取新的物证，申请重新鉴定或者勘验，以便公诉人在控辩式的庭审诉讼中公正、客观、高效地履行职责和证明义务。但是，公诉人在庭审中申请补充新的证据的次数应当受到一定的限制。

本条针对证据的合法性存在疑问，公诉人如果为提供新的证据证明审前供述是合法的，并需要补充侦查，建议法庭延期审理的，法庭应当同意。本条具有三方面的含义：一是在法庭审理过程中因审前供述合法性存在疑问，而不是其他案件事实存在疑问；二是需要提供的证据需要通过补充侦查来获得，其补充侦查仍受两次的限制；三是建议法庭延期审理，并提交《延期审理建议书》。对公诉人的延期审理的建议，法庭应当同意并作出延期审理的决定，但如果公诉机关建议延期审理进行补充侦查已超过两次或者建议延期审理的次数超过两次等，法庭也可以不同意。延期审理的时间为一个月，延期审理的时间不计入审理期限。对于补充侦查的，人民检察院应当自行收集证据和进行侦查；必要时，可以要求公安机关提供协助。

（二）被告人及其辩护人申请通知讯问人员等出庭的决定延期审理。

当事人和辩护人在法庭审理过程中有权申请通知新的证人到庭，调取新的证据，申请重新鉴定或者勘验的，应当提供证人的姓名、证据的存放地点，说明所要证明的案件事实，要求重新鉴定或者勘验的理由。而在非法证据的庭审过程中，被告人及其辩护人可以申请通知讯问人员、讯问时其他在场人员或者其他证人到庭，但应提供证人的姓名及所要证明的案件事实。含义如下：一是，被告人及其辩护人申请通知讯问人员、讯问时其他在场人员或者其他证人到庭，而不是申请调取新的物证、书证或者申请重新鉴定、勘验。二是，法庭认为必要，即对于澄清审前供述合法性的疑问具有证明作用，主要是与审前供述合法性有关的人员。而对于审前供述合法性存在疑问而公诉人不再提供证据或者不能提供证据、明显证据不足的，也无需宣布延期审理。三是，法庭对延期审理具有决定权。审判人员根据具体情况，认为可能影响案件事实认定的，应当同意该申请，并宣布延期审理；不同意的，应当告知理由并继续审理。被告人及其辩护人申请导致延期审理的时间不得超过一个月，延期审理的时间不计入审限。

【特别提示】

适用本条需要注意的问题是，根据现行法律以及相关规定，控方和辩方在引起延期审理方面的权能存在差异。法庭对公诉人为提供新的证据需要补充侦查建议延期审理的，法庭“应当”同意。不同意则属于例外，应当有法定的理由。对于审前供述合法性存在疑问公诉人不能当庭举证的，也可以建议法庭延期审理。而法庭对被告人及其辩护人申请通知讯问人员、讯问时其他在场人员或者其他证人到庭，“可以”宣布延期审理。但这并不是说，法庭对被告人及其辩护人申请通知讯问人员、讯问时其他在场人员或者其他证人到庭，“也可以”不宣布延期审理。对于有必要的，也应当宣布延期审理。但也可以采取其他方式进行。

在公诉人提出补充侦查而延期审理期间，法庭不应行使本规定第 8 条的庭外调查权进行调查核实证据，因为公诉机关建议延期审理，进行补充侦查，使得证据处于未质证状态，这与法官进行庭外调查的依据也不相符。如果法庭宣布延期审理后，人民检察院在补充侦查的期限内没有提请人民法院恢复法庭审理的，人民法院应当决定按人民检察院撤诉处理。

【相关立法例】

《刑事诉讼法》第 165 条规定："在法庭审判过程中，遇有下列情形之一，影响审判进行的，可以延期审理：（一）需要通知新的证人到庭，调取新的物证，重新鉴定或者勘验的；（二）检察人员发现提起公诉的案件需要补充侦查，提出建议的；（三）由于当事人申请回避而不能进行审判的。"第 166 条规定："依照本法第一百六十五条第二项的规定延期审理的案件，人民检察院应当在一个月以内补充侦查完毕。"

《最高人民法院关于执行〈中华人民共和国刑事诉讼法〉若干问题的解释》第 156 条第 1 款规定："当事人和辩护人申请通知新的证人到庭，调取新的证据，申请重新鉴定或者勘验的，应当提供证人的姓名、证据的存放地点，说明所要证明的案件事实，要求重新鉴定或者勘验的理由。审判人员根据具体情况，认为可能影响案件事实认定的，应当同意该申请，并宣布延期审理；不同意的，应当告知理由并继续审理。"第 157 条第 1 款规定："在庭审过程中，公诉人发现案件需要补充侦查，提出延期审理建议的，合议庭应当同意。但是建议延期审理的次数不得超过两次。"

《人民检察院刑事诉讼规则》第 337 条规定："证人应当由人民法院通知并负责安排出庭作证。对于经人民法院通知而未到庭的证人的证言笔录，公诉人应当当庭宣读。对证人证言笔录存在疑问、确实需要证人出庭陈述的，公诉人应当要求延期审理，由人民法院再次通知证人到庭提供证言和接受质证。”第342条规定：“公诉人可以根据庭审情况和需要，出示、宣读开庭前送交人民法院的证据目录以外的证据。需要给予被告人、辩护人必要时间进行辩护准备的，公诉人可以建议合议庭延期审理。”第348条规定：“法庭审理过程中遇有下列情形之一的，公诉人应当要求法庭延期审理：（一）发现事实不清、证据不足，或者遗漏罪行、遗漏同案犯罪嫌疑人，需要补充侦查或者补充提供证据的；（二）发现遗漏罪行或者遗漏同案犯罪嫌疑人，虽不需要补充侦查和补充提供证据，但需要提出追加或者变更起诉的；（三）需要通知开庭前未向人民法院提供名单的证人、鉴定人或者经人民法院通知而未到庭的证人出庭陈述的。”

第十条 ［审前供述的提供］经法庭审理，具有下列情形之一的，被告人审判前供述可以当庭宣读、质证：

（一）被告人及其辩护人未提供非法取证的相关线索或者证据的；

（二）被告人及其辩护人已提供非法取证的相关线索或者证据，法庭对被告人审判前供述取得的合法性没有疑问的；

（三）公诉人提供的证据确实、充分，能够排除被告人审判前供述属非法取得的。

对于当庭宣读的被告人审判前供述，应当结合被告人当庭供述以及其他证据确定能否作为定案的根据。

【制定目的】

本条是关于审前供述运用的规定，旨在为处理被告人翻供或对供述合法性提出质疑提供判断依据。

【释义】

本条吸收了《人民检察院刑事诉讼规则》第336条的相关规

定以及有关地方法院的经验。本条主要包括两方面的内容：一是何种情况下受质疑的审判前供述可以进入证据调查程序；二是审判前供述证明力的审查方法。对本条可作以下理解：

（一）异议审判前供述的证据能力。虽然辩方对审判前供述的合法性提出异议，但只要具备下列情形之一的，就可以承认其证据能力，当庭宣读、质证。

1. 被告人及其辩护人未提供非法取证的相关线索或者证据的。

辩方虽然提出合法性的异议，但并没有提出相关的线索或者证据，则视为辩方的异议不能成立。这里的提出相关的线索或者证据，并不意味着辩方承担非法证据的证明责任，而是一种主张责任，即要求辩方对自己的诉讼主张提供一定的依据，达到表面可信的程度即可，如身体上的伤痕、血衣等即可达到要求。

2. 被告人及其辩护人已提供非法取证的相关线索或者证据，法庭对被告人审判前供述取得的合法性没有疑问的。

辩方虽然已提供非法取证的相关线索或者证据，但是法庭通过已经进行的法庭调查或者已经掌握的相关证据足以排除对审判前供述的合法性疑问的，审判前供述也可进行法庭调查程序。但此种情况下，法庭须向辩方阐明采信审判前供述合法的理由，且此理由也应写在判决书中，以保障和尊重辩方的辩护权。

3. 公诉人提供的证据确实、充分，能够排除被告人审判前供述属非法取得的。

对于辩方审判前供述非法的异议，公诉人提出证据予以反驳，如果能以确实、充分的程度以排除其非法取得的可能性，审判前供述也可以进入法庭调查程序。本项规定可视为控方承担非法证据排除中证明责任的规定，证明审判前供述合法性的责任由控方负担，而且要证明到确实充分的程度。至于何为确实、充分，可参照《办理死刑案件证据规定》中的解释，将其界定为：①对非法证据的相关争议点都有证据证明；②每一个证据都已查证属实；③证据与证据之间、证据与案件事实之间不存在矛盾或者矛盾得以合理排除；④涉案证据中取证的每个人的行为都已查清；⑤根据证据认定案件事实的过程符合逻辑和经验规则，证据合法的结论为唯一结论。

审判前陈述应由公诉方宣读，在法庭上当庭质证，没有在法庭上宣读、质证的审判前供述，不能作为定案的根据。

（二）审判前供述证明力的审核。对于当庭宣读的被告人审判前供述，应当结合被告人当庭供述以及其他证据确定能否作为定案的根据。

由于供述既有真实性也有虚构性，所以对被告人审判前供述的审查要结合其他证据一起审查。

要结合所有的审判前供述进行审查。对于被告人庭前有多种不同供述的，法庭应当调取该被告人的全部供述。对审判前供述，还须审查是否明确、具体、前后一致，如果被告人审判前供述能说明犯罪的时间、地点、动机、目的等具体情节，而且前后多次供述的内容一致，并已排除被胁迫、诱骗、刑讯的可能，则真实性就比较大；如果审判前供述含混不清、前后矛盾，则虚假的可能性就大。

要结合当庭供述审查审判前供述。尤其是当庭翻供的，要从以下几方面审查：被告人是全部翻供还是部分翻供；审判前供述的理由和翻供的理由是否矛盾；翻供的理由是否合理；翻供是否提出相应的证据？

要结合其他证据审查审判前供述。可参照江苏省高级人民法院、江苏省人民检察院、江苏省公安厅、江苏省司法厅《关于刑事案件证据若干问题的意见》的规定，没有其他证据能够直接证明犯罪行为系被告人实施，但被告人供认其实施了犯罪行为，且供述稳定，供述的犯罪情节的主要部分得到现场勘验、法医鉴定等其他证据补强，非被告人亲身经历，不能作出如此供述，并能够排除侦查机关有刑讯逼供、诱供或案情泄露可能的，可以认定被告人有罪。如果被告人供述反复且有罪供述与案件事实、其他证据有重大矛盾，或者发现侦查机关在证据收集过程中存在刑讯逼供、诱供等严重违法行为或者案情泄露的，法庭不能认定被告人有罪。对于仅以言词证据定案的，被告人庭前多次认罪供述稳定无矛盾，庭审中翻供，但被告人不能合理说明翻供理由，而庭前有罪供述与其他言词证据可以印证的，可采信庭前有罪供述；被告人庭前供述反复，庭审中又翻供，且证人证言亦不稳定，被告人庭前有罪供述不予采信；被告人庭前供述反复，庭审翻供，但证人证言稳定，且被告人有罪供述与证人证言吻合，排除刑讯逼供、诱供可能的，被告人庭前有罪供述可予以采信。被告人多次供述中虽有有罪供述与证人证言一致，但该有罪供述与书证、物证等其他证据间存在重大矛盾且无法排除的，不应采信该有罪供述。

【特别提示】

适用本条需要注意的问题是，根据《人民检察院讯问职务犯罪嫌疑人实行全程同步录音录像的规定（试行）》的规定，讯问职务犯罪实行同步录音录像制度。而目前司法实践中，公安机关对重大案件也实行同步录音录像制度。对讯问的录音录像，也可以当庭播放、质证。

在非法证据排除证明的过程中，审判前供述也可以当作弹劾证据使用被宣读，如《人民检察院刑事诉讼规则》第 336 条第 2 款规定：“被告人在庭审中的陈述与在侦查、审查起诉中的供述不一致，足以影响定罪量刑的，可以宣读被告人供述笔录，并针对笔录中被告人的供述内容对被告人进行讯问，或者提出其他证据进行证明。”

还需要注意的是，审判前供述的宣读即讯问笔录的宣读，应尊重辩方对讯问笔录质疑的权利，如果讯问笔录存在《办理死刑案件证据规定》第 20 条的情形，审判前供述也不能作为定案的根据；如果存在该规定第 21 条的情形，应让办案人员作出补正或者解释，没有补正或者解释不合理的，审判前供述亦不能作为定案的根据。

【相关立法例】

1. 《人民检察院刑事诉讼规则》第 336 条第 1 款规定："被告人在庭审中的陈述与在侦查、审查起诉中的供述一致或者不一致的内容不影响定罪量刑的，可以不宣读被告人供述笔录。"

2. 江苏省高级人民法院、江苏省人民检察院、江苏省公安厅、江苏省司法厅《关于刑事案件证据若干问题的意见》第 46 条规定："只有被告人供述，没有其他证据的，不能认定被告人有罪和处以刑罚。没有其他证据能够直接证明犯罪行为系被告人实施，但被告人供认其实施了犯罪行为，且供述稳定，供述的犯罪情节的主要部分得到现场勘验、法医鉴定等其他证据补强，非被告人亲身经历，不能够作出如此供述，并能够排除侦查机关有刑讯逼供、诱供或案情泄露可能的，可以认定被告人有罪。如果被告人供述反复且有罪供述与案件事实、其他证据有重大矛盾，或者发现侦查机关在证据收集过程中存在刑讯逼供、诱供等严重违法行为或者案情泄露的，法庭不能认定被告人有罪。对于被告人庭前有多种不同供述的，法庭应当调取该被告人的全部供述。"

第 48 条规定："对于仅以言词证据定案的，被告人庭前多次认罪供述稳定无矛盾，庭审中翻供，但被告人不能合理说明翻供理由，而庭前有罪供述与其他言词证据可以印证的，可采信庭前有罪供述；被告人庭前供述反复，庭审中又翻供，且证人证言亦不稳定，被告人庭前有罪供述不予采信；被告人庭前供述反复，庭审翻供，但证人证言稳定，且被告人有罪供述与证人证言吻合，排除刑讯逼供、诱供可能的，被告人庭前有罪供述可予以采信。被告人多次供述中虽有有罪供述与证人证言一致，但该有罪供述与书证、物证等其他证据间存在重大矛盾且无法排除的，不应采信该有罪供述。"

第十一条 ［供述合法性的证明责任与证明标准］ 对被告人审

判前供述的合法性，公诉人不提供证据加以证明，或者已提供的证据不够确实、充分的，该供述不能作为定案的根据。

【制定目的】

本条是有关供述合法性证明责任和证明标准的规定，旨在促进控方提供证明供述的合法性，从而保证获取供述严格依法进行。

【释义】

本条吸收了我国刑事诉讼法以及相关司法解释对审判前供述的合法性规定了证明责任和相应的证明标准。

（一）供述合法性的证明责任。在司法实践中，审判前供述的合法性的证明责任分配主要表现为三种情形：

一是由被告人及其辩护人承担。如当被告人及其辩护人在庭审中提出其在侦查阶段的供述是侦查机关刑讯逼供取得的时候。公诉方一般会提出“谁主张谁举证”，要求被告人及其辩护人提出侦查人员刑讯逼供的证据，其结果是因被告人及其辩护人举不出刑讯逼供的证据，而被冠之以“对犯罪事实供认不讳”，甚至被告人认罪不老实，建议法官在量刑时予以从重处理，并作为没有悔罪情节予以考虑。

二是完全由公诉方承担。公诉方通常会将自己拥有的侦查笔录、录音、录像呈送庭上或者将公安机关、检察机关的书面“情况说明书”移交法院，法院进而确认被告人所提议证据的合法性。

三是法院自行调查。由于非法取证早已时过境迁，其调查往往无功而返，对于非法证据经查证属实的，就作为定案根据。特别是我国的侦查机关和羁押机关合二为一，绝大多数犯罪嫌疑人长时间被羁押于公安机关的看守所内，且侦查机关的讯问一般采取秘密的、封闭的方式进行，而律师没有在场权予以保障，即使存在录音录像也难以保障侦查机关未对犯罪嫌疑人采取威胁、引诱、欺骗以及其他非法的方式获得供述。对被告人审判前供述的合法性应当由公诉机关承担符合刑事诉讼无罪推定原则的基本要求。一般来说，当被告人及其辩护人基于合理怀疑或理由对控诉方的证据的合法性提出异议时，控诉方应证明其所取证据是通过合法的方式法获得的。当控诉方不能证明其证据是合法取得的时候，法庭应当推定其是以非法的方式取得的，应当按照法律的规定予以排除。这种举证不能的结果责任是控方承担证明责任的必然结果。

我国《刑事诉讼法》第 43 条规定："审判人员、检察人员、侦查人员必须依照法定程序，收集能够证实犯罪情节轻重的各种证据。严禁刑讯逼供和以威胁、引诱、欺骗以及其他方法收集证据……"《最高人民法院关于执行〈中华人民共和国刑事诉讼法〉若干问题的解释》第 61 条规定："严禁以非法的方法收集证据。凡经查证确实属于采用刑讯逼供或者威胁、引诱、欺骗等非法的方法取得的证人证言、被害人陈述、被告人供述，不能作为定案的根据。"《人民检察院刑事诉讼规则》第 265 条规定："严禁以非法的方法收集证据。以刑讯逼供，或者威胁、引诱、欺骗等非法的方法收集的犯罪嫌疑人供述、被害人的陈述、证人证言，不能作为指控犯罪的证据。"《公安机关办理刑事案件程序》第 51 条规定："公安机关必须依照法定程序，收集能够证实犯罪嫌疑人有罪或者无罪、犯罪情节轻重的各种证据。严禁刑讯逼供和以威胁、引诱、欺骗或者其他非法方法收集证据……"然而，这些规定在实践执行中可能发生偏差。而该条之所以如此规定，其主要原因：一是刑事证明责任理论和无罪推定原则的基本要求。根据"谁主张谁举证"的基本理论和无罪推定的基本原则，提出积极主张的一方承担证明责任，否定的一方不承担证明责任。二是符合控辩平等原则基本要求和程序正义的基本理念。由控诉方承担证明责任，是公平正义的具体表现，也体现了国家对弱者的尊重和保护理念。只有通过形式上的不平等才能达到实质上控辩双方的真正平等，体现刑事诉讼控辩平等原则和公平正义理念。三是现代法治国家的基本要求。在刑事诉讼中，公安机关、检察机关代表国家追诉犯罪，其进行的刑事诉讼活动应当严格遵守刑事诉讼法有关程序规定，当其行为的合法性受到质疑时，理所当然由其承担证明自身行为合法性的责任。

（二）供述合法性的证明标准。

本条对供述合法性的证明标准并未正面表述，但从公诉人的证明达到确实、充分的程度以及能够排除被告人审判前供述属非法取得的，法庭才能确认该供述的合法性来看，基本确立了排除合理怀疑的证明标准。

本条在制定过程中，有些机关认为，供述合法性应达到排除合理怀疑的标准而不适用优势证据标准。本文规定的"不够确实、充分"的供述不能作为定案根据也就意味着证明标准的"确实、充分"应从严掌握。

【特别提示】

适用本条需要注意的问题是，在实践运行中，偏重对案件真实的追求，着重体现实体的价值意义。在司法实务中，对于违反法定程序而获得犯罪嫌疑人的口供的，如果查证属实，对案件事实有证明力，证据可以作为定案的依据。在开庭审判中，没有排除非法证据的程序，法庭对证据进行的调查活动主要目的是审查证据是否属实，而不是是否违法取得。即使被告人提出某个物证是非法所得或口供是刑讯逼供所得，司法机关仍然有可能置之不理。同时，还需要相关的制度予以协调。（1）允许辩护律师在侦查人员、检察人员讯问犯罪嫌疑人、被告人时的在场权，以避免刑讯逼供或者威胁、引诱、欺骗等非法取证现象的发生。（2）对言词证据的取得过程进行记录和保全。主要方式就是充分运用录音和录像，犯罪嫌疑人和被告人的讯问要实行全程录音和录像，该录音录像可以制作两份，一份由控诉机关保存，另一份由被告方保存。讯问的录音和录像就可以作为日后控诉机关证据合法性的证据，也可以作为被告方主张证据存在瑕疵的证据。（3）扩大见证人制度的适用范围。由法律明确规定，只要不给侦查活动带来不利的影响，侦查机关在询问证人、被害人时，可以邀请与本案无关的人员作为见证人到场。

【相关立法例】

江西省高级人民法院、江西省人民检察院、江西省公安厅《关于死刑案件言词证据的若干意见（试行）》第7条规定："检察机关不予举证或所举证据不能排除刑讯逼供可能的，该言词证据不能作为定案根据。"

第十二条 ［非法口供审查的二审救济］对于被告人及其辩护人提出的被告人审判前供述是非法取得的意见，第一审人民法院没有审查，并以被告人审判前供述作为定案根据的，第二审人民法院应当对被告人审判前供述取得的合法性进行审查。检察人员不提供证据加以证明，或者已提供的证据不够确实、充分的，被告人该供述不能作为定案的根据。

【制定目的】

本条是关于非法证据审查的救济原则的规定，旨在为被告人主张非法证据排除提供一个救济的渠道。

【释义】

本条文是对本规定第11条内容的补充，主要规定了二审的救济，即在第一审人民法院对于主张被告人审前供述非法的意见没有审查，并以被告人审判前供述作为定案根据的，第二审人民法院应当对被告人审判前供述取得的合法性进行重新审查。非法证据审查的救济原则包括合法性审查原则和控方举证原则，而审查的方式遵循第10条的规定，仍由检察人员负证明责任，并且要达到确实、充分的标准。对本条适用可以作出以下理解：

（一）本条规定是刑事诉讼法中二审全面审查原则在运用证据方面的适用。全面审查原则是指二审法院需要对收到的上诉、抗诉案件从形式和实质两个方面对第一审判决所认定的事实和适用法律进行全面审查，不受上诉或者抗诉范围的限制。共同犯罪的案件只有部分被告人上诉的，应当对全案进行审查，一并处理。审理附带民事诉讼的上诉、抗诉案件，也应当对全案进行审查。二审法院审理的对象包括事实和法律。对于被告人及其辩护人提出的被告人审判前供述是非法取得的意见，第一审人民法院没有审查，并以被告人审判前供述作为定案根据的，属于程序上的重大瑕疵，可以直接引起第二审人民法院的重新审查。这种救济途径能部分地解决一审法院疏于处理非法证据的问题，为证据合法性审查又增加了一重保护。这里的“没有审查”包括两种情形，一是一审程序中被告人及其辩护人并没有提出被告人审判前供述是非法取得的意见，该意见在二审才提出。此种情形，审判人员可以视同提出新的辩护意见来进行对待，引发对证据合法性的审查。二是一审程序中被告人及其辩护人虽然提出了被告人审判前供述是非法取得的意见，但一审法院未尽审查的义务，仍然采纳了庭前陈述。此种情形同样引起二审法院对被告人审判前供述合法性的重新审查。

（二）控方负证明责任，证明标准必须达到“证据确实、充分”。对于被告人供述合法性的证明责任，世界各国普遍将证明责任施加于公诉方。例如，英国《1984 年警察与刑事证据法》第 76 条就明确要求：在任何公诉方计划将被告人供述作为本方证据提出的诉讼中，如果有证据证明供述是或者可能是通过非法手段取得的，则法庭应当不得将该供述作为对被告人不利的证据提出，除非检察官能向法庭证明该供述（尽管它可能是真实的）并非以上述方式取得，并且要将此证明到排除任何合理怀疑的程度。美国对于非法证据的排除问题原则上也是由控诉方承担证明责任，对此又具体分为以下四种情况，一是对于非法口供的排除，如果被告人以供述属于非自愿为由提出排除证据的动议，那么控诉方应当承担证明该供述为自愿供述的责任；二是对于非法搜查、扣押证据的排除，如果搜查和扣押是以法官签发的令状为依据进行的，那么，被告人有责任证明该搜查和扣押违反了宪法第四修正案，但如果警察是在没有取得法官授权的情况下实施了无证搜查行为，那么检察官需要证明该搜查和扣押行为的合法性；三是对于“毒树之果”规则中的证据排除问题，被告人如果申请排除某非法证据的派生证据，那么就需要提出证据证明该派生证据已受到非法搜查、扣押等行为的污染，但对于“毒树之果”排除的例外情形，则要由检察官承担，检察官“要承担一项最终的说服责任，以证明他的证据未受任何污染”；四是对于非法辨认获得证据的排除，如果被告人申请排除的是警察非法辨认所得的证据，那么证明责任需要按照一些特殊的规则加以确定。在非法证据排除的证明标准上，如果提出动议的被告人需要承担证明责任，那么需要达到优势证据的程度；如果在控诉方承担证明责任的情况下，其证明标准一般也是优势证据，但在特殊情况下需要达到“清楚和令人信服的证据”的程度。本条规定了检察人员不提供证据加以证明，或者已提供的证据不够确实、充分的，被告人该供述不能作为定案的根据。其中，提出审判前供述是非法取得的被告人及其辩护律师应当提供涉嫌非法取证的人员、时间、地点、方式、内容等相关线索或者证据，但这并不意味着被告人及其辩护律师有证明责任，与本规定第 11 条一样，取证合法性的证明责任还是由检察人员来承担。

【特别提示】

适用本条需要注意的问题是，如果被告人或辩护人在第一审时没有提出被告人审判前供述是非法取得的意见，在二审首次提出申请，应该如何处理？根据本条的规定，也应当属于一审程序未对非法证据申请进行审查，二审同样应当予以审查。

【相关立法例】

江苏省高级人民法院、江苏省人民检察院、江苏省公安厅、江苏省司法厅《关于刑事案件证据若干问题的意见》第 38 条规定：

"二审期间新获取的足以影响案件定罪、量刑的新证据，均应当开庭举证、质证。不得以未经开庭举证、质证的新证据对案件予以改判。"

第十三条 ［非法证人证言、被害人陈述的证明］ 庭审中，检察人员、被告人及其辩护人提出未到庭证人的书面证言、未到庭被害人的书面陈述是非法取得的，举证方应当对其取证的合法性予以证明。

对前款所述证据，法庭应当参照本规定有关规定进行调查。

【制定目的】

本条是有关非法取得的证人证言、被害人陈述证明责任的规定，旨在为非法证据排除规则中被告人口供以外的言词证据的排除提供证明责任分配原则。

【释义】

本条对非法证据排除程序中的证明责任的分配，是证明责任分配的一般规则。对本条可做以下理解：

（一）证明责任又称举证责任，"谁主张，谁举证"是举证责任分配的基本原则。举证责任一词最早见于公元前 18 世纪古巴比伦王国的《汉穆拉比法典》，后来，罗马法确立了举证责任的两条重要原则，（1）每一方当事人对其陈述所主张的事实，有提出证据证明的义务，即"谁主张、谁举证"。（2）双方当事人都提不出证据的，负举证责任的一方败诉。这两个简单的规则，成为现代举证责任分配理论的基石。德国是现代证明责任分配理论的滥觞之地，"待证事实分类说"、"法规分类说"和"法律要件分类说"都曾风靡一时，尤以"法律要件分类说"为主流。该学说的代表人物罗森伯格认为，主张权利存在的人，应就权利发生的法律要件事实进行举证；否认权利存在的人，应对存在权利障碍的要件、权利消灭要件或权利排除要件事实负责举证。由于我国从总体上属于大陆法系类型国家，加之法律要件分类学说在各主要大陆法系已经过相当时间的实践检验，所以，我国关于举证责任分配的理论和立法受该学说的影响较大。本条规定主要从公平的角度，确立了举证责任由举证方负担的原则，即证言笔录、被害人陈述笔录不再具有当然的合法性与证明力，而是应当由举证方对证据的合法性进行证明。

（二）该条沿用对被告人供述合法性证明的基本原则，确立了书面的证言、被害人陈述的合法性应由举证方承担证明责任。但本条与被告人供述合法性证明不同的是，并不是把证明责任完全加诸于检察人员，而是对“举证方”，即控辩双方有所要求：当检察人员提出未到庭证人的书面证言、未到庭被害人的书面陈述来证明案件事实，被告人及其辩护人主张上述证据是非法取得的，那么举证人即检察人员应当对取证的合法性进行证明；当被告人及其辩护人提出未到庭证人的书面证言、未到庭被害人的书面陈述来证明案件事实，检察人员主张上述证据是非法取得的，那么举证方即被告人及其辩护人应当对取证的合法性进行证明。

（三）“按照有关规定”进行调查，主要是指按照本规定第7条的规定。经审查，法庭对未到庭证人的书面证言、未到庭被害人的书面陈述取得的合法性有疑问的，公诉人或被告人应当向法庭提供取证时的原始录音录像或者其他证据，提请法庭通知取证时在场人员或者其他证人出庭作证，仍不能排除非法取证的，提请法庭通知讯问人员或证人、被害人出庭作证，对上述证据的合法性予以证明。在调查证据的过程中，如有必要，法院可以宣布休庭，对证据进行调查核实，调查时可以通知双方到场。

【特别提示】

适用本条需要注意的问题是，检察人员、被告人及其辩护人提出未到庭证人的书面证言、未到庭被害人的书面陈述是非法取得的，说明双方对证人证言和被害人陈述存在争议，举证方最佳的证明方式其实就是申请证人、被害人出庭，当庭陈述。

【相关立法例】

《江苏省高级人民法院关于刑事审判证据和定案的若干意见（试行）》第55条规定：“庭审中被告人、证人以侦察机关使用刑讯逼供和威胁、引诱、欺骗等其他非法手段取证为由翻供、翻证并提出具体事实的，对侦查活动负有法律监督职能的公诉机关应当对其指控证据的合法性进行说明，排除非法取证的可能性的存在。法庭认为确有必要的，也可以进行调查。公诉机关不能说明其指控证据的合法性的；经调查，被指证的侦查机关不能就被告人、证人提出的非法取证的具体事实作出合理解释的；因公诉机关拒绝说明而无法排除非法取证可能性的，被告人的庭前有罪供述、控方证人证言不能作为定案的依据，法庭应当结合被告人、证人的庭前、庭审的供述、证言和其他证据综合判断。”

第十四条　［非法物证、书证的补证和排除］物证、书证的取得明显违反法律规定，可能影响公正审判的，应当予以补正或者作出合理解释，否则，该物证、书证不能作为定案的根据。

【制定目的】

本条是有关违反法律规定获得物证、书证排除规则的规定，旨在保障审判活动的公正。

【释义】

非法证据的排除规则除了言词证据，还包括物证、书证。对此，《刑事诉讼法》及其司法解释均未作出规定。本规定弥补了这个缺憾，对非法取得的物证、书证规定了有条件的采纳和排除规则。

对非法取得的物证、书证是否排除，国内外都存在较大争议，司法实践中一般很少予以排除。为规范取证活动，确保办案公正，在我国现阶段对物证、书证的非法取证问题仅作出原则性规定是可取的。本条文是对本规定第 2 条的补充，可以从以下两个方面进行理解：

（一）本条是非法取得的物证、书证的可采性规则，或从其反面称为排除规则。对采用刑讯逼供等非法的方法取得的言词证据应当排除，通常各国的做法都比较一致，但对非法取得的物证、书证是否应当排除，其做法不一。甚至同一个国家在不同时期由于刑事司法政策的变化也会采取不同做法，主要分为四种：一是全部采纳；二是全部排除；三是原则上排除，设置若干例外；四是由法官自由裁量排除。主张采纳的代表性观点主要从证据的可靠性角度考虑的，认为供述证据与非供述证据的性质不同，供述证据的取证过程如果违法，就是侵害了个人自由意思，故而应严格禁止，而搜集非供述证据的过程如果违背法定程序，则因证据的形态并未改变，尚不生不可信的问题。但这种观点如今基本上已被利益权衡原则所取代，即认为非法取得的物证、书证，应当在考虑其违法程度、对被告人权利的侵害程度、对案件公正的影响程度等因素，由法官裁量是否排除。

非法证据排除规则最早是在美国确立的，而其法律依据是美国联邦宪法第四修正案规定的不受非法搜查和扣押的权利保护，而受该权利保护的是公民的人身、住宅、文件及财产。1914 年，美国联邦最高法院在威克斯诉合众国一案中裁定，违反宪法第四条修正案的规定，非法搜查和扣押获得的证据不得在联邦法庭上使用。但在很长一段时间里，威克斯案的原则只适用于联邦警察实施的非法搜查行为，对各个州法院并不适用。1960 年，联邦最高法院在埃尔金斯诉合众国一案中裁定，宪法第四条修正案禁止在联邦检控中使用非法获得的证据，不论证据是由联邦执法人员还是州执法人员获得的。一年之后，联邦最高法院最终在马普诉俄亥俄州一案中裁定，宪法第四条修正案要求各州法院排除通过非法搜查和扣押获得的证据。至此，违反宪法第四条修正案的非法证据排除规则适用于美国的各级各类法院。非法取得的物证、书证，如果是来源于非法获得口供，那么就构成“毒树之果”，是否排除也视某一时期的刑事司法政策而定。曾经主张排除“毒树之果”的美国，也在后来增加了很多例外的规定，缓解因为一味排除证据带来的困境。英国对非法自白证据原则上持强制排除态度，即在法定情形下，非法取得的言词证据应无条件予以排除（但在后来的司法判例中，也赋予了法官自由裁量权），而在针对非法手段获取的实物证据是否排除，主要是由法官裁量。1984 年《警察与刑事证据法》第 78 条规定：“（1）在任何诉讼中，法庭在考虑到包括证据收集在内的各种情况以后，如果认为采纳这一证据将会对诉讼的公正性产生不利的影响，以至于不应将它采纳为证据，就可以拒绝将控诉一方所据以提出指控的这一证据予以采纳。（2）本条的规定不应有损于任何有关法庭排除证据的法律规则的适用。”利益权衡原则现在已经成为很多国家和地区就非法方式取得物证、书证是否采纳所遵循的最主要的原则。如日本最高法院 1978 年的判例宣布，如果在物证的扣押程序上存在忘却宪法第 35 条和刑事诉讼法第 218 条第 1 项规定的令状主义的重大违法，从抑制将来违法侦查角度看该物证采纳不适当时，就应当否定其证据能力，从而确立了有条件的非法物证排除规则。我国台湾地区“刑事诉讼法”在第 158－4 条也规定：“除法律另有规定外，实施刑事诉讼程序之公务员因违背法定程序取得之证据，其有无证据能力之认定，应审酌人权保障及公共利益之均衡维护。”

（二）对非法取得的物证、书证，只是有条件地采纳或排除，审判人员对是否“影响公正审判”有裁量权。中央政法机关负责人就两个“证据规定”答记者问时表示，对非法取得的物证、书证是否排除，国内外都存在较大争议，司法实践中一般很少予以排除。为规范取证活动，确保办案公正，现阶段应对物证、书证的非法取证问题作出原则性规定，已经是一个大胆的突破，但措辞上较谨慎，倾向于给实务留有余地，这样的规定是比较符合现实的。该条并没有对非法取得的物证、书证采取绝对排除，而是采取了利益衡量的原则，即规定在满足三个条件时才能将其排除：①取证方式明显违反法律规定；②可能影响公正审判的；③不能对其作出补正或作出合理解释的。至于物证、书证的取得方式是否违反法律规定，是否有可能影响公正审判，以及是否作出了补正和合理解释，判断权在于法官。

【特别提示】

适用本条需要注意的问题是，对物证、书证的排除，并不着眼于证据的真实性和可靠性，只要明显违反法律规定，影响对案件的更正审判，就有可能不被采纳，这更多的是一种程序上的取舍标准。

【相关立法例】

江苏省高级人民法院、江苏省人民检察院、江苏省公安厅、江苏省司法厅《关于刑事案件证据若干问题的意见》第 63 条规定："非法取得的实物证据不能直接作为定案依据。但结合其他合法证据能证明案件事实的，法庭可予以采信。"

第十五条 ［时间效力］本规定自二〇一〇年七月一日起施行。

【制定目的】

本条是关于施行时间的规定，旨在为实施本规定确定准确的时间。

【释义】

本条是有关《非法证据排除规定》时间效力的规定，明确了生效日期，规定不溯及既往。关于本条内容的理解可参考《办理死刑案件证据规定》第 41 条的解释。

附 录

最高人民法院 最高人民检察院 公安部 国家安全部 司法部印发《关于办理死刑案件审查判断证据若干问题的规定》和《关于办理刑事案件排除非法证据若干问题的规定》的通知

法发［2010］20号

各省、自治区、直辖市高级人民法院、人民检察院、公安厅（局）、国家安全厅（局）、司法厅（局），解放军军事法院、军事检察院、总政治部保卫部，新疆维吾尔自治区高级人民法院生产建设兵团分院、新疆生产建设兵团人民检察院、公安局、司法局、监狱管理局：

为进一步完善我国刑事诉讼制度，根据中央关于深化司法体制和工作机制改革的总体部署，经过广泛深入调查研究，最高人民法院、最高人民检察院、公安部、国家安全部和司法部近日联合制定了《关于办理死刑案件审查判断证据若干问题的规定》和《关于办理刑事案件排除非法证据若干问题的规定》（以下简称两个《规定》），现印发给你们，请遵照执行。

为了在司法实践中严格贯彻执行两个《规定》，现提出以下意见：

一、充分认识制定、执行两个《规定》的重要意义

两个《规定》对政法机关办理刑事案件特别是死刑案件提出了更高的标准、更严的要求，对于完善我国刑事诉讼制度，提高执

法办案水平，推进社会主义法治建设，具有十分重要的意义。中央对两个《规定》高度重视，中央政治局常委、中央政法委书记周永康同志主持召开中央政法委员会全体会议暨司法体制改革专题汇报会，认真讨论了两个《规定》，要求各级人民法院、人民检察院、公安机关、国家安全机关和司法行政机关要依法履行职责，严格执行两个《规定》，讲事实、讲证据、讲法律、讲责任，确保办案质量，依法惩治犯罪、切实保障人权、维护司法公正，确保办理的每一起刑事案件都能经得起法律和历史的检验。各省、自治区、直辖市相关部门要从全面准确执行国家法律，贯彻党和国家刑事政策的高度，积极加强宣传工作，充分认识出台两个《规定》的重要意义。

二、认真组织开展对两个《规定》的培训

各级人民法院、人民检察院、公安机关、国家安全机关、司法行政等单位和部门应当根据实际情况，通过不同途径，采取不同方式，认真、及时地开展对两个《规定》的培训和学习工作，要精心组织相关办案人员参加专项培训，确保使每一名刑事办案人员都能够全面掌握两个《规定》的具体内容。

三、严格贯彻执行两个《规定》

两个《规定》不仅全面规定了刑事诉讼证据的基本原则，细化了证明标准，还进一步具体规定了对各类证据的收集、固定、审查、判断和运用；不仅规定了非法证据的内涵和外延，还对审查和排除非法证据的程序、证明责任等问题进行了具体的规范。切实把两个《规定》贯彻好、执行好，对于进一步提高执法办案水平，进一步强化执法人员素质，必将发挥重要作用。各相关部门在司法实践中要严格贯彻落实两个《规定》，牢固树立惩罚犯罪与保障人权并重的观念、实体法与程序法并重的观念，依法、全面、客观地收集、审查、判断证据，严把事实关、证据关，切实提高刑事案件审判质量，确保将两个《规定》落到实处，把每一起刑事案件都办成铁案。在贯彻执行中遇到的新情况、新问题和探索出的新经验、新做法，要认真总结，并及时报告中央主管部门。

另，办理其他刑事案件，参照《关于办理死刑案件审查判断证据若干问题的规定》执行。

最高人民法院

最高人民检察院

公安部

国家安全部

司法部

二〇一〇年六月十三日

最高人民法院　最高人民检察院
公安部　国家安全部　司法部
关于办理死刑案件
审查判断证据若干问题的规定

为依法、公正、准确、慎重地办理死刑案件，惩罚犯罪，保障人权，根据《中华人民共和国刑事诉讼法》等有关法律规定，结合司法实际，制定本规定。

一、一般规定

第一条　办理死刑案件，必须严格执行刑法和刑事诉讼法，切实做到事实清楚，证据确实、充分，程序合法，适用法律正确，确保案件质量。

第二条　认定案件事实，必须以证据为根据。

第三条　侦查人员、检察人员、审判人员应当严格遵守法定程序，全面、客观地收集、审查、核实和认定证据。

第四条　经过当庭出示、辨认、质证等法庭调查程序查证属实的证据，才能作为定罪量刑的根据。

第五条　办理死刑案件，对被告人犯罪事实的认定，必须达到证据确实、充分。

证据确实、充分是指：

（一）定罪量刑的事实都有证据证明；

（二）每一个定案的证据均已经法定程序查证属实；

（三）证据与证据之间、证据与案件事实之间不存在矛盾或者矛盾得以合理排除；

（四）共同犯罪案件中，被告人的地位、作用均已查清；

（五）根据证据认定案件事实的过程符合逻辑和经验规则，由证据得出的结论为唯一结论。

办理死刑案件，对于以下事实的证明必须达到证据确实、充分：

（一）被指控的犯罪事实的发生；

（二）被告人实施了犯罪行为与被告人实施犯罪行为的时间、地点、手段、后果以及其他情节；

（三）影响被告人定罪的身份情况；

（四）被告人有刑事责任能力；

（五）被告人的罪过；

（六）是否共同犯罪及被告人在共同犯罪中的地位、作用；

（七）对被告人从重处罚的事实。

二、证据的分类审查与认定

1. 物证、书证

第六条 对物证、书证应当着重审查以下内容：

（一）物证、书证是否为原物、原件，物证的照片、录像或者复制品及书证的副本、复制件与原物、原件是否相符；物证、书证是否经过辨认、鉴定；物证的照片、录像或者复制品和书证的副本、复制件是否由二人以上制作，有无制作人关于制作过程及原件、原物存放于何处的文字说明及签名。

（二）物证、书证的收集程序、方式是否符合法律及有关规定；经勘验、检查、搜查提取、扣押的物证、书证，是否附有相关笔录或者清单；笔录或者清单是否有侦查人员、物品持有人、见证人签名，没有物品持有人签名的，是否注明原因；对物品的特征、数量、质量、名称等注明是否清楚。

（三）物证、书证在收集、保管及鉴定过程中是否受到破坏或者改变。

（四）物证、书证与案件事实有无关联。对现场遗留与犯罪有关的具备检验鉴定条件的血迹、指纹、毛发、体液等生物物证、痕迹、物品，是否通过DNA鉴定、指纹鉴定等鉴定方式与被告人或者被害人的相应生物检材、生物特征、物品等作同一认定。

（五）与案件事实有关联的物证、书证是否全面收集。

第七条 对在勘验、检查、搜查中发现与案件事实可能有关联的血迹、指纹、足迹、字迹、毛发、体液、人体组织等痕迹和物品应当提取而没有提取，应当检验而没有检验，导致案件事实存疑的，人民法院应当向人民检察院说明情况，人民检察院依法可以补充收集、调取证据，作出合理的说明或者退回侦查机关补充侦查，调取有关证据。

第八条 据以定案的物证应当是原物。只有在原物不便搬运、不易保存或者依法应当由有关部门保管、处理或者依法应当返还时，才可以拍摄或者制作足以反映原物外形或者内容的照片、录像或者复制品。物证的照片、录像或者复制品，经与原物核实无误或者经鉴定证明为真实的，或者以其他方式确能证明其真实的，可以作为定案的根据。原物的照片、录像或者复制品，不能反映原物的外形和特征的，不能作为定案的根据。

据以定案的书证应当是原件。只有在取得原件确有困难时，才可以使用副本或者复制件。书证的副本、复制件，经与原件核实无误或者经鉴定证明为真实的，或者以其他方式确能证明其真实的，可以作为定案的根据。书证有更改或者更改迹象不能作出合理解释的，书证的副本、复制件不能反映书证原件及其内容的，不能作为定案的根据。

第九条 经勘验、检查、搜查提取、扣押的物证、书证，未附有勘验、检查笔录，搜查笔录，提取笔录，扣押清单，不能证明物证、书证来源的，不能作为定案的根据。

物证、书证的收集程序、方式存在下列瑕疵，通过有关办案人员的补正或者作出合理解释的，可以采用：

（一）收集调取的物证、书证，在勘验、检查笔录，搜查笔录，提取笔录，扣押清单上没有侦查人员、物品持有人、见证人签名或者物品特征、数量、质量、名称等注明不详的；

（二）收集调取物证照片、录像或者复制品，书证的副本、复制件未注明与原件核对无异，无复制时间、无被收集、调取人（单位）签名（盖章）的；

（三）物证照片、录像或者复制品，书证的副本、复制件没有制作人关于制作过程及原物、原件存放于何处的说明或者说明中无签名的；

（四）物证、书证的收集程序、方式存在其他瑕疵的。

对物证、书证的来源及收集过程有疑问，不能作出合理解释的，该物证、书证不能作为定案的根据。

第十条 具备辨认条件的物证、书证应当交由当事人或者证人进行辨认，必要时应当进行鉴定。

2. 证人证言

第十一条 对证人证言应当着重审查以下内容：

（一）证言的内容是否为证人直接感知。

（二）证人作证时的年龄、认知水平、记忆能力和表达能力，生理上和精神上的状态是否影响作证。

（三）证人与案件当事人、案件处理结果有无利害关系。

（四）证言的取得程序、方式是否符合法律及有关规定：有无使用暴力、威胁、引诱、欺骗以及其他非法手段取证的情形；有无违反询问证人应当个别进行的规定；笔录是否经证人核对确认并签名（盖章）、捺指印；询问未成年证人，是否通知了其法定代理人到场，其法定代理人是否在场等。

（五）证人证言之间以及与其他证据之间能否相互印证，有无矛盾。

第十二条 以暴力、威胁等非法手段取得的证人证言，不能作为定案的根据。

处于明显醉酒、麻醉品中毒或者精神药物麻醉状态，以致不能正确表达的证人所提供的证言，不能作为定案的根据。

证人的猜测性、评论性、推断性的证言，不能作为证据使用，但根据一般生活经验判断符合事实的除外。

第十三条 具有下列情形之一的证人证言，不能作为定案的根据：

（一）询问证人没有个别进行而取得的证言；

（二）没有经证人核对确认并签名（盖章）、捺指印的书面证言；

（三）询问聋哑人或者不通晓当地通用语言、文字的少数民族人员、外国人，应当提供翻译而未提供的。

第十四条 证人证言的收集程序和方式有下列瑕疵，通过有关办案人员的补正或者作出合理解释的，可以采用：

（一）没有填写询问人、记录人、法定代理人姓名或者询问的起止时间、地点的；

（二）询问证人的地点不符合规定的；

（三）询问笔录没有记录告知证人应当如实提供证言和有意作伪证或者隐匿罪证要负法律责任内容的；

（四）询问笔录反映出在同一时间段内，同一询问人员询问不同证人的。

第十五条 具有下列情形的证人，人民法院应当通知出庭作证；经依法通知不出庭作证证人的书面证言经质证无法确认的，不能作为定案的根据：

（一）人民检察院、被告人及其辩护人对证人证言有异议，该证人证言对定罪量刑有重大影响的；

（二）人民法院认为其他应当出庭作证的。

证人在法庭上的证言与其庭前证言相互矛盾，如果证人当庭能够对其翻证作出合理解释，并有相关证据印证的，应当采信庭审证言。

对未出庭作证证人的书面证言，应当听取出庭检察人员、被告人及其辩护人的意见，并结合其他证据综合判断。未出庭作证证人的书面证言出现矛盾，不能排除矛盾且无证据印证的，不能作为定案的根据。

第十六条 证人作证，涉及国家秘密或者个人隐私的，应当保守秘密。

证人出庭作证，必要时，人民法院可以采取限制公开证人信息、限制询问、遮蔽容貌、改变声音等保护性措施。

3. 被害人陈述

第十七条 对被害人陈述的审查与认定适用前述关于证人证言的有关规定。

4. 被告人供述和辩解

第十八条 对被告人供述和辩解应当着重审查以下内容：

（一）讯问的时间、地点、讯问人的身份等是否符合法律及有关规定，讯问被告人的侦查人员是否不少于二人，讯问被告人是否个别进行等。

（二）讯问笔录的制作、修改是否符合法律及有关规定，讯问笔录是否注明讯问的起止时间和讯问地点，首次讯问时是否告知被告人申请回避、聘请律师等诉讼权利，被告人是否核对确认并签名（盖章）、捺指印，是否有不少于二人的讯问人签名等。

（三）讯问聋哑人、少数民族人员、外国人时是否提供了通晓聋、哑手势的人员或者翻译人员，讯问未成年同案犯时，是否通知了其法定代理人到场，其法定代理人是否在场。

（四）被告人的供述有无以刑讯逼供等非法手段获取的情形，必要时可以调取被告人进出看守所的健康检查记录、笔录。

（五）被告人的供述是否前后一致，有无反复以及出现反复的原因；被告人的所有供述和辩解是否均已收集入卷；应当入卷的供述和辩解没有入卷的，是否出具了相关说明。

（六）被告人的辩解内容是否符合案情和常理，有无矛盾。

（七）被告人的供述和辩解与同案犯的供述和辩解以及其他证据能否相互印证，有无矛盾。

对于上述内容，侦查机关随案移送有录音录像资料的，应当结合相关录音录像资料进行审查。

第十九条 采用刑讯逼供等非法手段取得的被告人供述，不能作为定案的根据。

第二十条 具有下列情形之一的被告人供述，不能作为定案的根据：

（一）讯问笔录没有经被告人核对确认并签名（盖章）、捺指印的；

（二）讯问聋哑人、不通晓当地通用语言、文字的人员时，应当提供通晓聋、哑手势的人员或者翻译人员而未提供的。

第二十一条 讯问笔录有下列瑕疵，通过有关办案人员的补正或者作出合理解释的，可以采用：

（一）笔录填写的讯问时间、讯问人、记录人、法定代理人等有误或者存在矛盾的；

（二）讯问人没有签名的；

（三）首次讯问笔录没有记录告知被讯问人诉讼权利内容的。

第二十二条 对被告人供述和辩解的审查，应当结合控辩双方提供的所有证据以及被告人本人的全部供述和辩解进行。

被告人庭前供述一致，庭审中翻供，但被告人不能合理说明翻供理由或者其辩解与全案证据相矛盾，而庭前供述与其他证据能够相互印证的，可以采信被告人庭前供述。

被告人庭前供述和辩解出现反复，但庭审中供认的，且庭审中的供述与其他证据能够印证的，可以采信庭审中的供述；被告人庭前供述和辩解出现反复，庭审中不供认，且无其他证据与庭前供述印证的，不能采信庭前供述。

5. 鉴定意见

第二十三条 对鉴定意见应当着重审查以下内容：

（一）鉴定人是否存在应当回避而未回避的情形。

（二）鉴定机构和鉴定人是否具有合法的资质。

（三）鉴定程序是否符合法律及有关规定。

（四）检材的来源、取得、保管、送检是否符合法律及有关规定，与相关提取笔录、扣押物品清单等记载的内容是否相符，检材是否充足、可靠。

（五）鉴定的程序、方法、分析过程是否符合本专业的检验鉴定规程和技术方法要求。

（六）鉴定意见的形式要件是否完备，是否注明提起鉴定的事由、鉴定委托人、鉴定机构、鉴定要求、鉴定过程、检验方法、鉴定文书的日期等相关内容，是否由鉴定机构加盖鉴定专用章并由鉴定人签名盖章。

（七）鉴定意见是否明确。

（八）鉴定意见与案件待证事实有无关联。

（九）鉴定意见与其他证据之间是否有矛盾，鉴定意见与检验笔录及相关照片是否有矛盾。

（十）鉴定意见是否依法及时告知相关人员，当事人对鉴定意见是否有异议。

第二十四条 鉴定意见具有下列情形之一的，不能作为定案的根据：

（一）鉴定机构不具备法定的资格和条件，或者鉴定事项超出本鉴定机构项目范围或者鉴定能力的；

（二）鉴定人不具备法定的资格和条件、鉴定人不具有相关专业技术或者职称、鉴定人违反回避规定的；

（三）鉴定程序、方法有错误的；

（四）鉴定意见与证明对象没有关联的；

（五）鉴定对象与送检材料、样本不一致的；

（六）送检材料、样本来源不明或者确实被污染且不具备鉴定条件的；

（七）违反有关鉴定特定标准的；

（八）鉴定文书缺少签名、盖章的；

（九）其他违反有关规定的情形。

对鉴定意见有疑问的，人民法院应当依法通知鉴定人出庭作证或者由其出具相关说明，也可以依法补充鉴定或者重新鉴定。

6. 勘验、检查笔录

第二十五条 对勘验、检查笔录应当着重审查以下内容：

（一）勘验、检查是否依法进行，笔录的制作是否符合法律及有关规定的要求，勘验、检查人员和见证人是否签名或者盖章等。

（二）勘验、检查笔录的内容是否全面、详细、准确、规范：是否准确记录了提起勘验、检查的事由，勘验、检查的时间、地点，在场人员、现场方位、周围环境等情况；是否准确记载了现场、物品、人身、尸体等的位置、特征等详细情况以及勘验、检查、搜查的过程；文字记载与实物或者绘图、录像、照片是否相符；固定证据的形式、方法是否科学、规范；现场、物品、痕迹等是否被破坏或者伪造，是否是原始现场；人身特征、伤害情况、生理状况有无伪装或者变化等。

（三）补充进行勘验、检查的，前后勘验、检查的情况是否有矛盾，是否说明了再次勘验、检查的原由。

（四）勘验、检查笔录中记载的情况与被告人供述、被害人陈述、鉴定意见等其他证据能否印证，有无矛盾。

第二十六条 勘验、检查笔录存在明显不符合法律及有关规定的情形，并且不能作出合理解释或者说明的，不能作为证据使用。

勘验、检查笔录存在勘验、检查没有见证人的，勘验、检查人员和见证人没有签名、盖章的，勘验、检查人员违反回避规定的等情形，应当结合案件其他证据，审查其真实性和关联性。

7. 视听资料

第二十七条 对视听资料应当着重审查以下内容：

（一）视听资料的来源是否合法，制作过程中当事人有无受到威胁、引诱等违反法律及有关规定的情形；

（二）是否载明制作人或者持有人的身份，制作的时间、地点和条件以及制作方法；

（三）是否为原件，有无复制及复制份数；调取的视听资料是复制件的，是否附有无法调取原件的原因、制作过程和原件存放地点的说明，是否有制作人和原视听资料持有人签名或者盖章；

（四）内容和制作过程是否真实，有无经过剪辑、增加、删改、编辑等伪造、变造情形；

（五）内容与案件事实有无关联性。

对视听资料有疑问的，应当进行鉴定。

对视听资料，应当结合案件其他证据，审查其真实性和关联性。

第二十八条 具有下列情形之一的视听资料，不能作为定案的根据：

（一）视听资料经审查或者鉴定无法确定真伪的；

（二）对视听资料的制作和取得的时间、地点、方式等有异议，不能作出合理解释或者提供必要证明的。

8. 其他规定

第二十九条 对于电子邮件、电子数据交换、网上聊天记录、网络博客、手机短信、电子签名、域名等电子证据，应当主要审查以下内容：

（一）该电子证据存储磁盘、存储光盘等可移动存储介质是否与打印件一并提交；

（二）是否载明该电子证据形成的时间、地点、对象、制作人、制作过程及设备情况等；

（三）制作、储存、传递、获得、收集、出示等程序和环节是否合法，取证人、制作人、持有人、见证人等是否签名或者盖章；

（四）内容是否真实，有无剪裁、拼凑、篡改、添加等伪造、变造情形；

（五）该电子证据与案件事实有无关联性。

对电子证据有疑问的，应当进行鉴定。

对电子证据，应当结合案件其他证据，审查其真实性和关联性。

第三十条 侦查机关组织的辨认，存在下列情形之一的，应当严格审查，不能确定其真实性的，辨认结果不能作为定案的根据：

（一）辨认不是在侦查人员主持下进行的；

（二）辨认前使辨认人见到辨认对象的；

（三）辨认人的辨认活动没有个别进行的；

（四）辨认对象没有混杂在具有类似特征的其他对象中，或者供辨认的对象数量不符合规定的；尸体、场所等特定辨认对象除外。

（五）辨认中给辨认人明显暗示或者明显有指认嫌疑的。

有下列情形之一的，通过有关办案人员的补正或者作出合理解释的，辨认结果可以作为证据使用：

（一）主持辨认的侦查人员少于二人的；

（二）没有向辨认人详细询问辨认对象的具体特征的；

（三）对辨认经过和结果没有制作专门的规范的辨认笔录，或者辨认笔录没有侦查人员、辨认人、见证人的签名或者盖章的；

（四）辨认记录过于简单，只有结果没有过程的；

（五）案卷中只有辨认笔录，没有被辨认对象的照片、录像等资料，无法获悉辨认的真实情况的。

第三十一条 对侦查机关出具的破案经过等材料，应当审查是否有出具该说明材料的办案人、办案机关的签字或者盖章。

对破案经过有疑问，或者对确定被告人有重大嫌疑的根据有疑问的，应当要求侦查机关补充说明。

三、证据的综合审查和运用

第三十二条 对证据的证明力，应当结合案件的具体情况，从各证据与待证事实的关联程度、各证据之间的联系等方面进行审查判断。

证据之间具有内在的联系，共同指向同一待证事实，且能合理排除矛盾的，才能作为定案的根据。

第三十三条 没有直接证据证明犯罪行为系被告人实施，但同时符合下列条件的可以认定被告人有罪：

（一）据以定案的间接证据已经查证属实；

（二）据以定案的间接证据之间相互印证，不存在无法排除的矛盾和无法解释的疑问；

（三）据以定案的间接证据已经形成完整的证明体系；

（四）依据间接证据认定的案件事实，结论是唯一的，足以排除一切合理怀疑；

（五）运用间接证据进行的推理符合逻辑和经验判断。

根据间接证据定案的，判处死刑应当特别慎重。

第三十四条 根据被告人的供述、指认提取到了隐蔽性很强的物证、书证，且与其他证明犯罪事实发生的证据互相印证，并排除串供、逼供、诱供等可能性的，可以认定有罪。

第三十五条 侦查机关依照有关规定采用特殊侦查措施所收集的物证、书证及其他证据材料，经法庭查证属实，可以作为定案的根据。

法庭依法不公开特殊侦查措施的过程及方法。

第三十六条 在对被告人作出有罪认定后，人民法院认定被告人的量刑事实，除审查法定情节外，还应审查以下影响量刑的情节：

（一）案件起因；

（二）被害人有无过错及过错程度，是否对矛盾激化负有责任及责任大小；

（三）被告人的近亲属是否协助抓获被告人；

（四）被告人平时表现及有无悔罪态度；

（五）被害人附带民事诉讼赔偿情况，被告人是否取得被害人或者被害人近亲属谅解；

（六）其他影响量刑的情节。

既有从轻、减轻处罚等情节，又有从重处罚等情节的，应当依法综合相关情节予以考虑。

不能排除被告人具有从轻、减轻处罚等量刑情节的，判处死刑应当特别慎重。

第三十七条 对于有下列情形的证据应当慎重使用，有其他证据印证的，可以采信：

（一）生理上、精神上有缺陷的被害人、证人和被告人，在对案件事实的认知和表达上存在一定困难，但尚未丧失正确认知、正确表达能力而作的陈述、证言和供述；

（二）与被告人有亲属关系或者其他密切关系的证人所作的对该被告人有利的证言，或者与被告人有利害冲突的证人所作的对该被告人不利的证言。

第三十八条 法庭对证据有疑问的，可以告知出庭检察人员、被告人及其辩护人补充证据或者作出说明；确有核实必要的，可以宣布休庭，对证据进行调查核实。法庭进行庭外调查时，必要时，可以通知出庭检察人员、辩护人到场。出庭检察人员、辩护人一方或者双方不到场的，法庭记录在案。

人民检察院、辩护人补充的和法庭庭外调查核实取得的证据，法庭可以庭外征求出庭检察人员、辩护人的意见。双方意见不一致，有一方要求人民法院开庭进行调查的，人民法院应当开庭。

第三十九条 被告人及其辩护人提出有自首的事实及理由，有关机关未予认定的，应当要求有关机关提供证明材料或者要求相关人员作证，并结合其他证据判断自首是否成立。

被告人是否协助或者如何协助抓获同案犯的证明材料不全，导致无法认定被告人构成立功的，应当要求有关机关提供证明材料或者要求相关人员作证，并结合其他证据判断立功是否成立。

被告人有检举揭发他人犯罪情形的，应当审查是否已经查证属实；尚未查证的，应当及时查证。

被告人累犯的证明材料不全，应当要求有关机关提供证明材料。

第四十条 审查被告人实施犯罪时是否已满十八周岁，一般应当以户籍证明为依据；对户籍证明有异议，并有经查证属实的出生证明文件、无利害关系人的证言等证据证明被告人不满十八周岁的，应认定被告人不满十八周岁；没有户籍证明以及出生证明文件的，应当根据人口普查登记、无利害关系人的证言等证据综合进行判断，必要时，可以进行骨龄鉴定，并将结果作为判断被告人年龄的参考。

未排除证据之间的矛盾，无充分证据证明被告人实施被指控的犯罪时已满十八周岁且确实无法查明的，不能认定其已满十八周岁。

第四十一条 本规定自二〇一〇年七月一日起施行。

最高人民法院　最高人民检察院
公安部　国家安全部　司法部
关于办理刑事案件排除
非法证据若干问题的规定

为规范司法行为，促进司法公正，根据刑事诉讼法和相关司法解释，结合人民法院、人民检察院、公安机关、国家安全机关和司法行政机关办理刑事案件工作实际，制定本规定。

第一条　采用刑讯逼供等非法手段取得的犯罪嫌疑人、被告人供述和采用暴力、威胁等非法手段取得的证人证言、被害人陈述，属于非法言词证据。

第二条　经依法确认的非法言词证据，应当予以排除，不能作为定案的根据。

第三条　人民检察院在审查批准逮捕、审查起诉中，对于非法言词证据应当依法予以排除，不能作为批准逮捕、提起公诉的根据。

第四条　起诉书副本送达后开庭审判前，被告人提出其审判前供述是非法取得的，应当向人民法院提交书面意见。被告人书写确有困难的，可以口头告诉，由人民法院工作人员或者其辩护人作出笔录，并由被告人签名或者捺指印。

人民法院应当将被告人的书面意见或者告诉笔录复印件在开庭前交人民检察院。

第五条　被告人及其辩护人在开庭审理前或者庭审中，提出被告人审判前供述是非法取得的，法庭在公诉人宣读起诉书之后，应当先行当庭调查。

法庭辩论结束前，被告人及其辩护人提出被告人审判前供述是非法取得的，法庭也应当进行调查。

第六条 被告人及其辩护人提出被告人审判前供述是非法取得的，法庭应当要求其提供涉嫌非法取证的人员、时间、地点、方式、内容等相关线索或者证据。

第七条 经审查，法庭对被告人审判前供述取得的合法性有疑问的，公诉人应当向法庭提供讯问笔录、原始的讯问过程录音录像或者其他证据，提请法庭通知讯问时其他在场人员或者其他证人出庭作证，仍不能排除刑讯逼供嫌疑的，提请法庭通知讯问人员出庭作证，对该供述取得的合法性予以证明。公诉人当庭不能举证的，可以根据刑事诉讼法第一百六十五条的规定，建议法庭延期审理。

经依法通知，讯问人员或者其他人员应当出庭作证。

公诉人提交加盖公章的说明材料，未经有关讯问人员签名或者盖章的，不能作为证明取证合法性的证据。

控辩双方可以就被告人审判前供述取得的合法性问题进行质证、辩论。

第八条 法庭对于控辩双方提供的证据有疑问的，可以宣布休庭，对证据进行调查核实。必要时，可以通知检察人员、辩护人到场。

第九条 庭审中，公诉人为提供新的证据需要补充侦查，建议延期审理的，法庭应当同意。

被告人及其辩护人申请通知讯问人员、讯问时其他在场人员或者其他证人到庭，法庭认为有必要的，可以宣布延期审理。

第十条 经法庭审查，具有下列情形之一的，被告人审判前供述可以当庭宣读、质证：

（一）被告人及其辩护人未提供非法取证的相关线索或者证据的；

（二）被告人及其辩护人已提供非法取证的相关线索或者证据，法庭对被告人审判前供述取得的合法性没有疑问的；

（三）公诉人提供的证据确实、充分，能够排除被告人审判前供述属非法取得的。

对于当庭宣读的被告人审判前供述，应当结合被告人当庭供述以及其他证据确定能否作为定案的根据。

第十一条 对被告人审判前供述的合法性，公诉人不提供证据加以证明，或者已提供的证据不够确实、充分的，该供述不能作为定案的根据。

第十二条 对于被告人及其辩护人提出的被告人审判前供述是非法取得的意见，第一审人民法院没有审查，并以被告人审判前供述作为定案根据的，第二审人民法院应当对被告人审判前供述取得的合法性进行审查。检察人员不提供证据加以证明，或者已提供的证据不够确实、充分的，被告人该供述不能作为定案的根据。

第十三条 庭审中，检察人员、被告人及其辩护人提出未到庭证人的书面证言、未到庭被害人的书面陈述是非法取得的，举证方应当对其取证的合法性予以证明。

对前款所述证据，法庭应当参照本规定有关规定进行调查。

第十四条 物证、书证的取得明显违反法律规定，可能影响公正审判的，应当予以补正或者作出合理解释，否则，该物证、书证不能作为定案的根据。

第十五条 本规定自二〇一〇年七月一日起施行。

最高人民法院、最高人民检察院、公安部、国家安全部、司法部有关负责人就《关于办理死刑案件审查判断证据若干问题的规定》和《关于办理刑事案件排除非法证据若干问题的规定》答记者问

新华网北京5月30日电　为进一步完善我国刑事诉讼制度，根据中央关于深化司法体制和工作机制改革的总体部署，经过广泛深入调查研究，最高人民法院、最高人民检察院、公安部、国家安全部和司法部近日联合发布了《关于办理死刑案件审查判断证据若干问题的规定》（以下简称《办理死刑案件证据规定》）和《关于办理刑事案件排除非法证据若干问题的规定》（以下简称《非法证据排除规定》）。中央对这两个规定高度重视，中央政治局常委、中央政法委书记周永康同志主持召开中央政法委员会全体会议暨司法体制改革专题汇报会，认真讨论了这两个规定。周永康同志要求，各级人民法院、人民检察院、公安机关、国家安全机关和司法行政机关要依法履行职责，严格执行两个规定，讲事实、讲证据、讲法律、讲责任，确保办案质量，依法惩治犯罪、切实保障人权、维护司法公正，确保办理的每一起刑事案件都能经得起法律和历史的检验。为帮助广大读者深入理解《办理死刑案件证据规定》和《非法证据排除规定》的基本精神和主要内容，最高人民法院、最高人民检察院、公安部、国家安全部和司法部有关负责人就相关问题回答了记者的提问。

一、问：发布《办理死刑案件证据规定》和《非法证据排除规定》的背景和意义是什么？

答：1996年，全国人大对刑事诉讼法作了全面修改，其中关于证据制度的规定比较原则。1998年、1999年最高人民法院、最高人民检察院、公安部先后分别作出执行刑事诉讼法的具体规定，一定程度上充实了刑事诉讼证据规则，但仍缺乏系统性和完整性，不能满足司法实践的需要。1999年、2004年宪法修正案分别规定“中华人民共和国实行依法治国，建设社会主义法治国家”、“国家尊重和保障人权”。为切实落实依法治国基本方略，做到惩治犯罪和保障人权并重，必须不断完善国家刑事法律制度，增强各级执法办案人员素质，努力提高办理刑事案件水平。

自2007年1月1日最高人民法院统一行使死刑案件核准权以来，各地公、检、法机关和广大刑事辩护律师严格依照法定程序和标准办案，侦查、起诉和刑事审判案件质量总体是好的。但是因制度不完善，执法标准不统一和办案人员素质参差不齐，也不断出现一些不容忽视的案件质量问题。

死刑案件人命关天，质量问题尤为重要，在认定事实和采信证据上绝对不容许出任何差错。为了能从源头和基础工作上切实把好事实关、证据关，2007年3月，最高人民法院、最高人民检察院、公安部和司法部共同制定了《关于进一步严格依法办案确保办理死刑案件质量的意见》，对确保把死刑案件办成铁案发挥了重要作用。根据中央关于深化司法体制和工作机制改革的总体部署，最高人民法院会同最高人民检察院、公安部、国家安全部和司法部总结近年来司法实践经验，特别是办理死刑案件的实际，针对办案中存在的证据收集、审查、判断和非法证据排除尚有不尽规范、不尽严格、不尽统一的问题，经过充分调研，广泛征求各方面意见，共同起草了《办理死刑案件证据规定》和《非法证据排除规定》。这两个规定对政法机关办理刑事案件特别是死刑案件提出了更高的标准、更严的要求，对于进一步统一思想，提高认识，全面准确执行国家法律，贯彻党和国家的刑事政策，依法惩治犯罪、切实保障人权、维护司法公正，具有十分重要的意义。两个规定的颁行是我国刑事司法制度改革的重要成果，是我国深入实施依法治国方略的重要举措，也是刑事诉讼制度进一步民主化、法治化的重要标志。切实把两个规定贯彻好、执行好，对于进一步提高执法办案水平，进一步强化执法人员素质，必将发挥重要作用。

二、问：《办理死刑案件证据规定》和《非法证据排除规定》的主要内容是什么？

答：从总体内容和框架来看，这两个规定是全新的，是我国刑事证据制度的创新和突破。《办理死刑案件证据规定》不仅全面规定了刑事诉讼证据的基本原则和主要规范，还进一步具体规定了对各类证据的收集、审查判断和运用。《非法证据排除规定》对审查和排除非法证据的程序、证明责任及讯问人员出庭等问题进行了具体的规范。

《办理死刑案件证据规定》分为三个部分，共41条。

第一部分主要规定了证据裁判原则、程序法定原则、证据质证原则及死刑案件的证明对象、证明标准等内容，特别强调了对死刑案件应当实行最为严格的证据要求。

第二部分规定了证据的分类审查与认定，除了法定的七种证据，还规定了实践中存在的其他证据材料如电子证据、辨认笔录等的审查与认定。

第三部分主要规定了对证据的综合认证，包括如何运用间接证据定案，如何补正和调查核实存疑证据以及如何严格把握死刑案件的量刑证据等。

《非法证据排除规定》主要包括两个方面的内容：

一是实体性规则，主要是对非法证据特别是非法言词证据的内涵和外延进行界定。

二是程序性规则，主要是对排除非法证据问题规定了具体的操作规程。包括具体审查、排除非法证据的程序和对证据合法性的证明责任、证明标准及侦查人员出庭作证问题。

三、问：如何理解证据裁判原则在办理死刑案件中的重要作用？

答：死刑案件人命关天，在认定事实和采信证据上绝对不容许出任何差错，必须把好死刑案件的事实关、证据关、程序关、适用法律关，使办理的每一起死刑案件都经得起历史的检验。

《办理死刑案件证据规定》第 2 条规定，“认定案件事实，必须以证据为根据”，第一次明文确立了证据裁判原则，这是“以事实为根据、以法律为准绳”原则的深化。坚持证据裁判原则，必须做到认定案件事实应有相应的证据予以证明，一切都要靠证据说话，没有证据不得认定犯罪事实；坚持证据裁判原则，必须做到对存疑的证据不能采信，确保判决认定的事实证据确实、充分；坚持证据裁判原则，必须做到用合法的证据来证明案件事实，对于非法取得的证据应当排除，不能作为定案的根据。

四、问：如何理解死刑案件的证明标准？

答：我国《刑事诉讼法》第 162 条规定，对被告人作出有罪判决，必须做到“事实清楚，证据确实、充分”。但是，由于规定过于原则，对什么是“证据确实、充分”，在实践中很难把握。为此，《办理死刑案件证据规定》第 5 条对“证据确实、充分”予以细化：一是定罪量刑的事实都有证据证明；二是每一个定案的证据均已经法定程序查证属实；三是证据与证据之间、证据与案件事实之间不存在矛盾或者矛盾得以合理排除，强调必须排除其他可能性；四是共同犯罪案件中被告人的地位、作用均已查清；五是根据证据推断案件事实的过程符合逻辑和经验规则，由证据得出的结论唯一。

由于死刑刑罚的不可逆转性，我们在起草《办理死刑案件证据规定》时，明确规定了死刑案件的证明标准必须是最高、最严的，以确保判处死刑的案件万无一失。但是，并非死刑案件所有事实都要适用这样的标准，对于不影响定罪量刑的事实，或者对被告人从轻处罚的事实不需达到这样的证明标准即可予以采信。因此《办理死刑案件证据规定》第 5 条第 3 款规定了“指控的犯罪事实”，包括认定被告人有罪的事实和对被告人从重处罚的事实必须达到事实清楚，证据确实、充分的程度，并对指控的犯罪事实的具体内容进行了列举。这样规定，既可以避免司法实践中因一些细枝末节问题使案件久拖不决，还突出了对指控的犯罪事实的证明必须达到“确实、充分”的证明标准。

五、问：《办理死刑案件证据规定》第二部分规定了证据的分类审查与认定，与现行的法律和司法解释相比，这些规定有哪些重大变化？

答：1996 年全国人大对刑事诉讼法进行了修订，但对于证据制度的规定仍比较原则，公、检、法三机关关于执行刑事诉讼法的具体规定虽一定程度上充实了证据规则的具体内容，但缺乏系统性和权威性，不能满足司法实践的需要。与现行的法律和司法解释相比，《办理死刑案件证据规定》第二部分所规定内容的重大变化主要体现在以下四个方面：

第一，明确了对于明显违反法律和有关规定取得的证据，不能作为定案的根据，应当予以排除。这是《办理死刑案件证据规定》增加的新内容。包括经勘验、检查、搜查提取、扣押的物证，没有勘验、检查、搜查，提取、扣押的笔录，不能证明物证、书证来源的；以刑讯逼供等非法手段取得的口供；以暴力、威胁等方法取得的证人证言；作出鉴定结论的鉴定机构不具有法定的资格和条件，或者鉴定事项超出鉴定机构业务范围的；勘验、检查笔录存在明显不符合法律及有关规定的情形，并且不能作出合理解释或者说明的等等，《办理死刑案件证据规定》明确规定不能作为定案的根据。

第二，确立了意见证据规则。《办理死刑案件证据规定》第 12 条第 3 款规定：“证人的猜测性、评论性、推断性的证言，不能作为证据使用，但根据一般生活经验判断符合事实的除外。”我国现行《刑事诉讼法》没有关于意见证据的规定。在办理死刑案件中明确这一证据规则，有利于规范证人如实提供他们所感知的案件事实的证明活动，避免将证人自己的猜测、评论、推断作为其感知的事实，从而对案件事实作出错误判断。

第三，进一步确立了原始证据优先规则，明确规定不能反映原始物证、书证的外形、特征或者内容的复制品、复制件应予排除。规定这一规则，目的在于促使侦查机关更加努力地收集最具有真实性的原始证据，从而更准确、及时地查明案件事实，实现实体公正。

第四，确立了有限的直接言词证据规则，规定了证人应当出庭作证的情形。在办理死刑案件中规定这一规则，从实体上说，更有利于保障正确认定案件事实；从程序上说，更有利于保障诉讼当事人的质证权利。这一规定明显强化了控辩双方特别是控方做好证人出庭作证工作的责任。

六、问:《办理死刑案件证据规定》第三部分规定了证据的综合审查和运用，这对于人民法院办理死刑案件有什么重要的指导意义?

答:证据的综合认定对于人民法院正确认定案件事实，进而依法对被告人进行定罪量刑起着非常重要的作用。《办理死刑案件证据规定》第三部分所规定的内容对于人民法院办理死刑案件有着重要的指导意义，主要体现在以下三个方面:

第一，明确规定了依靠间接证据定案的规则。《办理死刑案件证据规定》第 33 条对如何依靠间接证据定案作了具体规定。司法实践中，部分刑事案件因为各种原因没有收集到或者无法收集到直接证据，但如果全案间接证据符合本条所列要求，可以认定被告人有罪，甚至判处被告人死刑，当然需要格外慎重。本条内容在证据理论及司法实践中已被熟知和运用，但之前的法律及司法解释均未明确予以规定。

第二，进一步明确规定了调查核实存疑证据的程序。《刑事诉讼法》第 158 条规定了合议庭对证据有疑问的可以庭外调查核实。《办理死刑案件证据规定》第 38 条对庭外调查核实证据的程序进行了细化规定，并对如何运用庭外调查取得的证据作了明确。例如，对于被告人有立功、自首情节的证据，往往是检察机关、辩护人补充和法庭庭外调查核实取得的，对这部分开庭以后出现的个别证据，法庭可以通过变通的方式，即庭外征求意见的方式予以审查，在双方意见不一致时，则应开庭审理。这样规定，可以节省司法资源，提高诉讼效率。

第三，强化了对死刑案件量刑证据的严格把握。《办理死刑案件证据规定》第 36 条第 1 款明确规定在对被告人作出有罪认定后，除审查自首、立功等法定情节外，对案件起因、被害人过错及被告人平时表现等酌定量刑情节也需重点审查。第 2 款规定“不能排除被告人具有从轻、减轻处罚等量刑情节的，判处死刑应当特别慎重”，不仅符合刑事司法中有利于被告人的原则，对“严格控制死刑”也有重要意义，第 40 条第 2 款所规定“未排除证据之间的矛盾，无充分证据证明被告人实施被指控的犯罪时已满十八周岁且确实无法查明的，不能认定其已满十八周岁”即为这一要求的重要体现。

七、问：《非法证据排除规定》对非法证据排除的相关制度和程序进行了规范，与现行的法律和司法解释相比，这些规定有哪些重大改革？

答：现有司法解释虽然在一定程度上确立了非法言词证据排除规则，但因其规定的内容较为原则，且未规定相应的操作程序，致使排除规则很难在司法实践中发挥法律规范应有的功能。与现行的法律和司法解释相比，《非法证据排除规定》的重大改革主要体现在以下五个方面：

第一，明确了非法言词证据的内涵和外延。非法证据涉及的面较广，具体处理时如何把握也很复杂。《非法证据排除规定》对非法证据的排除对象突出了重点：

一是突出非法言词证据。非法证据，除了非法言词证据，还有非法实物证据。现有司法解释对非法言词证据的排除有原则规定，非法实物证据情况复杂，难以作出一概禁止的一般性规定。《非法证据排除规定》主要是对非法言词证据排除的操作规程作出了规范。

二是突出以刑讯逼供等非法手段取得的言词证据。非法言词证据包括实体违法，如以刑讯逼供取得口供；程序违法，如侦查人员违反规定单人取证。对于程序违法取得的言词证据，实践中一般均应补正、完善。《非法证据排除规定》第 1 条、第 2 条明确规定，以刑讯逼供等非法手段取得的犯罪嫌疑人、被告人供述，属于非法言词证据，应当依法予以排除。

第二，明确了启动证据合法性调查程序的初步责任。《非法证据排除规定》第 6 条规定："被告人及其辩护人提出被告人审判前供述是非法取得的，法庭应当要求提供涉嫌非法取证的人员、时间、地点、方式、内容等相关线索或者证据。"虽然控方承担对被告人审判前供述合法性的举证责任，但是，启动这一程序的初步责任应由被告人及其辩护人承担，以避免不负责任地随意启动对证据合法性的"审理"程序的情况。

第三，明确了应由控诉方对被告人审判前供述的合法性负举证责任和相应的证明标准。刑事诉讼中，公诉机关承担提供证据证明被告人犯罪的职责，对于被告人及其辩护人所提被告人庭前供述系非法取得的线索或者证据，同样承担证明被告人庭前供述系合法取得的证明责任。在控方不举证，或者已提供的证据不够确实、充分的情况下，则应当承担不能以该证据证明指控的犯罪事实的法律后果和责任。

第四，明确了讯问人员出庭作证问题。法庭审理中，对于有无刑讯逼供等非法取证行为，控辩双方往往各执一词，查证十分困难。《非法证据排除规定》第 7 条规定明确了讯问人员出庭作证问题，这也是重要的新的规定，既避免了动辄要求讯问人员到场，也保证了讯问人员必要时就其执行职务情况出庭作证，有助于便捷、有效地查明证据取得的合法性问题。

第五，明确了对非法取得的物证、书证的排除问题。对非法取得的物证、书证要否排除，国内外都存在较大争议，司法实践中一般很少予以排除。为规范取证活动，确保办案公正，现阶段宜对物证、书证的非法取证问题作出原则性规定，即“物证、书证的取得明显违反法律规定，可能影响公正审判的，应当予以补正或者作出合理解释，否则，该物证、书证不能作为定案的根据。”

八、问：《非法证据排除规定》对非法证据的排除设置了怎样的具体程序？

答：《非法证据排除规定》对如何排除非法证据规定了具体的操作规程，这也是本规定的主要内容，对于避免因为采纳非法证据而导致冤假错案的发生将起到非常重要的作用。具体说来，该程序主要包括以下五个步骤：

1. 程序启动。在法庭调查过程中，被告人有权提出其审判前供述是非法取得的意见，并提供相关线索或者证据。

2. 法庭初步审查。程序启动后，法庭应当进行审查。合议庭对被告人审判前供述取得的合法性没有疑问的，可以直接对起诉指控的犯罪事实进行调查；对供述取得的合法性有疑问的，则由公诉人对取证的合法性举证。

3. 控方证明。公诉人应当向法庭提供讯问笔录、原始的讯问过程录音录像或者其他证据，提请法庭通知讯问时其他在场人员或者其他证人出庭作证，仍不能排除刑讯逼供嫌疑的，提请法庭通知讯问人员出庭作证，对该供述取得的合法性予以证明。

4. 双方质证。公诉人举证后，控辩双方可以就被告人审判前供述的取得是否合法的问题进行质证、辩论。

5. 法庭处理。法庭对被告人审判前供述的合法性问题作出裁定：如公诉人的证明达到确实、充分的程度，能够排除被告人审判前供述属非法取得的，法庭确认该供述的合法性，准许当庭宣读、质证；否则，法庭对该供述予以排除，不作为定案的根据。

九、问：如何贯彻执行好《办理死刑案件证据规定》和《非

法证据排除规定》?

答：这两个规定作为中央深化司法体制改革的重要成果，是在中央政法委的具体部署和全国人大常委会法工委具体牵头下，最高人民法院、最高人民检察院、公安部、国家安全部和司法部经过深入研究取得一致意见后制定出台的。我们要以对党、对国家、对人民、对法律、对历史高度负责的精神，始终把确保办案质量作为司法工作的生命线，牢固树立惩罚犯罪与保障人权并重的观念，牢固树立实体法与程序法并重的观念，切实把两个规定贯彻好、执行好。中央政法机关将以适当方式对政法干警，特别是从事侦查破案、批捕起诉、刑事审判和执行工作的干警以及律师，进行培训。在办理刑事案件过程中，要严把事实关、证据关、法律关、责任关，确保把每一起刑事案件都办成铁案，以经得起法律和历史的检验。